Edição inglesa (original):
© **1994** - MARTIN HOLMES - Martin Holmes Rallying.
PO Box 117, Woking, Surrey, GU22 8YP - Londres

Escrito e compilado por Martin Holmes
Fotolito: Scanhouse Ltd, Kettering
ISBN 0-9521639-1-8

Fotografia: Todas as fotos utilizadas neste livro são de Maurice Selden (que foi o principal responsável pela sua selecção), do autor ou de Gavin Lodge, excepto quando for referido o respectivo crédito de outro fotógrafo.

Edição brasileira:
© **- 1995** - EDIPROMO - Edições e Promoções, Ltda.
Av. Bernardino de Campos, 327, 6º - 04004-050 S.Paulo - SP
Telef.: (011) 284.1166/1649 Fax: (011) 284.1501
Publicidade: Intermeios
Distribuição: Edipromo, Ltda.

Edição portuguesa:
© **- 1995** - TALENTO - Edições, Publicidade e Promoções, Lda.
Av.Gen. Norton de Matos, 63B - Miraflores - 1495 Algés
Tel.: (01) 412.0535/43/62 - Fax: (01) 412.0553
Director de Marketing: Fernando Jorge Cabral. **Publicidade:** José Afra.
Distribuição: Midesa

Edição espanhola:
© **- 1995** - Ediciones CEAC
Calle Perú, 164 - 08020 Barcelona

Direcção Editorial: Francisco Santos
Traduções da edição original: Carlos Moura, Francisco Pinto Coelho, Francisco Santos.
Textos originais: Adalberto Ramos, David Limage, Mendes Nunes, Pedro Barreiros.
Secretariado: Christine Campos
Edição electrónica: Talento, Lda.
Paginação: Luisa Araújo, Paula Caiado e João Pinto Coelho.
Montagem e selecções de cor: Policor - Gabinete Técnico de Fotolito, Lda.
Impressão e acabamento: Tipografia Peres

Edição de Fevereiro de 1995.

Registo na D.G.C.S. de Portugal nº 113791.
ISBN 972-8065-25-6
Depósito Legal nº 84 982/95

Foto de capa: Carlos Sainz (Subaru Impreza 555) vencedor do Rali da Acrópole de 1994

Este livro foi compilado ao longo do ano graças à incansável coordenação de Ursula Partridge, pesquisa de Kevin Gormley, auxiliado por Ed Rendell e Mary Coombes. Grafismo adicional de Andrew Heaton. Assistência de maquetização por Malcolm Maclean e Frank Harris. Sem o seu trabalho quase interminável, este livro nunca poderia ter sido produzido!

Foi dada autorização por Olaf Schwaier da Castrol International para a reprodução neste livro dos mapas utilizados nos seus boletins Rally Information.

Mais uma vez recebemos considerável ajuda de colaboradores e colegas de outros países, incluindo:

Argentina	Juan Cruz Mathus
Austria	Werner Shneider
Austrália	Greg Yard
Bélgica	Willy Weyens
Bulgária	Strasho Dimov
Canadá	Linda Epp
Chile	Edgardo Rodriguez
Colômbia	Ricardo Plano
Chipre	Tony Christodoulou
República Checa	Jiri Prikryl
Dinamarca	Ib Trebbien
Estónia	Margus Kuuse
Finlândia	Rolf Pettersson
França	Philippe Carles
Alemanha	Thomas Voigt
Grécia	Thomas Efthimiou
Holanda	Vincent van Dantzig
Hungria	Andras Fekete
India	Nazir Hoosein
Indonésia	Helmy Sungkar
Irlanda	Brian Patterson
Itália	Maurizio Ravaglia
Japão	Tatsuo Tomita
Jordânia	Derek Ledger
Kénia	Gavin Bennett
Malásia	Russell Palmer
México	Guy Lassauzet
Noruega	John Haugland
Nova Zelândia	David Thomson
Paraguai	Gabriel Gonzalez
Polónia	Jacek Lewandowski
Portugal	Luis Caramelo
Roménia	Alexandru Dobai
Eslovénia	Tomas Porekar
Africa do Sul	Jannie Herbst
Espanha	Esteban Delgado
Suécia	Thomas Lindberg
Suiça	Peter Wyss
Tailândia	Komar Johari
Turquia	Audin Hosgor
Uruguai	Mario Uberti
EU da America	Cam Warren
Zâmbia	Lee-Anne Singh
Países africanos	Jean-Claude Bonnaud
Campeonato Europeu	David Limage
Médio Oriente	Tony Lewis

ÍNDICE

Ari Vatanen comemorando em Pikes Peak no ano de 1989

Técnica de condução de Malcom Wilson. O que é que isto faz lembrar?

As cores do Campeonato Ásia-Pacífico

Jean Ragnotti numa das provas do campeonato francês

PREFÁCIO

MAX MOSELY, PRESIDENTE DA FIA

Desde os meus primeiros tempos no automobilismo desportivo que tenho estado ciente de uma outra modalidade desportiva disputada em mais países do que as próprias provas de velocidade. Atrai nas suas variadas formas muitos mais participantes e espectadores. Porém desenrola-se em lugares distantes daqueles para onde o público das corridas normalmente viaja. Apenas recentemente tenho podido assistir a ralis mais assiduamente, a fim de ver com os meus próprios olhos tudo aquilo que motiva os profissionais de ralis e as razões pelas quais esta modalidade é tão atraente para concorrentes, organizadores e adeptos, indiscriminadamente.

Há muitos aspectos positivos sobre os ralis que gostaria de enfatizar. Os ralis levam o automobilismo à população, em vez de ter de ser o público a ir aos circuitos. Os ralis do Campeonato do Mundo são um dos principais eventos mundiais, não só pela quantidade de pessoas que os assistem, como pelos aspectos de tecnologia automóvel. Os ralis são essencialmente uma modalidade com raízes no campo, dando oportunidade às pessoas de usar os seus próprios carros particulares, bem como possibilidade aos pilotos amadores de competirem com os profissionais de topo nas mesmas provas. Para os fabricantes, há infindáveis oportunidades para que a tecnologia automóvel usada em competição possa vir a ser aplicada na produção em série da indústria. Também muito importante, é virmos assistindo desde sempre ao contínuo estreitamento da diferença de performance entre os quatro fabricantes activos no campeonato mundial.

O meu objectivo pessoal, sob os auspícios da FIA, é ajudar os ralis a progredirem de todas as formas, Começando por melhorar a segurança para todos os envolvidos, conter custos sempre que isso ajudar os concorrentes e encorajar mais fabricantes a participar - especialmente em países emergentes em outras partes do mundo, e aumentar o interesse dos media de todo o mundo.

Satisfez-me muito aprender mais sobre ralis nos últimos anos, e tenho vontade de continuar a assistir assiduamente a mais eventos. De qualquer forma, naqueles eventos em que tanto eu como você, leitor, tenhamos outros compromissos que nos impeçam de assistir, teremos sempre este livro para nos mantermos informados!

Desejo que em 1995 tenhamos uma modalidade agradável e segura!

Max Mosley

Ari Vatanen ficou em terceiro lugar no Rali da Argentina na sua primeira saída após ter assinado um contrato de três anos como piloto oficial da Ford, tendo sido o melhor classificado da equipa. Para uma pessoa de 42 anos, foi um desempenho notável, mas, para Ari, teve um significado ainda mais especial. Era a primeira vez que regressava ao país em que, nove anos antes, quase perdera a vida num dos mais terríveis acidentes da história dos Ralis. Quando nessa altura abandonou o país, fê-lo num avião ambulância privado e sem quaisquer garantias de, sequer, sobreviver à viagem, quanto mais de recuperar o suficiente para prosseguir a sua carreira de Piloto de Ralis.
Todos reconhecem a Ari a autoconfiança que fez dele um dos pilotos mais combativos deste desporto, mas poucos se dão conta de até que ponto o desporto, e a vida em geral, puseram à prova a sua confiança e a sua fé. O Mundo do desporto profissional é duro e cruel, e o carismático finlandês conta-nos o resultado da sua experiência desportiva. É uma história invulgar, de um desportista cujas crenças pessoais o fizeram prosseguir sempre, sem nunca perder o amor e o interesse pelos outros.
Ari viu o desporto sob múltiplos aspectos, desde as provas de velocidade do Campeonato Mundial, aos áridos desertos dos Raids. Foi há vinte anos que emergiu da sua Finlândia natal com a intenção de conquistar o Mundo. Os resultados que obteve desde então, têm sido variáveis, mas dez vitórias em provas do Campeonato do Mundo de Ralis e um título de Campeão Mundial, são mais do que aquilo de que a maior parte dos pilotos se podem gabar.
Quando primeiro a Ford e depois a Opel se retiraram da competição ao mais alto nível, a Peugeot foi buscar Ari que se encontrava numa fase neutra da sua carreira, trazendo-o de regresso ao topo. A série de vitórias que ele lhes ofereceu, deixou amplamente demonstrada a notável eficácia da alta tecnologia que presidiu à concepção de um carro especificamente para Ralis. É evidente que nutria pela equipa da Peugeot um carinho muito especial.

A Peugeot foi a primeira equipa verdadeiramente profissional com que trabalhei, no sentido moderno do termo. Pela primeira vez uma Equipa encarou o desporto sem soluções de compromisso nem meias-tintas. Foram um modelo de empenho total e os resultados são eloquentes. Penso que todos os que trabalharam com Jean Todt têm por ele a maior consideração. Se perguntar a outros pilotos, por exemplo a Timo Salonen e Juha Kankkunen, todos lhe dirão que tiveram na Peugeot os seus melhores períodos, porque Jean Todt fazia tudo bem. O que, de então para cá, me aconteceu nalgumas outras equipas, faz-me ter por Todt um apreço ainda maior. O seu lema é a Lealdade no mundo dos negócios. Ele sabia manter um espírito eminentemente comercial sem que isso excluisse a sua profunda humanidade. Pode-se desempenhar um bom lugar para uma Marca e manter os valores humanos. Com Todt não havia razão para nos preocuparmos com a eventualidade de vermos, de um dia para o outro, o nosso assento ocupado por outro piloto, e estão à vista os resultados que uma pessoa como ele nos consegue fazer atingir.

ARI VATANEN
20 ANOS DEPOIS

Hora do chá na Peugeot, em Agades em 1989. (Da esquerda para a dta.) Jacky Ickx, Jean Todt, Ari, Philippe Wambergue, Guy Frequelin e um criado desconhecido.

Pensa que outra equipa teria olhado por si da forma que a Peugeot o fez, depois do seu acidente na Argentina?

Assim que comecei a recuperar, Jean garantiu-me que bastava eu querer voltar que teria sempre um carro à minha espera. Disse-me "Não te preocupes com o teu futuro". Foi um peso enorme que me tirou de cima dos ombros. Depois do acidente, soube por um amigo que Todt fizera realmente tudo o que era possível, mesmo quando eu estava na Finlândia sofrendo de problemas respiratórios que me levaram de novo às portas da morte. Imaginam como estive perto disso? Os médicos chegaram a emitir o parecer de que eu estava em estado crítico - que é normalmente o prelúdio para o pior. Mesmo quando parecia que já seria tarde demais, Jean deu ordens para enviar um especialista de Paris para me ver. É um homem com um enorme coração. Começaram a desenhar um carro sem pedal de embraiagem, para eu poder continuar a conduzir mesmo que não pudesse utilizar o pé esquerdo. Custou-lhes tempo e trabalho, mas acho que este tipo de atitudes acabam por ser recompensadas.

O que é que se consegue recordar do acidente?

Lembro-me da classificativa anterior, a primeira da prova. Lembro-me dos edifícios à partida para a desastrosa segunda classificativa, mas isso será, provavelmente, por ter feito o reconhecimento antes do rali. Efectivamente, tinha estado a trabalhar com Carlos Reuteman nesse ponto, ajudando-o a acertar a condução do 205T16. Foi uma recordação que me veio bruscamente, nove anos depois. Não me lembrava de absolutamente nada acerca dos quilómetros anteriores, mas reconheci de imediato a recta em que sofri o acidente. É difícil expressar em palavras o que se sente numa ocasião destas, mas, de certa forma, é um sentimento positivo, tanto tempo depois daquele dia. Penso que me apercebi de como a vida é incrível, como permite que se continue vivo depois de um desastre daqueles.

Apesar de todas as complicações que me surgiram depois do acidente, ainda aqui estou! Este ano, o primeiro dia dos reconhecimentos coincidiu com o décimo quinto aniversário do meu casamento, por isso, o meu regresso à Argentina, foi mais um marco na minha vida. O sofrimento, a dor e as alegrias, andam de mão dada. Só se aprecia o lado bom das coisas depois de se ter visto o lado mau. Quando nos acontecem coisas negativas é difícil aceitá-las, mas, dez anos mais tarde, já se consegue ver o lado positivo do que nos aconteceu e cresce-se como ser humano. São as contrariedades que dão profundidade à nossa vida.

Essa sua força interior, reforçada com o acidente, ajudou-o a ultrapassar o desapontamento de ter que deixar primeiro a Mitsubishi e depois a Subaru, quase de um dia para o outro?

Sim, embora tenha ficado igualmente magoado quando isso aconteceu, porque no íntimo sou uma pessoa muito insegura e sem nada de cinismo. A minha escala de emoções é muito extensa. Espero que as pessoas se comportem comigo tal como eu o faria com elas. É essa a minha bitola, e quando nos tiram o tapete sem qualquer pré-aviso é extremamente doloroso. Compreendo agora que não me teria custado tanto se estivesse mais endurecido, mas acho que sou feliz tal como sou. Mais vale ser ingénuo do que cínico. Não sou um oportunista. Prefiro manter-me fiel aos meus princípios.

Há muitas maneiras de saír de uma equipa, de acabar um contrato. Mas receber um simples telefonema da Mitsubishi, depois de ter conseguido o meu melhor resultado para eles, dizendo "a propósito, para o ano você já não vai conduzir para nós", foi horrível. Não tinha procurado alternativas e portanto fiquei desempregado em 1991. E pensar em tudo o que fiz, tão pouco tempo antes, para ajudar o François Delecour a ir para a Ford!

Segundo da geral, um excelente desempenho com o Galant VR-4, no Rali dos Mil Lagos em 1990.

Talvez a saída da Subaru não devesse ter sido tão surpreendente, dada a tendência da equipa em procurar gente mais nova?

Eu esperava que houvesse um programa alternativo para 1994 e isso não aconteceu.

Na classificativa de Wauchope West, no Rali Network Q RAC de 1993, no Subaru Impreza 555, na última prova que conduziu para a equipa.

Quando descobri que não havia absolutamente nada foi um choque enorme. Acordava a meio da noite a pensar em tudo aquilo.

Depois do êxito obtido nas competições do tipo Rali Raid, no deserto (incluindo 4 vitórias no Paris-Dakar), quando a Peugeot abandonou o Campeonato Mundial de Ralis (CMR), porque razão deitou tudo isto para trás das costas e voltou ao CMR?

Os Rali Raids nunca foram a minha única ocupação. Procurava sempre fazer o CMR ao mesmo tempo. Era obrigado a fazer aquelas provas porque, na altura, era a única opção que tinha na Peugeot, não que fosse essa a minha escolha! É claro que na Peugeot foram impecáveis comigo e tudo correu o melhor possível, mas, e enquanto fôr capaz de o fazer, preferirei sempre o CMR.

É a Fórmula 1 deste desporto e a minha verdadeira paixão. A nossa paixão só fica satisfeita quando se pratica o desporto na sua forma mais pura. Numa classificativa de Rali, tudo depende do piloto e da velocidade. É a única coisa que interessa. O Paris-Dakar deu-me um sucesso material muito maior do que se eu tivesse ganho todos os Campeonatos de Ralis, mas o que é realmente importante é triunfar naquilo de que se gosta, a maneira como se controla o carro, ser capaz de ser o melhor nalguma coisa. Ganhar dinheiro é irrelevante. Ao princípio nunca se pensa no dinheiro, dedicamo-nos a um passatempo porque gostamos de o praticar. É uma paixão inflamada que queremos levar para a frente independentemente do que os outros possam dizer. Nunca tive esse entusiasmo pelos Ralis Raid. As condições não se prestam a isso: é como comparar uma maratona com uma corrida de 100 metros. A intensidade é completamente diferente.

Que pensa do panorama actual do Campeonato do Mundo?

É bom porque não é dominado por um único carro. É uma condição essencial para haver boa competição, embora o futuro seja ensombrado por muitas dúvidas. Anda toda a gente nervosa. Dá a ideia que as coisas nos são impostas, é uma pena que as partes interessadas não consigam decidir o futuro em conjunto. É evidente que nem todos estão neste desporto com a melhor das intenções, para desenvolver o desporto motorizado na sua globalidade. No mundo dos ralis todos pensam, e há provas disso, que de uma maneira geral, há uma grande falta de vontade de promover os ralis como desporto.

Refere-se aos regulamentos técnicos ou a problemas promocionais, como a TV?

Essas foram duas das mudanças mais drásticas. Em conjunto, fazem parte do mesmo problema, parece que estão a querer pôr uma tampa em cima dos ralis. Na Grã-Bretanha, por exemplo, a cobertura lamentável e inadequada que os jornais dão aos ralis, não contribuem em nada para lhes fazer justiça. Sei, pelo que tenho visto pelas aldeias do mundo inteiro, que o conhecimento e interesse pelos Ralis está em toda a parte. As pessoas sabem que um Rali é muito mais humano do que a Fórmula 1, têm um contacto muito maior connosco, com os pilotos. Não é justo nem equilibrado manter esta "tampa" sobre os Ralis. Nós, como pilotos, estamos muito preocupados.

E que pensa dos automóveis actuais?

Tanto quanto o podem ser, são carros seguros e espectaculares, podendo aliar a isto uma grande fiabilidade; é evidente que a cúpula dos ralis deverá estar sempre a este nível.

Quando cheguei a Inglaterra em 1974 com o meu Opel Ascona, nem sonhava o que viria a acontecer em 1994, ou mesmo nos anos intermédios, como por exemplo, no que diz respeito ao meu carro de Pikes Peak. Mesmo em 1987, quando mudei de um carro com tracção às quatro rodas para um Ford Sierra Cosworth, nem podia acreditar. Pensei que se passava algo de anormal com o carro! Passava a maior parte do tempo em piões ou a andar atravessado!

Pilotagem ao mais alto nível com o Ford Escort Cosworth oficial, a caminho do 3º lugar no Rali da Argentina de 1994. No estilo que lhe é característico, estava descontrolado quando esta fotografia foi tirada. A pista do Rali fica bastante para a esquerda da imagem.

Está realmente preocupado com o futuro deste Desporto? Não era seu hábito. Quando começou ainda fazia menos ideia do que o futuro lhe reservava, só estava interessado em pilotar carros de Rali!

Tem razão, mas é uma questão de filosofia de vida. Tendo em conta os parâmetros actuais estou preocupado com o futuro dos Ralis mas, como pessoa, não me preocupa o que me possa vir a acontecer. No sentido espiritual do termo, não tenho qualquer preocupação. Sei que na vida não há becos sem saída. É um disparate estarmo-nos a consumir com preocupações que ainda não existem! Se o principal para mim fosse o sucesso, poderia estar angustiado por estar a envelhecer, mas não é assim que eu penso. Lembre-se do que se passou há nove anos, que deixei a Argentina quase morto. Agora estou cheio de vida e muitíssimo bem profissionalmente. As coisas estão sempre a mudar. Deve-se recordar do meu amigo Vesa Vaisanen que morreu recentemente num desastre de aviação. Só me dei conta de como era próximo de Vesa, depois da sua morte, de como ele me era leal, a forma que ele tinha de me aceitar tal como sou. A vida é tão frágil que só tenho que estar grato pelo que tenho hoje.

Você deve ter tido mais experiências negras neste desporto do que qualquer outra pessoa. Como é que consegue lidar com este facto?

Mesmo com a minha visão Cristã da vida, não consigo responder-lhe a essa pergunta. Há tanta dor e sofrimento por razões misteriosas. Penso que me coube uma grande fatia desse sofrimento. Com o tempo, aprendemos a aceitá-lo. Sinto muito a falta de Vesa, e também a de Kaj Salminen, um fotógrafo que morreu enquanto fazia a cobertura do Paris-Dakar.

Acima, os primórdios com o Opel Ascona, na Grã-Bretanha, em 1975

Eram pessoas com quem tinha feito livros acerca do meu trabalho. E os co-pilotos que eu já perdi: quatro ao todo. Vesa era o copiloto dos meus primeiros tempos, ainda na Finlândia, naquele Rali que mudou a minha vida, quando batemos o Hannu Mikkola por sete segundos. Depois dessa prova nunca mais voltei a estudar! O meu primeiro copiloto, Martti Simonen, morreu de cancro, em 1985, quando eu fazia os reconhecimentos para o Rali de Monte-Carlo. Bernard Giroix, o comentador da televisão francesa, com quem conquistei a minha primeira vitória no Dakar, morreu com Didier Pironi num acidente de lancha offshore. Tive o previlégio de competir com o grande Henri Liddon e ganhei, com ele, o Rali da Madeira. Mas tenho tido choques de todos os tipos. Esse Monte-Carlo de 1985, foi uma sucessão de surpresas. Tive problemas terríveis com as minhas costas, o que me impediu de conduzir durante uma semana: tinha tantas dores que só podia ficar no quarto, deitado e imóvel. Depois, durante a prova, fomos embater nos espectadores e sofremos uma penalização de oito minutos, para acabarmos ganhando o Rali. Isto mostra bem como as coisas tendem a acontecer na minha vida. A minha mulher, Rita, perdeu o seu primeiro marido num acidente. O meu pai morreu quando íamos assistir ao enterro de um primo seu, e viemos a saber mais tarde, que nos tínhamos enganado no dia. São coisas em que não vale a pena ficar a pensar.

Teve uma carreira longa e bem preenchida, com um ritmo que não mostra sinais de abrandar, apesar dos problemas e das contrariedades. Não haverá uma maneira mais calma de viver?

Se há vinte anos que, sempre que me pergunto se haveria qualquer outra coisa que gostaria de fazer na vida, a resposta é Não, também deverá ser essa a resposta à sua pergunta. ❑

BISHOP

Mudam-se os tempos. Ari Vatanen na apresentação da Rothmans, mostrando o seu Ford Escort RS de 1981, vencedor do Campeonato do Mundo, e um Subaru Legacy de 1991

EUROPEAN CAR AUDIO PRESS ASSOCIATION

CLARION CRX123RM

HIGH END CAR RECEIVER

OF THE YEAR '94

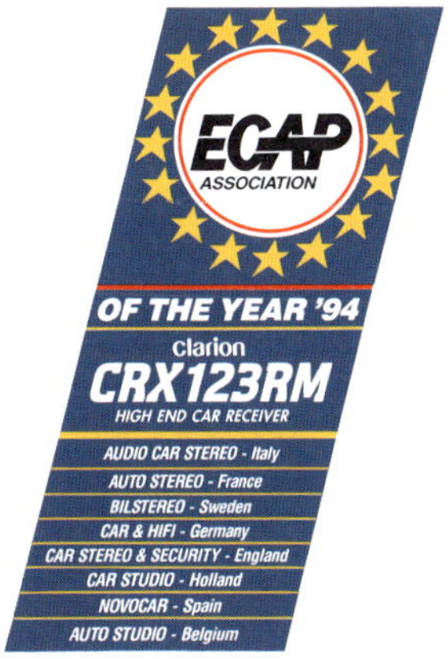

CRX123RM 4 × 30W

FM/MW/LW RADIO CASSETTE COMBINATION WITH RDS AND MULTI-CHANGER CONTROL

This great-looking performer offers a host of brilliant features for non-stop audio enjoyment on the road. The sophisticated tuner pulls in any desired station with pinpoint accuracy. RDS keeps you in touch and informed. Pop in your favorite cassette and dive into a universe of silky smooth sound. Flexible system integration lets you operate a connected multi-CD or MiniDisc changer with equal ease. Only Clarion can give you—the best.

NOMINATED BY ECAP '94

CD Player

CDC7500R

Car Receiver H.E.

CRX87RM

CD Changer

CDC9600

Power Amplifier Stereo H.E.

1122HA

Power Amplifier Multichannel H.E.

1106HA

clarion®
CAR AUDIO

CLARION CO., LTD. 22-3, Shibuya 2-chome, Shibuya-ku, Tokyo 150, Japan TEL: 03-3400-1121 INT. +81-3-3400-1121 FAX: +81-3-3400-8505

EUROPEAN
CAR AUDIO CONTEST

AUDIO CAR STEREO
AUTO STEREO
BILSTEREO
CAR & HIFI
CAR STEREO & SECURITY
CAR STUDIO
NOVOCAR
AUTO STUDIO

The European Car Audio Press (ECAP) Association is made up of leading magazines from several European countries, dedicated to the ideal of automotive high-fidelity. Every year, the association evaluates a wide range of products and awards coveted prizes in 22 categories.

Pilotos

uma opinião

sobre os pilotos pelos

homens que sabem...

os engenheiros

DIETER BULLING do Toyota Team Europe, é o actual responsável pelo desenvolvimento do Celica ST205, e tem estado ligado aos Ralis nos últimos 12 a 15 anos, entrando e saindo, desde que foi admitido na equipa Mercedes como engenheiro, sob o lendário Erich Waxemberger.

JOHN WHEELER da Ford Motor Company, é muito estimado como Director de Projecto do Ford Escort RS Cosworth, trabalhando em estreita colaboração com a equipa de Ralis, há longos anos.

GREG WHEELER da Mitsubishi Ralliart, chegou ao Campeonato Mundial de Ralis, nos princípios de 1993. A primeira prova por que foi responsável, foi o RAC desse ano.

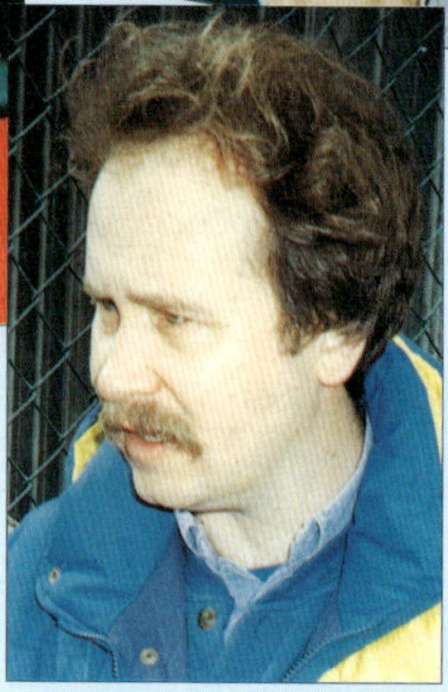

DAVID LAPWORTH da Prodrive, tem estado ligado ao Mundial de Ralis, raids no deserto e corridas de Turismo. Veio para o Mundial de Ralis como engenheiro da Talbot em 1981, o ano em que ganharam o título Mundial, sendo agora o responsável técnico pelos carros do Subaru World Rally Team.

Dieter Bulling

"São todos diferentes. Cheguei ao TTE quando lá estavam Amin Schwarz e Carlos Sainz. Hoje os nossos pilotos principais são Juhua Kankkunen e Didier Auriol, embora também trabalhe muito com Mark Duez que é o responsável pelos ensaios. Entre Didier e Juha há uma grande diferença. Didier consegue explicar exactamente o comportamento do carro. Consegue dividir as sequências do movimento do carro, como sejam, a travagem, a inserção em curva, a aceleração e a saída em recta, e referir exactamente o que acontece em cada uma destas fases. Sente coisas que mais ninguém é capaz de sentir. Com ele o carro tem que estar 100% correcto, mas então ele consegue render 110%! Juha, no entanto, consegue extrair 95% de rendimento de um carro que esteja apenas 75% correcto. Juha adapta o seu estilo de condução ao automóvel, exactamente o oposto! Quando, por exemplo, o carro é danificado por algum acidente, os tempos de Didier pioram muito mais do que os de Juha. Isto acontece devido aos seus diferentes estilos de pilotagem. Juha parece flutuar mais, prepara o carro antes da curva e desliza em torno dela num movimento contínuo. Didier vai direito à curva, travando o mais tarde possível, confiando em que o carro se comporte exactamente da forma prevista e desejada, de forma a poder sair da curva acelerando segundo uma longa linha recta. Notamos isto em relação aos pneus. Quando os pneus se desgastam durante uma classificativa, Didier tem que reaprender tudo sobre o carro. Juha adapta-se melhor.

O TTE tem muita sorte porque nenhum dos seus pilotos é dos que travam com o pé esquerdo! Penso que qualquer deles só o faz em emergências. Carlos Sainz, quando tem que andar muito depressa, exige muito dos travões. É sempre possível ver que tipo de condução é que ele fez, verificando os travões depois da prova. Com Didier ou Juha, não se dá por isso. Quando estava descontraído era muito fácil trabalhar com o Carlos. Quando estava sob pressão, queria imediatamente que fossem feitas modificações. Lembro-me sempre de um comentário seu que achei muito engraçado: "Agora vamos ter que dar um grande passo em frente, mas sem mudar muita coisa!". Não se queria arriscar a perder o que já tinha ganho. Em 1992 estávamos sob grande pressão com o problema do diferencial central. Quando finalmente conseguimos resolver o problema, deixou de haver essa pressão porque pensámos que já não havia hipótese de ele recuperar o título. Foi muito agradável trabalharmos juntos e vê-lo ganhar o Campeonato apesar de tudo. O seu desempenho depende da pressão a que está sujeito. Tem espírito de lutador e detesta perder, mas as circunstâncias em relação ao carro mudam constantemente.

Em 1991 Carlos teve aqueles acidentes. Lembrava-se de que, com determinadas afinações tinha sido um ganhador, e agora, vendo que isso não acontecia, começou a duvidar da sua capacidade. Queria provar a si próprio que ainda era capaz de andar depressa. Esforçava-se terrivelmente para dar o melhor, tanto por ele como para a equipa. Todos estes grandes pilotos detestam perder.

Antes de trabalharmos com Markku Alen, tinham-me dito que ele não percebia nada dos aspectos técnicos, mas não era bem assim. O seu problema era não conseguir explicar as coisas em termos técnicos, era um problema de linguagem. Dava uma ideia geral, mas quando se queria entrar em detalhes, embrulhava-se com as palavras. Quanto melhor o conhecíamos, mais fácil era trabalhar com ele. A melhor característica de Markku era que os tempos que fazia, dependiam completamente do carro. Se eu fizesse uma pequena modificação no carro, isso reflectia-se imediatamente no cronómetro.

Considero Armin Schwartz um excelente piloto de testes. Pressiona para que se façam melhoramentos, mas tem paciência para esperar pelas soluções. Interessa-se sempre pelo que se está a passar. Marc Duez tem o dom especial de ser capaz de afinar os carros para os outros pilotos; sabe prever o que é que Juha ou Didier vão querer. O único problema com Marc é que ele tem, urgentemente, que actualizar a sua experiência em Ralis. Quando se está de fora muito tempo, vai-se perdendo a sensibilidade".

Greg Wheeler

"Quando comecei nestas lides, a minha maior surpresa foi em relação à forma como os pilotos usavam os travões. Nesta actividade, os pilotos são extremamente violentos com os travões mas mantendo uma grande sensibilidade. O mais pequeno problema de travões, não só perturba o piloto como se reflecte imediatamente nos tempos das classificativas. Quando algo corre mal com os travões, ficam completamente destabilizados! Dos nossos dois pilotos, parece-me que Armin Schwartz é o mais sensível e, numa curva, tende a travar apenas uma vez, como um piloto de Velocidade o faria, enquanto que quem trava com o pé esquerdo, como Kenneth Eriksson, pode dar três ou quatro sapatadas nos travões em cada curva. Quando não sente os travões como desejaria, é mais fácil a Kenneth adaptar o seu estilo de condução. É o mais tolerante dos dois.

Travando com o pé esquerdo, Kenneth joga com os travões. Usa-os como se fossem um dispositivo direccional, enquanto que para Armin os travões servem apenas para travar o carro. Armin exige uma precisão muito maior na afinação do carro e, para nós, o mais difícil é manter essa afinação no decurso de um Rali. Durante um Rali, é preciso dar muito mais atenção ao carro de Armin do que ao de Kenneth. Pela maneira

como usa os travões, Kenneth tem maior sensibilidade em relação ao tipo de piso das estradas, e vai adaptando a condução permanentemente. O seu carro pode degradar-se muito mais do que o de Armin sem que isso se reflicta nos tempos. Seria um problema para nós, se ambos os pilotos fossem como o Armin!

Um dos pontos que mais me interessam é estudar a forma como os pilotos abordam as curvas e, especialmente, o raio com que a descrevem. O comportamento dinâmico de um carro e a forma como tem que ser afinado, relacionam-se fundamentalmente com este raio. Com a sua técnica de travagem com o pé esquerdo e de fazer o carro deslizar ao longo das curvas, Kenneth descreve-as segundo um raio muito maior. Armin insere o carro muito mais profundamente e tem que fazer uma curva mais apertada. O raio descrito por Armin é cerca de metade do de Kenneth. Isto traduz-se em diferentes afinações. Penso que grande parte da nossa evolução provém de uma melhor compreensão do estilo de cada piloto.

Psicológicamente, os nossos pilotos também são muito diferentes. Durante as provas, Kenneth fica muito calmo. Pode-se conversar com ele durante um Rali. O Armin requer imensa atenção. Tem que se falar com ele, motivá-lo, ajudá-lo, dar-lhe ideias. Em compensação, também ele faz sugestões. Ele precisa de muita comunicação, o Kenneth não precisa de nenhuma! Mas ambos se esforçam imenso. É surpreendente a extrema dedicação dos pilotos de Ralis, de uma maneira geral. Foi para mim uma grande surpresa o seu nível de profissionalismo. São extremamente dedicados e pilotar representa tudo para eles. Devo dizer que estou impressionado com Carlos Sainz, especialmente desde que ele se mudou para a Subaru. É bem visível como ajudou a desenvolver o Impreza. Não só é rapidíssimo como muito fiável. Não faz exigências despropositadas à equipa. Consegue ser consistente nos resultados sem abusar do carro. Gostaria muito de ter a oportunidade de, um dia, trabalharmos juntos. Estou certo de que poderia aprender muito com ele.

Um dos aspectos mais interessantes é que as pessoas estão sempre a mudar. Há alguns anos atrás, este desporto era dominado pelos Escandinavos, mas isso agora mudou. Parece-me que os Latinos são gente muito agressiva, que se envolvem emocionalmente naquilo que fazem. Muitos dos escandinavos começaram com duas rodas motrizes e não são necessariamente bons com a tracção às quatro rodas. Um carro de tracção total, não requer derrapagens deslumbrantes, exige, isso sim, precisão, uma habilidade que os latinos desenvolveram através da sua prática de competições no asfalto."

John Wheeler

"Tenho um largo espectro de primeiras impressões sobre pilotos de Ralis. Recordo-me de Per Eklund, um verdadeiro mestre do improviso, que se deita em cima do volante e luta com o carro do princípio ao fim. François Delecour também conduz curvado sobre o volante, mas o seu estilo é completamente diferente, muito mais suave e menos espectacular. Didier Auriol é outro que se senta muito próximo do volante, esforça-se imenso, procura sempre a aderência através da direcção, é duro - sem ser brutal - e rápido nas mudanças de caixa, um piloto combativo. Bjorn Waldegard dá a impressão de controle total da situação, com uma autoconfiança absoluta naquilo que faz, com movimentos precisos ao volante. A impressão que deixa Ari Vatanen, é a de alguém com mais de 100% de confiança e habilidade: aborda todas as curvas, pelo menos 10% acima do que seria possível o carro descrevê-las, e depois lá se consegue arranjar fazendo enormes correcções. Tira tudo o que um carro tem para dar, andando sempre acima dos limites. É impressionante como conduz sempre depressa demais mas tem a habilidade de controlar a situação. Stig Blomqvist é um piloto com um domínio perfeito do carro. Extremamente rápido e com a capacidade de se adaptar a qualquer carro, sejam quais forem a afinação ou as condições do piso. O verdadeiro Mestre da condução num carro estranho e em pilotagem cega! Para nós, Malcolm Wilson é o piloto de testes ideal. Consegue espremer o

desempenho de um carro até à última gota, que é exactamente o que pretendemos. Em terreno solto, Malcolm é um piloto muito rápido. Tira de um carro tudo o que ele pode dar, sejam quais forem as circunstâncias.

Carlos Sainz é um verdadeiro mestre em compreender um carro, sobretudo no aspecto técnico, esforçando-se extraordinariamente em tudo o que faz. O seu estilo de pilotagem inspira confiança - especialmente ao passageiro. Tem um comportamento que é típico dos grandes desportistas. Tem um controle permanente sobre tudo o que faz no carro. A sua grande força é a persistência com que encara aquilo que pretende do carro e, pelo que tenho visto, o facto de o conseguir. A nossa associação com o Carlos tem-nos permitido uma evolução sempre positiva.

Tenho um enorme respeito por Didier Auriol. Está sempre em busca da perfeição, especialmente no que se refere ao equilíbrio do carro, que consegue detectar assim que o atinge. Penso que, no alcatrão, não há ninguém melhor do que ele, o que se vê pela forma como mantém o carro equilibrado. Também é um excelente piloto de terra. Lembro-me da primeira vez que fomos testar à Finlândia. Tanto ele como o carro, apanharam imediatamente o ritmo. Não vai progressivamente até aos limites, ultrapassa-os logo, para ficar a saber até aonde é que o carro pode ir. Neste aspecto, Didier é idêntico a Ari. É levando o carro aos limites que se evolui.

Actualmente, temos dois pilotos bastante diferentes, François Delecour e Miki Biasion. Estilos completamente diferentes. Miki conduz em situação de permanente desequilíbrio, manobrando sempre o carro e preparando-o para qualquer eventualidade. François descreve sempre uma trajectória perfeita, talvez deslizando ao longo dela, mas num estilo muito mais limpo do que Miki. Verificando o equipamento de registo de dados, vemos exactamente o que acontece. Curiosamente, François usa rotações mais altas: com os limitadores de turbo, não parece ser a melhor solução mas proporciona mais travão motor, um elemento adicional no controle do carro, e, possivelmente, melhora também a resposta ao acelerador. O que François tem de melhor no alcatrão, é a descontracção absoluta com que faz tudo. Entra na curva muito depressa e sai segundo uma trajectória perfeita. O efeito é pouco espectacular e é difícil de perceber de onde é que vem a velocidade. Quando insere o carro na curva tem uma paciência infinita. Nunca derrapa ou fica em situação de sobreviragem de potência, parece ser capaz de avaliar com precisão a velocidade de entrada na curva de forma a manter o carro perfeitamente equilibrado em toda a trajectória, pronto para sair e acelerar outra vez. É talvez o piloto que eu conheci, que menos esforça os pneus, especialmente no asfalto. Noto que Miki procura uma entrada em curva muito segura, fazendo o carro girar com facilidade e aplicando toda a potência ao longo da curva. Isto esforça muito mais os pneus."

David Lapworth

"Os pilotos de Rali encaram o seu trabalho de uma forma muito diferente dos pilotos de Velocidade. É essa a diferença entre as duas disciplinas. Os pilotos de velocidade utilizam um método mais progressivo. Reuniões, trabalho teórico, análise curva a curva; são mais metódicos. Os pilotos de Ralis trabalham da mesma forma que conduzem, por instinto. Não há muitos pilotos de Ralis que tenham a paciência de um piloto de Velocidade, mas Carlos Sainz é a mais notável excepção à regra. E quando se comparam os pilotos da actualidade com os seus colegas do passado, a diferença ainda é mais evidente. A mentalidade do piloto de Ralis começa a aproximar-se da de um piloto de Velocidade. Richard Burns é um bom exemplo do novo sistema: viram como os pilotos de velocidade se comportam em relação ao seu trabalho, com treino físico programado, psicologia do desporto, etc.. Também a técnica pode ser diferente. Os pilotos de Velocidade exigem mais da caixa de velocidades e do motor, especialmente durante a travagem. O piloto de Ralis típico, usa mais os pedais e a alavanca de velocidades, talvez pelas distâncias maiores que têm que percorrer e em situações menos repetitivas. Os pilotos de Rali são muito mais adaptáveis: podem não querer ser, mas são!

Todos os pilotos de topo são, como é óbvio, extremamente talentosos, mas dividem-se em duas categorias. Gente como Stig Blomqvist, Colin McRae, o falecido Henri Toivonen (foto da esquerda), e talvez Markku Alen, tinham um instinto natural para qualquer coisa que tivesse motor e rodas. Em poucos segundos estavam senhores da situação! Outros, são mais desportistas na verdadeira acepção do termo, com todos os ingredientes básicos, como sejam, reacções rápidas, concentração, capacidade de julgamento, etc., e poderiam ter tido sucesso em qualquer outro desporto que tivessem escolhido. Carlos é um desses.

Em Colin McRae é notável a facilidade com que parece pilotar. Stig também era assim, tal como Henry, tão descontraídos que era difícil dizer quando se estavam a empenhar a fundo. Com pilotos destes, isso só se percebe vendo as trajectórias ou quando começam a ficar com bocados da paisagem agarrados ao carro! Olhando para Colin no fim de uma classificativa, só se consegue saber se ele se esforçou ou não, pela quantidade de vegetação que o carro angariou! Carlos põe muito mais esforço físico na condução, sai do carro muito mais quente e sem fôlego do que Colin. Carlos impressiona pela velocidade a que consegue operar, e esforça-se muito mais do que Colin. Métodos tão diferentes mas efeitos muito semelhantes. Richard fica algures entre os dois. O que mais impressiona em Markku é a velocidade das suas reacções. O seu estilo de condução não é tão descontraído como o de Colin, mas se algo de inesperado acontece, reage com uma velocidade fantástica.

Ari Vatanen aproxima-se mais de Carlos, é um trabalhador incansável: sempre a fazer correcções com o volante. Mais precisos e positivos na forma como usam o volante. Usam-no mais rapidamente e com maior frequência. Colin e Stig mal usam o volante, e, quando o fazem, é em movimentos lentos. Antecipam melhor as situações.

Algumas características evidenciam-se quando analizamos o sistema de registo de dados. Por vezes, nota-se de repente, que Carlos usa mais as mudanças do que Colin. Ari sempre teve tendência a usar poucas rotações, indo buscar a tracção ao binário em vez da potência. Markku era sempre muito duro para os travões, era conhecido por os gastar imenso como orgão de direcção do carro, bloqueando as rodas deliberadamente. Usam o motor e a caixa de velocidades, de formas completamente diferentes. Alguns pilotos mal levantam o pé do acelerador quando mudam de velocidade. Quando chega à área de assistência, cada carro conta uma história.

As coisas têm mudado ao longo dos anos. Há dez anos, travar com o pé esquerdo teria parecido fora do vulgar, mas hoje, vemos que é a prática normal. 80% dos pilotos fazem-no. Diz-me a experiência que as razões por que o fazem é que mudaram. Já não é para ajudar na aceleração e manter um regímen de rotação elevada no turbo: hoje em dia, a resposta do acelerador é bastante boa. Hoje fazem-no para acelerar a transição travagem/aceleração. Perde-se muito menos tempo se não for necessário mover o pé direito de um pedal para o outro. Não há interrupção na passagem de travões a fundo para acelerador a fundo. Hoje, é essa a principal razão. Confirmámos isto quando Colin fez corridas de Turismo. Isto quer dizer que se pode travar exactamente onde se quer, em vez de se ser apenas exacto no ponto onde se tira o pé do acelerador. Em pista isto significa 20 ou 30 metros extra a acelerar. Antigamente costumava-se travar com o pé esquerdo para ajudar os carros a curvar: em vez do famoso "golpe de rins" Escandinavo, achavam que dava mais resultado terem o carro preparado com predominância de travagem na traseira, e, dando um golpe de travões violento com o pé esquerdo, provocar a transferência de massas para a dianteira e a saída da parte de trás. O pedal de embraiagem também se tinha tornado quase inútil.

Que se passaria se os pilotos de Velocidade e de Ralis trocassem de lugares? Um monolugar de Fórmula 1 representa um tal extremo que isso constituiria uma provação injusta para um piloto de Ralis. Seria um choque de culturas muito mais violento pôr um piloto de Ralis num Fórmula 1, do que ao contrário! Se pensarmos num Fórmula 3, no entanto, penso que os pilotos de Rali se sairiam bastante bem, pela sua facilidade em se adaptarem. Um piloto de Rali está mais habituado a guiar em asfalto do que um piloto de Fórmula 1 a guiar em terra. O piloto de Ralis teria a vantagem da capacidade de adaptação. Curiosamente, a gente dos Ralis parece ter menos interesse em passar para a Velocidade do que o contrário. Há montes de pilotos de velocidade que nos pedem uma oportunidade para experimentar um carro de Ralis". ❑

O coração de Ayrton Senna estava apenas na Fórmula 1?

CCC

REGRESSO AO FUTURO

DUAS RODAS MOTRIZES

A confusão está gradualmente a desaparecer e o alcance da decisão de autorizar apenas carros de dois litros, em finais da década de 90, está a tornar-se clara. O futuro do campeonato internacional de ralis parece que irá assentar em carros sem turbocompressores e com apenas duas rodas motrizes. Desta forma, não só reduzirá a potência como tornará o desporto mais aceitável socialmente e os principais carros de ralis serão mais parecidos com a maioria dos carros que circula nas estradas. Todos nós temos a esperança que mais marcas se envolvam a alto nível.

Num passo sem precedentes, a FIA anunciou um plano, a longo prazo, de alterações nos regulamentos. As mudanças na fórmula do Campeonato do Mundo só estarão totalmente operacionais em 1997, embora as equipas estejam já a fazer correr estes carros em todo o mundo, num campeonato paralelo ao existente para carros turbocomprimidos de tracção integral. Os Construtores, que têm participado com os actuais veículos de quatro rodas motrizes, poderão continuar a competir com esses carros em provas do Campeonato do Mundo até 1996.

"Fórmula 2" é a designação popular mas não oficial para descrever os carros que correspondem aos vários regulamentos da FIA para a Taça de 2 Litros de ralis. Especificamente abrange duas categorias. A primeira, para carros que obedecem aos regulamentos actuais, mas com apenas duas rodas motrizes, equipados com motores aspirados com uma capacidade máxima de dois litros, e que tenham sido produzidos pelo menos 2.500 veículos. No início, esta categoria abrangia apenas carros de Grupo A de tracção dianteira, mas a partir de Janeiro de 1995 incluirá igualmente carros de Grupo N e aqueles com transmissão traseira. A segunda, um conjunto de regras paralelas, conhecido por regulamento para Kit Cars, permite um maior grau de modificações possíveis, podendo-se montar nos carros de "Fórmula 2" um conjunto de peças que são produzidas em grande escala.

Os actuais carros turbocomprimidos de quatro rodas motrizes, que floresceram com as alterações aos regulamentos introduzidos no final da era dos Supercarros, em 1987, tornaram-se demasiado potentes para este desporto. Extravazaram, e em muito, a noção original que limitava a potência a 300 cv, mas estes carros têm vindo progressivamente a aproximar-se deste nível através da introdução de

Os concorrentes de "Fórmula 2" estão preparados para o Campeonato Britânico de 1995

pequenos restritores do turbo. Todavia, os carros utilizados no desporto já não carros comuns mas tornaram-se modelos elitistas de produção limitada. A decisão para concentrar nos carros de "Fórmula 2" foi tomada para contrariar estas tendências.

Os custos demasiado elevados forçaram os construtores a abandonar o desporto porque não podiam produzir o número suficiente de carros de série com as especificações próprias para se alcançar o êxito neste desporto. Mesmo quando o número mínimo foi reduzido no início de 1993 de 5.000 para 2.500, isto não constituiu qualquer melhoria. No fim de contas só os construtores japoneses permaneceram competitivos. Os carros eligíveis de "Fórmula 2", porém, são produzidos pela grande maioria dos construtores do mundo e o declínio no número de construtores activos foi a razão particular que levou à criação das normas para Kit Cars.

Quando estas mudanças foram debatidas, as pessoas que estavam satisfeitas com o «status quo» protestaram e para alguns as novas regras eram menos atractivas devido a razões locais. Por outro lado, a França, um país onde a maioria dos ralis são disputados em asfalto e cujos construtores têm estado ausentes do Campeonato do Mundo (já lá vão oito anos), acolheu calorosamente a "Fórmula 2", tal como a Espanha. A Grã-Bretanha, país onde a maioria dos ralis são disputados em terra e onde muitos dos actuais carros do Campeonato do Mundo são preparados, também se mostrou entusiasmada. Todavia, nos países do Extremo Oriente os privados têm maior acesso a carros turbocomprimidos de tracção integral e consideram-os bastante satisfatórios. O descontentamento também foi gerado porque a mudança foi aprovada na Assembleia Geral da FIA, na qual têm assento muitos delegados de países sem tradições nos ralis, ou com interesses locais que não são coincidentes com aqueles que possuem provas integradas no Campeonato do Mundo.

As actuais normas do "Apêndice J" (Grupo N, A, B, etc) viram a luz do dia em 1982 porque o antigo sistema (Grupos numéricos: 1, 2, 3, 4, etc.) que foi eficaz durante muito tempo, tomou uma direcção errada. Existiram muitas disputas técnicas e interpretações alternativas dos regulamentos. As novas regras alteraram as atitudes e foram largamente bem sucedidas. Anteriormente uma peça de equipamento ou modificação era legal excepto se fosse proibido especificamente: agora é ao contrário. Existem novas e amplas liberdades

DESAFIOS TÉCNICOS

John Easton, da Nissan Motorsports Europe, esteve envolvido no desenvolvimento técnico do Sunny GTi. "Esta é uma fórmula em que é bastante difícil fazer carros rápidos. No desenvolvimento deste tipo de carro, o primeiro desafio consiste na obtenção de um veículo tão leve quanto possível, e fazer baixar o peso. O segundo é a concentração na transmissão com o intuito de maximizar o potencial da tracção. As afinações no diferencial fazem uma grande diferença em relação ao modo como o carro se comporta. Nestes carros, o controlo de tracção vai ser mais importante do que dispositivos como a mudança de velocidades sequencial ou as caixas de velocidades semiautomáticas.

"O trabalho de suspensão nos carros de 'F2' é difícil porque os carros são mais leves na parte traseira: o desafio consiste na obtenção de um carro que se comporte bem mas não enerve o piloto quando o carro ressalta. A Honda parece ter um plano ideal porque tudo é muito baixo naquele carro: o Escort é bom porque é naturalmente bastante pesado na parte traseira. O Nissan é pior neste ponto e por isso temos dado a maior importância na distribuição do peso atrás."

"Penso que os engenheiros vão fazer grandes diferenças entre o trabalho de preparação dos carros para asfalto e terra. A suspensão de asfalto pode ser mais leve e bastante mais precisa em relação à condução nas lombas e nas curvas: na terra tudo tem de ser reforçado. As alterações de arqueamento e convergência das rodas não têm tanta importância para um carro de "F2" nas estradas de terra. O controlo de tracção é importante quer no asfalto quer na terra, no início e nas curvas apertadas. Por exemplo, o controlo de tracção pode fazer poupar dois ou três segundos na partida de uma classificativa em piso de terra. Será mais difícil aperfeiçoar o controlo de tracção na terra do que no asfalto. Nós vamos instalar sensores para registar as diferentes condições nas classificativas; para obter o melhor em qualquer circunstância."

"Em relação ao Kit Car penso que a liberdade de admissão de ar e de escape significa que os motores de diferentes marcas de carros podem ser afinados para níveis mais equilibrados, embora pense que não seja possível utilizar todo o potencial de um motor sem o controlo de tracção. Todos devemos ser capazes de chegar aos 300 cv, por isso a enfâse terá de ser colocada na existência de um sistema de controlo de tracção que funcione às mil maravilhas! Segundo as normas de Kit Car, os carros deverão ser mais rápidos no asfalto. Julgo que o dinheiro dispendido nos carros de "F2" será inferior ao montante gasto actualmente. Vai-se gastar mais nos Kit Cars, mas, suponho eu, menos do que nos carros turbo de tracção às quatro rodas."

nas modificações do equipamento, as quais se devem a questões de segurança, e também novos itens, cuja conformidade não pode ser facilmente verificada.

Apesar do sucesso das normas actuais, algumas das atracções da velha fórmula ainda não foram esquecidas. A capacidade de poder construir carros de pura competição a partir de versões de produção de massa é uma delas. Nos últimos anos, os carros novos ou quase novos ganharam predominância a nível de topo neste desporto, o que impõe demasiadas exigências financeiras aos concorrentes amadores. Para recuperar alguns dos aspectos positivos dos velhos regulamentos, alguns projectos como o Grupo S, Grupo R e outros, foram discutidos mas finalmente as normas relativas aos Kit Cars foram concebidas e introduzidas. O Presidente da FIA, Max Mosley, explicou porquê é que as normas deveriam encorajar mais construtores: "O conceito de um Kit Car de tracção às quatro rodas foi posto de parte: a curto prazo e em teoria, esta ideia era agradável, mas na prática, para permitir que alguém que quisesse ser competitivo e não tivesse um carro convenientemente homologado, teriamos de permitir modificações massivas." Ao limitar o conceito para tracção a duas rodas, a FIA "pensa que a opção Kit Car possibilitará às companhias especializadas em preparação a procura de carros adequados. Eles poderão então adaptá-los à sua maneira, dentro dos limites dos orçamentos dos patrocinadores, para que sejam convenientes para os ralis, mesmo que os construtores o queiram fazer por si próprios."

Para encorajar os construtores a desenvolver carros de "Fórmula 2", que por enquanto ainda são relativamente pouco competitivos, em vez de esperar por um Campeonato do Mundo que tenha adoptado totalmente esta fórmula, propôs-se que os Kit Cars poderão entrar já em 1995 em provas internacionais do campeonato. Simultaneamente, o tamanho do restritor de turbo nos carros de topo será reduzido de 38mm para 34mm e portanto a potência real dos carros de rali será reduzida de 380 cv para 300 cv. Tendo em conta que os Kit Cars de 2 Litros irão debitar cerca de 260 cv e o seu peso é consideravelmente inferior aos seus primos de tracção integral (930 kg contra 1.200 kg), foi introduzido um factor de equilíbrio, que será especialmente visível nos ralis com classificativas de asfalto. Só nas classificativas de terra é que os actuais carros de competição de quatro rodas motrizes continuarão a ser imbatíveis.

Herança de 2 litros. Acima, Kenneth Eriksson venceu o Rali da Costa do Marfim de 1987 e, abaixo, Sepp Haider o Rali da Nova Zelândia de 1988, ambos contra todos os prognósticos, e em provas que pareciam ser claramente favoráveis aos carros de tracção integral

Depois de a Lancia ter deixado a cena em 1993 e a Ford em 1994, a Skoda tornou-se o único construtor europeu em actividade no Campeonato do Mundo, só que até agora a marca checa mostrou-se apenas interessada na Taça FIA de 2 Litros.

Todavia, Mosley notou: "Todas as pessoas que actualmente estão envolvidas no Campeonato do Mundo, excepto possivelmente a Subaru, produzem carros de tracção às duas rodas muito bons." Se existe algum grau de ansiedade, este tem sido revelado pela relutância dos construtores franceses em se lançarem

ELES AÍ ESTÃO, OS PRIMEIROS KIT CARS

A Renault apresentou o concept-car original em meados do Verão, quer como método de investigação do que é possível fazer, segundo os regulamentos iniciais, demonstrando às autoridades da FIA como é que as suas ideias teóricas se irão revelar na realidade

A Peugeot acompanhou o tema, compreendendo que muitas das equipas dos importadores desejavam entrar em provas internacionais que serão abertas a Kit Cars. O 306 Maxi fez a primeira aparição pública em Outubro no Salão de Paris.

A Skoda esperou até ao lançamento do modelo Felicia para revelar ao mundo o carro com que espera disputar o Campeonato do Mundo de 2 Litros de 1995

Robbie Head, com seu Honda Civic produzido em Taiwan, no Telecom Australia Rally de 1994

sem demora no campeonato do mundo. No campeonato nacional francês existe uma competição saudável entre a Renault, Peugeot e Citroën. Na Grã-Bretanha, entre a Vauxhall, Nissan, VW e Honda. Na Suécia, tem existido há vários anos um envolvimento activo dos importadores no campeonato local de ralis. Contudo, nos últimos anos, poucas dessas equipas têm estado envolvidas em provas do Campeonato do Mundo. Os países da orla do Pacífico estão a aumentar a sua actividade, sobretudo através de companhias como a Hyundai e a Proton. Todos vêem a "Fórmula 2" de uma forma ou de outra, como uma maneira de se poderem envolver mais rapidamente nos ralis e a alto nível.

A visão de Mosley que o regulamento dos Kit Cars irá permitir a novos construtores a representação através de companhias externas já se começa a vislumbrar nos ralis actuais de "Fórmula 2". A BEST, um preparador gaulês, desenvolve os Citroën ZX 16V de ralis oficiais e o seu engenheiro François Bernard confirmou a validade do conceito. "Tudo o que estamos a fazer com o ZX 16V dá a entender que o futuro reside nos Kit Car. Os níveis de potência nos Kit Cars devem ser mais idênticos entre os diferentes tipos de carros devido à liberdade de admissão de ar, como temos visto nas corridas de Carros de Turismo de Classe 2. A possibilidade de remodelar as asas ajuda a igualar o nível dos carros e permite a montagem de pneus de grandes dimensões, o que contribuirá para o aumento da duração dos pneus. Pensamos que os regulamentos para os Kit Cars são bons. É bom saber agora em que direcção devemos ir. A maior oportunidade para os Kit Cars é que mais construtores poderão vir para o desporto, construtores cujos carros de série podem não ser a priori tão competitivos como os da concorrência."

Será que o prestígio dos construtores alemães irá regressar aos ralis? O modelo BMW 318i (na foto na versão de tracção integral em Chamonix) parece possuir um design ideal

Actualmente, as pessoas ainda acreditam pouco nesta fórmula, a qual no entanto poderá ser benéfica para o desporto, mas será que também será deturpada? A FIA nunca vislumbrou que a evolução dos carros de Grupo B iria ridicularizar os planos originais desta categoria estabelecidos nos anos 80. O maior factor desconhecido consiste na decisão em admitir carros de tracção traseira na "Fórmula 2". Ostensivamente isto foi elaborado para permitir o regresso dos construtores alemães (Mercedes e BMW) ao desporto. Todavia, nos bastidores há quem receie que uma das outras companhias aproveite a oportunidade para irromper, produzindo uma gama de 25.000 carros de tracção traseira e que domine os ralis. Esta é talvez a única incógnita. De outro modo, a única preocupação que se mantém é que algumas das equipas actuais possam decidir abandonar. Mas isto faz parte da história do desporto automóvel. Talvez que a força mais profunda do desporto automóvel seja essa: nada permanece inalterável. ❑

STOP PRESS

Contando com dez provas pontuáveis, a Taça FIA de 2 Litros terá um estatuto pleno de Campeonato do Mundo em 1995 e será uma competição paralela com importância similar ao campeonato para carros turbocomprimidos e de tracção às quatro rodas, constando este último de oito provas. A FIA está ainda a considerar uma forma que permitirá aos carros aspirados de tracção integral participarem no Mundial, estando-se ainda a estudar uma "proposta técnica satisfatória".

ENTÃO COMO AGORA

Não há nada de novo no desporto automóvel. Alguns dos feitos mais heróicos dos ralis foram obtidos em décadas passadas com veículos que hoje seriam classificados como carros de "Fórmula 2", tais como o Lancia Fulvia e o Mini Cooper S. Um dos heróis dos anos 70 foi o piloto sueco Stig Blomqvist, que revelou audácia ao volante de um Saab 96, que nos desafia a imaginação. Ele utilizou bancos de neve para reduzir a velocidade dos carros e raramente, ou nunca, levantava o pé direito do acelerador. Ele conseguia igualar as prestações de carros bastante mais potentes, fazendo coisas com os carros que nunca ninguém antes tentara. Se o seu Saab ainda estivesse em produção, teria sido um carro de "Fórmula 2", e agora ele está a entrar na sua segunda vida, pilotando a actual geração de carros de "Fórmula 2". Aqui ele conta-nos como é que era e como é hoje.

ARCHIVES

"Penso que nos travões e nas transmissões residem as maiores diferenças entre os carros antigos e os novos; a potência do motor também, mas as coisas nos carros não são tão diferentes em relação aos carros que utilizávamos nesses tempos. Obviamente que ainda temos no nosso pensamento os carros de quatro rodas motrizes, mas julgo que quando nos habituarmos a estes carros de "F2", teremos igualmente um prazer semelhante aos dos velhos tempos. Quando em 1986 proibiram os Supercarros passamos pelo mesmo trauma. Dissemos que comparativamente os novos carros iam ser aborrecidos, mas a forma como se processou a evolução dos carros de Grupo A, foi tudo menos aborrecido. Penso que se passará o mesmo com estes carros. Quando as pessoas se empenharem a fundo neste projecto e se tornarem mais rápidas do que são actualmente, esta fórmula tomará um rumo idêntico às das outras novas fórmulas."

"A única coisa que muda é o nome dos carros. Sob esta fórmula, todos os carros prometem ser mais ou menos iguais no comportamento. O carro base é mais ou menos igual para toda a gente. A diferença vai residir na diferença entre as equipas. Tal como nos grandes carros de hoje, a melhor equipa será aquela com o mínimo de problemas técnicos. Obviamente que o artifício mais importante irá ser o controlo de tracção, e isto levará os carros de produção normal a entrarem muitas vezes em pião, por isso é bom. Quanto aos Kit Cars, a liberdade adicional de modificação fará com que os motores sejam ainda mais iguais nas prestações, como se pode constatar com a experiência nas corridas de Carros de Turismo da Classe 2. Talvez que o factor decisivo no motor venha apenas a residir no desenho do mecanismo da válvula. Penso que teremos alguma forma de limite na velocidade do ciclo do motor, porque de outra forma iremos ter motores tipo Fórmula 1 nos ralis. Para as provas de asfalto onde não é necessário tanto binário, as pessoas irão começar a construir motores que podem atingir as 12.000 ou 13.000 rpm. Não creio que o desenvolvimento de uma caixa sequencial seja tão importante. Se tivermos um piloto habituado a um tipo de caixa de velocidades normal, isso basta. As caixas sequenciais são apenas para os pilotos que são duros com as suas mudanças de velocidade! Penso que a sequencial será mais importante no asfalto do que na terra porque as pessoas gostam de reduzir mais do que uma velocidade nas estradas de terra."

ARCHIVES

Que outras mudanças se verificaram nos últimos 21 anos? Stig Blomqvist em 1973 no Rali da Suécia (acima) e em 1994 no Rali da Boémia, onde ele foi piloto convidado da Skoda

1994 1 1994
RALLYE MONTE-CARLO

MONTE CARLO

François Delecour em acção. A vitória em Monte Carlo foi um dos grandes resultados que ele sempre aspirou

✫ ...Após um interregno de 41 anos, a Ford voltou a vencer em o rali mais prestigioso do Mundial. No Grupo N, os Escort RS Cosworth também dominaram.

✫ ...Na sua segunda participação, a Mitsubishi liderou um rali do Campeonato do Mundo.

✫ ...O controlo dos espectadores deixou muito a desejar. Alguns hooligans colocaram neve na estrada, orginando os despistes de Schwarz e McRae.

✫ ...A Pirelli regressou ao Campeonato do Mundo, desta vez com a Subaru. O monopólio da Michelin terminou!

François Delecour sobreviveu à última noite do rali e obteve a vitória mais importante da sua carreira. Os atrasos, logo no primeiro dia, de Armin Schwarz e Colin McRae, assim como a desistência de Didier Auriol, o vencedor em 1992 e '93, facilitaram a vida ao francês. Juha Kankkunen assegurou o segundo lugar enquanto que o novo recruta da Subaru, Carlos Sainz, foi terceiro.

Todavia, a maior novidade consistiu na performance do Mitsubishi Lancer Evolution. O resultado de seis meses de trabalho, identificando os fracos resultados nos Mil Lagos, deu os seus frutos e, tal como no RAC do ano de 1993, Schwarz liderou durante algumas classificativas. A razão das fracas prestações no ano anterior tornaram-se agora claras: o diferencial central, com os seus mecanismos especiais de controlo hidráulico, era demasiado sensível ao movimento dos eixos das rodas. Procurou-se então melhorar a tracção, reduzindo-se as alterações indesejáveis no binário de um eixo para o outro.

Os carros de Schwarz e Kenneth Eriksson foram os mais rápidos nas classificativas, tendo o alemão obtido maior número vitórias nas PECs do que qualquer outro piloto. No asfalto, Eriksson não esteve no seu melhor enquanto que Schwarz todas as hipóteses de lutar pelo comando, logo no primeiro dia, na infame classificativa de Burzet. Quer o alemão como o piloto da Subaru, Colin McRae, perderam tempo depois de se despistarem numa curva fechada, coberta de neve, colocada pelo público.

Falando dos espectadores em geral, e não só daqueles que contribuiram para o seu despiste, McRae disse: "Nunca vi nada tão mau como isto. No ano passado em Portugal foi mau, mas Monte Carlo este ano foi muito pior." Acerca

Que maneira de começar a temporada! Ainda mal tinha conquistado a liderança e já Didier Auriol estava a embater numa árvore

do local onde ele saiu de estrada, ele afirmou: "O meu pai (Jimmy) tinha inspeccionado a classificativa. Ele marcou (o local em questão) 'Atenção, lama'. Nós avançamos para a curva e encontrámos dois rastos através da neve molhada. Prosseguimos cuidadosamente mas a meio da curva, a estrada estava completamente branca. O carro derrapou e foi parar à berma."

Seis equipas inscreveram-se para o Mundial de Construtores, já que o novo regulamento da FIA obriga à participação de nove em dez das provas. Surpreendentemente, duas das equipas alinharam com carros de "Fórmula 2", embora o evento não contasse para o respectivo campeonato. Contando com um total de 168 inscritos, número recorde após a recessão dos anos anteriores, e existiu um elemento de divertimento e intriga com a operação Mini Cooper. Os quatro Mini, conduzidos dois vencedores anteriores da prova Paddy Hopkirk (1964) e Timo Makinen (1965) e dois pilotos privados, Pierre Chevalier e Philippe Camandona, falharam por completo na estrada mas o interesse gerado, especialmente em Inglaterra e no Japão, decerto que justificaram as inscrições!

Tecnicamente, os carros da Ford eram os mais avançados no rali. Os três veículos de fábrica estavam equipados com uma caixa de velocidades sequencial, mas não foi utilizada. As rodas eram de 18 polegadas e os travões dispunham de maxilas em material compósito. A Ford inscreveu neste rali, Delecour, Miki Biasion e Bruno Thiry. O belga, cuja experiência em ralis com carros de tracção integral se resumia a corridas de Citroën 1000 Pistes há já alguns anos, impressionou e terminou na oitava posição. Biasion, pelo seu lado, teve um rali infeliz. Responsável pelo desenvolvimento de discos para o diferencial dos eixos, não ficou muito contente com o comportamento do carro e não conseguiu melhor do que a quarta posição.

Na Toyota, a novidade técnica consistia na disponibilização opcional do sistema de controlo de tracção. Juha Kankkunen utilizou-o durante quase todo o rali (o mecanismo é accionado por um interruptor situado na frente do co-piloto), enquanto que Didier Auriol o dispensou. Os dois pilotos tiveram sortes diferentes. O francês não passou da primeira etapa, tendo-se despistado e embatido numa árvore na terceira prova de classificação. Quanto ao finlandês, apesar do seu profundo desagrado em relação a este rali — ao enorme medo do comportamento do público durante o primeiro dia, ao pião, às escolhas erradas de pneus —, conseguiu terminar na segunda posição, defendendo-se muito bem da pressão exercida por Carlos Sainz na parte final da prova.

O espanhol, que se estreava oficialmente pela Subaru (a equipa japonesa veio a Monte Carlo pela primeira vez desde 1984 e a Prodrive desde os seus tempos com a BMW) obteve o terceiro lugar, embora no último dia o diferencial central apresentasse um comportamento anormal. A Pirelli foi responsável por uma proeza de relevo, alcançando uma dobradinha na traiçoeira classisificativa de Sisteron, já que os Subaru foram um minuto mais rápidos do que os vencedores!

A Renault, uma das principais promotoras da "Fórmula 2", decidiu participar nesta prova em detrimento do Rali da Suécia, essa sim pontuável para o respectivo campeonato. Jean Ragnotti e Alain Oreille depressa se encontraram, respectivamente, em sexto e sétimo da geral, apreciando imenso as condições de piso molhado. No terceiro dia, porém, tudo correu mal e ambos se despistaram na mesma classificativa. O carro de Oreille ficou empalado numa ponte, mas Ragnotti conseguiu terminar a PEC em apenas três rodas. ❑

Mini Mágico! Mesmo 30 anos depois, a aparição de um Mini Cooper vermelho ainda entusiasma o público. Com o intuito de participar neste Rali de Monte Carlo, a Rover voltou a homologar este veículo, agora designado de Mini Cooper 1.3i, possibilitando a

inscrição de dois antigos vencedores da prova, Paddy Hopkirk e Timo Makinen. A equipa do finlandês, porém, teve problemas ainda antes do rali começar: o carro desapareceu (terá sido roubado), pouco antes de embarcar para França! Na prova, Makinen foi igualmente pouco feliz: desistiu na segunda etapa devido a um injector entupido. Hopkirk teve mais sorte, conseguindo chegar à última etapa entre os 100 primeiros. Na derradeira noite, um problema com o cinto de segurança ditou o seu abandono.

TOYOTA
Castrol
MICHELIN
K-AM

MIYAJIMA

À esquerda, a Michelin produziu um pneu especial alcunhado de "Catamaran", que foi usado duas vezes, aqui por Kankkunen em Sisteron, e antes em Burzet por Biasion

No topo, uma revelação foi a velocidade inicial do Mitsubishi de Armin Schwarz

Acima, as coisas pareciam correr de feição para os Renault da categoria não oficial "F2" até à 15ª classificativa, quando Alain Oreille e Jean Ragnotti (aqui na foto) argumentaram com o campo

Abaixo, Colin McRae era o 19º carro na estrada no segundo e terceiro dias, o que como se pode ver se tornava num perigo para os espectadores no final das classificativas. Eles não tinham consciência que outro carro poderia chegar depressa

SUÉCIA TAÇA FIA DE 2 LITROS - 1ª PROVA

À esquerda, Per Svan atinge um status que ele jamais teria sonhado, vencendo o primeiro rali de sempre da Taça FIA de 2 litros

Per Svan venceu a prova de abertura da Taça FIA 2 Litros de 1994, repetindo o êxito alcançado no ano passado nesta categoria. O piloto da Opel consolidou o seu domínio depois de Tommi Makinen ter abandonando devido a um problema na embraiagem do seu Nissan Sunny GTi.

Para esta categoria inscreveram-se carros de marcas (14 modelos diferentes) e quatro delas (GME, Volkswagen, Citroën e Nissan) venceram classificativas.

Os principais carros da Taça de 2 Litros foram os primeiros a partir de Karlstad, localidade onde se iniciou o rali: Makinen, Svan e os dois Skodas oficiais de Emil Triner e Jindrich Stolfa rivalizaram com pilotos locais que disputavam o campeonato do seu país, em carros com motor turbo e quatro rodas motrizes. Seguiam-se outros carros veículos competitivos de "Fórmula 2", como o Citroën ZX 16V de Cemoni Ohlsson e o Volkswagen GTi de Jorgen Jonasson.

Ohlsson, que durante muito tempo ocupou a terceira posição, debateu-se com inúmeros problemas, incluindo um de natureza eléctrica e chegou inclusivemente a despistar-se. Conseguiu, no entanto, manter-se em prova. Tanta sorte não tiveram Magnus Gustavsson (Citroën BX) e Goran Andersson (Opel Corsa), pois ambos abandonaram na décima classificativa. Anders Nilsson, que surpreendeu ao vencer a prova inaugural do campeonato sueco, classificou-se no terceiro lugar com o seu vetusto Opel Kadett GSi. Os dois Skoda, por seu lado, ao garantirem as sétima e oitava posições, terminaram nos pontos.

Todos aqueles que consideraram que estes carros de dois litros seriam batidos sem apelo nem agravo nas estradas geladas e muito rápidas da Suécia, foram forçados a reconsiderar; depois de cada classificativa havia um carro de "F2" entre os dez primeiros. ❑

Abaixo, Jorgen Jonasson terminou no segundo lugar da categoria "F2" com o seu Golf

Tommi Makinen foi a grande desilusão. O seu Nissan Sunny GTi abandonou cedo, quando liderava a categoria

Um novo piloto foi o vencedor absoluto. Natural do norte da Suécia, Thomas Radstrom conduziu um antigo Toyota Celica de fábrica. A sua pouca cotação obrigou-o, no primeiro dia, a largar atrás de carros mais lentos e a lama deixada pelos outros concorrentes prejudicou-o, perdendo algum tempo. Mesmo assim, ele não se deu por vencido e lutou arduamente pela liderança, disputando-a com Mats Jonsson. O homem do Mazda 323 GT-R teve de baixar os braços devido a problemas de transmissão. Ao contrário de Jonsson, Radstrom não foi sujeito ao controlo de combustível pela FIA, e levou o seu carro rumo a uma vitória convincente. No terceiro lugar ficou Stig Blomqvist, em Ford Escort RS Cosworth. Enquanto os seus adversários utlizaram pneus Lappi, fabricados localmente e com sulcos mais profundos, Blomqvist optou pelos Michelin, uma marca que já triunfou sete vezes na Suécia.

42º SWEDISH INTERNACIONAL RALLY

4/6. 02. 94 Suécia

RESULTADOS

F2	GERAL	EQUIPA	PILOTO/COPILOTO	NAC.	COMP Nº.	CARRO	REG. Nº	TEMPO TOTAL
1	7	Opel Team Sweden	Per Svan/Johan Olsson	S	4	Opel Astra GSi	OPEL 1 (S)	4h.29m.02s.
2	10	-	Jorgen Jonasson/Nicklas Jonasson	S	23	VW Golf GTi	POA156(S)	4h.33m.42s.
3	14	Team Akes Bageri AB	Anders Nilsson/Per Schlegel	S	22	Opel Kadett GSi	POL153 (S)	4h.34m.56s.
4	17	-	Christer Steen/Per Westman	S	25	Opel Corsa GSi	NAF010 (S)	4h.40m.59s.
5	18	Citroën Dealer Team Sweden	Cemoni Ohlsson/Goran Lonmark	S	19	Citroën ZX 16v	ZX1 (S)	4h.41m.06s.
6	21	-	Peter Nilsson/Jan Lambertsson	S	26	Opel Corsa GSi	AJK251 (S)	4h.46m.02s.
7	24	Skoda Motorsport	Emil Triner/Jiri Klima	CZ	2	Skoda Favorit 136L	MBS14-18 (CZ)	4h.47m.28s.
8	26	Skoda Motorsport	Jindrich Stolfa/Miroslav Fanta	CZ	3	Skoda Favorit 136L	MBS14-22 (CZ)	4h.50m.01s.

Iniciaram 26. Concluiram 18. Média do vencedor F2: 96.10 Km/h

PRINCIPAIS ABANDONOS DE F2

ÚLTIMA CLASSIFICATIVA COMPLETADA	EQUIPA	PILOTO/COPILOTO	NAC.	COMP Nº.	CARRO	REG. Nº	MOTIVO
3	Nissan F2	Tommi Makinen/Steppo Harjanne	FIN	1	Nissan Sunny GTI	K2NME (GB)	Transmissão

LÍDERES FÓRMULA 2: Svan, na 1ª classifcativa; Makinen, na 2ª e 3ª; Svan, da 4ª à 24ª.

VITÓRIAS NAS CLASSIFICATIVAS: Svan, 14; Ohlsson, 7; Makinen, 2; Jonasson e A. Nilsson, 1.

Classificação da Taça FIA para Construtores após a 1ª Prova
GME, 10 pontos; VW, 8; Citroën, 4; Skoda, 2.

DETALHES DA PROVA: 24 classificativas, 430,91 km. Todas as classificativas em terra (excepto uma num lago gelado) cobertas com gelo ou neve. Percurso total: 1.419,63 km.
Início Karlstad; neutralizações em Falun e Karlstad.
Condições metereológicas: céu limpo, tempo frio. Sete classificativas nocturnas.

TOYOTA
Castrol

2
tap RALLYE
DE PORTUGAL

PORTUGAL

2 RALLYE DE PORTUGAL

☆ ...A Toyota dilatou a sua vantagem sobre os seus rivais da Ford ao vencer a corrida para o segundo lugar!

☆ ...Quer a Pirelli como a Michelin introduziram novidades nos pneus que disponibilizam. A marca italiana forneceu pela primeira vez borrachas dotadas do sistema EMI de mousse anti-furo. Os franceses desenvolveram um pneumático com escultura assimétrica.

☆ ...Colin McRae teve pouca sorte pelo segundo rali consecutivo, mas o cauteloso Carlos Sainz teve mais sorte.

☆ ...Embora três dos quatro carros de fábrica da Ford tenham ficado pelo caminho, no Agrupamento de Produção o domínio foi indiscutível.

Quando no segundo dia, o Toyota de Juha Kankkunen herdou a liderança, beneficiando do abandono de François Delecour, não se verificou nenhum drama. Ele pura e simplesmente repetiu para a Toyota aquilo que o francês havia obtido para a Ford em Monte Carlo, equilibrando assim a tabela do Campeonato. Mas quando o seu colega de equipa, Didier Auriol, se superiorizou ao Ford de Miki Biasion e ao Subaru de Carlos Sainz, conquistando a segunda posição, então a Toyota respirou de alívio, e ganhou confiança para o resto do campeonato.

O rali de Portugal é um dos poucos ralis do Campeonato do Mundo que permaneceu intocado. Com uma duração de quatro dias, etapas em asfalto e terra (e algumas mistas), o evento ainda cobre boa parte do território. O número de inscrições aumentou, as três equipas de topo eram muito equilibradas, o tempo (apesar das más condições meterológicas durante os testes de reconhecimento) estava bom e o sol geralmente brilhou. Contrariamente ao sucedido em Monte Carlo, os tradicionais problemas com os

Juha Kankkunen na luz fria da última manhã

espectadores portugueses foram insignificantes.

O primeiro dia, disputado em piso de asfalto, foi dominado por François Delecour, que se distanciou rapidamente dos seus adversários. A quebra do eixo da transmissão permitiu que Juha Kankkunen, até então segundo classificado, assumisse momentaneamente o comando. O francês, porém, ainda tentou recuperar a liderança e, na primeira classificativa do segundo dia — na superespecial de Lousada — quando estava quase a consegui-lo, uma válvula do motor do seu Escort partiu-se. A Ford alinhou em Portugal com quatro carro, dois inscritos pela equipa de Boreham, Delecour e Biasion, e outros pelos pela RAS Sport, Alex Fiorio e Bruno Thiry. Estes últimos realizaram uma fraca prestação, abandonando cedo por terem batido em pedras. Apenas Biasion chegou ao final da prova e mais uma vez os seus nervos de ferro tornaram-se necessários para

Tão longe dos restantes! O melhor privado foi Fernando Peres, a quase 30 minutos do vencedor

Como a mousse mudou a face dos ralis. Agora com a Pirelli e a Michelin a disponibilizarem pneus de terra anti-furo, gerou-se uma nova atitude de condução. O sistema activado pela perda de ar, em que a espuma se expande no interior do pneu, começou a ser utilizado há sete anos e era um método que permitia que o carro chegasse ao final da classificativa sem ser necessária a troca de pneumático. Os técnicos depressa desenvolveram um sistema melhorado, o qual assegurava que não existiriam efeitos negativos no comportamento do veículo quando se estava a ficar se ar nos pneus. Isto mudou a mentalidade dos pilotos. Enquanto havia um risco dissuasor de furo, eles escolhiam a suas trajectórias através das curvas, evitando as pedras. Agora já não é necessário. Em curvas acidentadas ou suaves, a linha ideal de trajectória tornou-se a única a seguir-se. A disponibilidade da mousse tornou-se uma das razões principais que levou Sainz, no ano passado, a associar-se ao Jolly Club e à Michelin. O fornecimento da mousse pela Pirelli, aqui em Portugal, foi um dos momentos que ele tanto esperava. Com a promessa de pneus anti-furo de asfalto, a partir de Sanremo, foi a única coisa que faltou para completar a alegria de Carlos. Ainda não se sabia se a mousse Pirelli ainda estaria operacional quando o ar saisse. Em todos os pontos de assistência o espanhol precipitava-se para os técnicos, interrogando-os se ainda havia ar nos seus pneus. A resposta era sempre positiva. Era tão frustrante. Mesmo na última neutralização em Tomar, ele não obteve a resposta para aquela ardente questão. E depois, finalmente, na penúltima classificativa, o ar escapou, a mousse funcionou e Carlos finalmente deu-se por satisfeito.

conseguir terminar, fazendo o seu melhor para aguentar a pressão das outras equipas.

O controlo de tracção esteve de novo no topo da agenda da Toyota. Desta vez só foi utilizada nas classificativas em asfalto, por Kankkunen e Andrea Aghini (o piloto convidado) mas não por Auriol. O sistema não funcionou muito bem no carro de Aghini mas, por seu lado, Kankkunen considerou-o esplêndido. Tal como a Ford, a Toyota utilizou pela primeira vez pneus de terra Michelin com padrão assimétrico. Os pilotos afirmaram que isso era vantajoso, melhorando a tracção. No primeiro dia, Auriol esteve muito lento, decepcionando. Ele atribuiu isso a um deficiente acerto no diferencial central, mas que depois melhorou. Após um começo promissor na etapa de asfalto num carro que era 15 km/h mais rápido do o Lancia que ele tinha conduzido, saiu de estrada e abandonou.

Outro rali, outro pneu novo. A Michelin lançou em Portugal o seu pneu assimétrico, três anos depois de os seus rivais da Pirelli terem feito o mesmo, também em Portugal

Do lado da Prodrive-Subaru, a maior novidade consistiu na utilização de pneus Pirelli com mousse anti-furo, embora apenas nas classificativas de terra. Sainz e McRae estiveram muito equilibrados mas ambos tiveram problemas. No asfalto não podiam ser tão rápidos como os adversários devido à falta de mousse, tendo McRae furado. Na terra, porém, demonstraram a sua competividade e bateram-se de igual com os Toyota. Os dois tiveram uma avaria no tubo da direcção assistida, o que no caso de McRae originou um incêndio e o consequente abandono.

Os carros de "Fórmula 2" impressionaram: estiveram sempre na frente dos seus adversários de Grupo N. A Skoda inscreveu-se para o Mundial de Construtores Grupo A, e à medida que os outros pilotos baixavam, Triner subia, e por fim Sibera acabou na décima posição, obtendo dois pontos para o Mundial.

O Grupo N foi feudo da Ford mas os seus carros não primaram pela fiabilidade. Carlos Menem, Mohammed Bin Sulayem e António Coutinho) lideraram até ao abandono, deixando Jesus Puras no comando, embora este também conhecesse alguns problemas. No terceiro lugar deste grupo ficou Isolde Holderied, em Mitsubishi Lancer Evolution. Além de vencer na categoria para a Taça das Senhoras, alemã teve mais um bónus. De acordo com os novos regulamentos, ela pôde adicionar um ponto, pela terceira posição no Grupo N, (dez em vez de nove), mas como a competição é tão escassa, ela não tem muito com que se preocupar. ❑

À esquerda, por montes e vales, Miki Biasion toma um rumo pitoresco através de Portugal

Acima, Raphael Sperrer depara-se com uma nova e excitante vida além dos ralis na sua Áustria nativa. Efectuou uma prestação excelente com o seu Audi Coupé S2 da Schmidt Motorsport

À direita, Colin McRae vê as chamas sairem do motor do seu carro e prepara-se para dar ao seu navegador Derek Ringer a ordem para abandonar o barco

Abaixo, Jorge Recalde à beira do precipicio

REPSOL
555
SUBARU
PIRELLI
L 555 BAT
5
555

19
YPF
JUKI

PORTUGAL TAÇA FIA DE 2 LITROS - 2ª PROVA

José Carlos Macedo venceu a categoria "F2" com o seu Clio Williams, apesar da pouca experiência da sua equipa na terra com este modelo

Esta foi a primeira prova pontuável simultaneamente para o Campeonato do Mundo e para a Taça FIA de 2 Litros. A batalha das duas rodas motrizes foi ganha por José Carlos Macedo, em Renault Clio Williams, mas só foi assegurada depois de Tommi Makinen, em Nissan Sunny GTi, mais uma vez ter abandonado. Como seis marcas conquistaram pontos em Portugal, depois de o rali ter terminado, três construtores partilharam a liderança. A lista de inscrições da "F2" foi encabeçada pelo piloto belga da GME, Gregoire de Mevius, por Makinen (Nissan) e por Pavel Sibera e Emil Triner, ambos em Skoda Favorit 136L.

Nas classificativas de asfalto, Macedo assumiu o comando, seguido por Makinen (que se

Pinto dos Santos posa ao lado do seu Fiat Cinquecento, que foi o único carro italiano a terminar o rali. Na sua "outra vida", Pinto dos Santos é engenheiro de estradas do município de Arganil, e é responsável pela disponibilização de locais para as equipas testarem

atrasou devido a problemas de amortecedores) e por De Mevius, prejudicado devido ao maior peso do Astra. Todavia, nas classificativas de terra, competindo pela primeira vez com o Clio Williams neste tipo de piso, Macedo perdeu a batalha contra Makinen e de Mevius. O Nissan passou a ocupar o primeiro lugar mas Makinen foi vítima de inúmeros pequenos problemas: "Por duas vezes o óleo foi cuspido através da vareta e depois o tubo de escape também se partiu." Os Skoda de Sibera e Triner encontravam-se, respectivamente, nas quarta e quinta posições. Este último viu-se a braços com problemas eléctricos e depois num cilindro.

Na primeira classificativa do terceiro dia, De Mevius teve uma avaria na transmissão. "Pensava que estes carros eram indestrutíveis," admirou-se ele, sem saber se o problema residia na embraiagem ou na caixa de velocidades. Depois o líder da categoria, Makinen, ficou sem a segunda velocidade, ao que se seguiu uma avaria no motor, e ele teve de desistir. Será de referir, que de acordo com os novos regulamentos da FIA, o finlândes foi impedido de trocar de caixa de velocidades. Tudo isto possibilitou que Macedo herdasse o comando e com uma vantagem de 19 minutos sobre os seus adversários mais directos, os Skoda. Sibera partiu a porta e vidro traseiro mas não faz a mínima ideia como é que isso aconteceu. ❑

O Skoda de Pavel Sibera foi segundo na "F2"

27º TAP - RALLYE DE PORTUGAL

1/4. 03. 94 Portugal

RESULTADOS

F2/GERAL		EQUIPA	PILOTO/COPILOTO	NAC.	COMP Nº.	CARRO	REG. Nº	TEMPO TOTAL
1	6	Renault Galp	Jose Carlos Macedo/Miguel Borges	P	24	Renault Clio Williams	08-68-CZ (P)	7h.05m.52s.
2	10	Skoda Motorsport	Pavel Sibera/Petr Gross	CZ	15	Skoda Favorit 136L	MBS14-19 (CZ)	7h.29m.22s.
3	12	Skoda Motorsport	Emil Triner/Jiri Klima	CZ	17	Skoda Favorit 136L	MBS14-18 (CZ)	7h.37m.19s.
4	19	-	Henri Devin/Francoise Viste	F	77	Peugeot 205 GTi	1212QT81 (F)	8h.13m.04s.
5	29	-	Ricardo Oliveira/Jose Artur	P	85	Citroën AX Sport	VD-37-30 (P)	9h.12m.18s.
6	30	Segafredo Zanetti	Pinto dos Santos/Carlos Pinto	P	86	Fiat Cinquacento	10-07-DH (P)	9h.17m.56s.
7	32	-	Maurizio Berisonzi/Luigi Barbieri	I	70	Peugeot 205 GTi	PV7446238 (I)	9h.46m.48s.
8	33	-	Jose Ramon Esturao/J. Ramon Seoane	E	88	SEAT Marbella GL	NA4070Z (E)	9h.57m.43s.

Iniciaram 27. Concluiram 9. Média do vencedor de F2: 80.56 Km/h

PRINCIPAIS ABANDONOS DE F2

ÚLTIMA CLASSIFICATIVA COMPLETADA	EQUIPA	PILOTO/COPILOTO	NAC.	COMP Nº.	CARRO	REG. Nº	MOTIVO
19	Opel Team Belgium	Gregoire de Mevius/Willy Lux	B	14	Opel Astra GSi	CAE174 (B)	embraiagem
26	Nissan F2	Tommi Makinen/Seppo Harjanne	FIN	12	Nissan Sunny GTi	L2NME (GB)	motor

LÍDERES FÓRMULA 2: Macedo, da 1ª à 17ª classifcativa; Makinen, da 18ª e 26ª; Macedo, da 27ª à 36ª.

VITÓRIAS NAS CLASSIFICATIVAS: Macedo, 19; Makinen, 14; de Mevius, 3.

Classificação da Taça FIA para Construtores após a 2ª Prova
Skoda, GME e Renault, 10 pontos; VW e Citroën, 8; Peugeot, 5; Fiat, 3; SEAT, 1.

TOYOTA

1994
TRUST BANK
3
TRUST BANK SAFARI RALLY

1994
3
TRUST BANK SAFARI RALLY

KENYA

☆ ...O favoritismo antecipado da Toyota não aconteceu como era esperado.

☆ ...Comportamento excepcional dos Impreza de Grupo N da equipa Koseki de Grupo N, especialmente homologados para este rali.

☆ ...Foi tudo muito diferente para Didier Auriol, na sua estreia em África, mas mesmo assim terminou na terceira posição.

☆ ...O vencedor foi — a Salsicha Voadora!

Nimprevisto reinou no Quénia. Vencer ralis nunca é tarefa fácil, mas quando já se ganhou os últimos dois Safari e se participa com a equipa mais forte, o sucesso parece garantido. O único potencial rival da Toyota era K.Shinozuka com um Mitsubishi. Contudo...

O piloto local, Ian Duncan, que obteve uma importante vitória para a Toyota, tinha anteriormente entrado em apenas 11 ralis mundiais, sendo dez no Safari. Pareceu estranho que a Toyota aceitasse dois estreantes (Auriol e Fujimoto) na sua equipa, deixando a Kankkunen uma pesada responsabilidade. A Toyota Castrol Team assinou com Duncan um contrato de três meses para testes para o rali, mas não lhe garantiu a participação. Ele esperava ser convidado, só que o escolhido para terceiro membro da equipa oficial acabou por ser o vencedor do concurso japonês Find-a-Driver. A única forma de Duncan assegurar um carro seria um Toyota extra-oficial, pago pelo importador local. Contudo, tal como Auriol e Kankkunen, Duncan teve um carro novo, ficando Fujimoto com um de testes reconstruído. Ian era obviamente um intruso. Até a cor de seu caro era diferente: o patrocinador principal era a Farmers' Choise, e o logotipo oval tinha as palavras "Flying Sausage" (salsicha voadora).

Kenjiro Shinozuka aparece em direcção ao pôr do sol, no final do primeiro dia. Os seus inesperados esforços obstinados obrigaram a Toyota a não baixar a guarda

A Toyota, que já venceu sete dos últimos 11 Safari, desta vez não utilizou controlo de tracção. O rali começou como se pode imaginar. Auriol, como todos os estreantes no Safari, teve dificuldades em adoptar o ritmo que permitiria ao carro sobreviver à prova. O francês começou em segundo, ganhou um minuto a Kankkunen, assumiu a liderança, mas depois teve dois acidentes. Um amortecedor partiu-se, danificou a

O acidente de Juha Kankkunen foi uma daquelas ocasiões em que tudo corre mal. Aconteceu quase no ponto mais distante do centro do rali, no final da secção de Taita Hills, perto de Voi. O carro batedor, que precedeu o do finlândes, atravessou o local lentamente, pelo meio da densa poeira, e não detectou que as notas do campeão do mundo poderiam necessitar de ser alteradas. O sistema de comunicação aérea da Toyota estava a ser transferido de um avião para outro nesse momento, e Juha, ao contrário de outros pilotos, há já algum tempo que não visitava esse sítio. Devido ao seu acidente, todo o curso do rali se alterou, e Ian Duncan assimiu a liderança. Avisado pela rádio, o queniano viu os destroços à sua frente. Kenjiro Shinozuka que ali tinha estado alguns dias antes e sabia as chuvas recentes tinham feito desaparecer a estrada, o que lhe tinha causado um problema anteriormente, enquanto que o desprevenido Richard Burns foi forçado a abrandar naquele ponto devido a um matatu (autocarro).

suspensão, quebrou o veio de transmissão e teve de pedir auxílio para o helicóptero. Quando reiniciou a prova, partiu-se o triângulo da suspensão, perdendo mais de uma hora. Kankkunen assumiu então o comando, com uma vantagem de seis minutos sobre Duncan, enquanto Auriol baixara para décimo. O terceiro piloto da Toyota teve três acidentes na primeira etapa. Como consequência do último, o seu navegador H.Ichino foi levado para o hospital, sendo proibido de prosseguir e Fujimoto, sem co-piloto, teve de abandonar.

No segundo dia, a Toyota ainda teve maiores dores de cabeça. Kankkunen sofreu um acidente violento num local onde tinha chovido, fazendo desaparecer a estrada (a equipa deveria-o ter avisado do perigo). Duncan herdou a liderança, mas agora como Shinozuka era o principal adversário, a Toyota mandou Auriol atacar, para que subisse algumas posições na geral e desse apoio a Duncan. No final da segunda etapa, Auriol já era quinto, atrás dos dois Subaru de Grupo N, mas a esperança de alcançar Duncan ou Shinozuka era muito remota.

Gradualmente, a Toyota recuperou confiança. Os pneus Michelin, desenvolvidos para este rali, eram virtualmente à prova de furo, mesmo sem o ATS. A única vez que perderam ar, originando perda de tempo, foi num dos incidentes de Fujimoto. Os pneus Yohohama de Shinozuka também foram de confiança.

Enquanto os azares da Toyota atraiam as atenções, algo de especial estava a suceder um pouco mais atrás, com os Subaru Impreza de Grupo N, de Patrick Njiru e Richard Burns. Os carros não eram uma versão do 555 utilizado pela Prodrive em outras provas, mas sim de um outro modelo designado WRX-RA. Esta mudança foi tão secreta (a vantagem era a transmissão melhorada) que mesmo os comissários desconheciam, já que o veículo só foi homologado depois do início do rali, o que é permitido pelo regulamento deste ano!

Estes carros de 265 cv foram fantásticos. O único ponto negativo é a falta de asa traseira, o que levou Burns a dizer que o carro era muito instável acima dos 150 km/h. O inglês teve um acidente que poderia ter teminado em tragédia quando saiu de traseira numa zona com público. A suspensão traseira ficou danificada, o que levou Burns a perder tempo precioso.

Shinozuka, foi um modelo de perserverança e consistência, dando à carreira do Mitsubishi Mark I Lancer Evolution um final condigno, mesmo sem obter a vitória que a marca ansiava. Apesar disso, tratou-se de um final mágico. Duncan, o homem que entra numa única prova do Campeonato do Mundo por ano, bateu pilotos que competem à volta do mundo todos os meses. E para realçar a insolência deste facto, conseguiu-o pilotando uma salsicha! ❑

Acima, Richard Burns teve poucos problemas com o seu Impreza WRX-RA de Grupo N, à excepção de um problema com os travões, quase no final do segundo dia, tendo voltado para a estrada com o auxílio do público

Abaixo, o VW Golf de Sammy Aslam foi o único "Fórmula 2" a chegar ao fim. No próximo ano, o Safari contará apenas para a Taça de FIA de dois litros

À esquerda, Rudi Stohl a fazer aquilo que mais gosta: mais uma vez foi o melhor privado

Acima, bastante relutantemente Yoshio Fujimoto entrou ao serviço para o Safari mas a sua adaptação ao ritmo da prova foi bastante difícil. Abandonou no primeiro dia depois de se despistar três vezes

Abaixo, Patrick Nijru ficou impressionado com a velocidade e competência do Subaru do seu colega de equipa, mas mesmo assim tudo correu bem ao queniano tendo vencido o Grupo N

4
RALLYE DE FRANCE
38e TOUR DE CORSE

FRANÇA

☆ ...A ausência de François Delecour revelou o calcanhar de Aquiles da Ford. Sem a estrela francesa , os três carros da equipa ganharam apenas uma classificativa.

☆ ...A quinta vitória em sete anos de Didier Auriol, aliada à fiabilidade do Toyota, dilataram a vantagem da equipa no Mundial de Construtores: Auriol passou a liderara o Campeonato de Pilotos, na frente do seu colega Juha Kankkunen.

☆ ...O Subaru de Carlos Sainz, com a nova transmissão activa e pneus Pirelli de 18 polegadas, foi muito competitivo.

☆ ...Fracos resultados dos pilotos franceses de topo, frustrados pelos atrasos na atribuição do subsídio do fundo de compensação do tabaco.

A vitória do francês Didier Auriol neste rali, todo disputado em asfalto, consolidou a liderança da Toyota no Mundial. Receando que esta prova pudesse proporcionar aos seus rivais da Ford uma recuperação, após o comportamento decepcionante em Portugal, a Toyota ficou surpreendida ao descobrir que a Subaru era a maior ameaça à sua hegemonia. Com um Impreza mais ao seu gosto, Carlos Sainz pressionou Auriol até poucas classificativas do final, altura em que a barra estabilizadora se partiu. Em seguida um furo atrasou ainda mais o espanhol. Auriol liderou de princípio ao fim e a prova foi disputada a uma velocidade febril. A média do vencedor foi igual ao recorde que o francês estabelecera dois anos antes, quando os pneus eram mais largos, os carros mais leves e se utilizavam gasolinas especiais. Todavia, mesmo a quatro classificativas do final a sua liderança era de apenas nove segundos.

Juha Kankkunen foi um modelo de consistência. Ele esteve aqui mais feliz do que noutras ocasiões. "A única coisa que me preocupa agora na Córsega é a terra — quando se encontra em cima do asfalto."

Acima, Hora para a mousse. Cortar nas curvas poupa muito tempo, mas apenas quando os pneus estão equipados com o sistema anti-furo.

Abaixo, Claude Balesi pouco antes de um abandono infeliz. Ele partiu a sua caixa de velocidades — numa garagem onde o carro estava a ser assistido!

Este foi um rali impressionante. Os Celica estiveram muito fiáveis. Auriol teve poucos problemas: uma estranha vibração, um pião e, uma falha na embraiagem, o que permitiu a aproximação de Sainz. Pouco antes do final, o maior drama da Toyota consistiu em dar ou não a ordem a Andrea Aghini para abrandar e ceder o seu terceiro lugar a Juha Kankkunen, a qual acabou por não ser dada. Com as estradas secas, a Toyota não necessitou de utilizar o controlo de tracção. Os carros eram mais leves e Aghini experimentou um outra marca de amortecedores, tendo estes demonstrado a sua valia e fiabilidade. A Toyota utilizou pneus com um diâmetro de 650mm, o máximo autorizado, mas tiveram ainda de utilizar rodas de 17 polegadas. Alinhando com um carro menos equilibrado do que os da concorrência, que tinham motores montados longitudinalmente, esta foi uma vitória que a marca nipónica julgava que nunca aconteceria, mas, de facto, aconteceu.

Notável foi o progresso do Impreza. Sainz, pouco dado a sorrisos quando as coisas correm mal, era o espelho da felicidade, mesmo quando o seu carro o deixou mal perto do final do rali. A diferença principal residiu no diferencial central activo, uma pequena mudança electrónica que alterou por completo o comportamento do carro. O outro piloto da Subaru, Colin McRae, também efectuou uma boa prova, igualando os tempos de Sainz. Todavia, o escocês foi forçado a abandonar, devido a um acidente relacionado directamente com as dificuldades de condução, sem se utilizar pneus anti-furo, idênticos aos da concorrência.

Para a Córsega, a Ford escolheu Giancarlo Cunico para substituir o acidentado Delecour. Como o estilo de condução do italiano é muito mais agressivo do que o do francês, os travões do Escort sofreram imenso, de tal modo que Cunico se queixou que eles começavam a falhar após 10 kms. No segundo dia, o inevitável aconteceu e o italiano saiu de estrada. No final, ao terminar na quinta posição, Miki Biasion acabou por salvar a honra da Ford (foi o melhor piloto com um carro não japonês), embora o resultado tenha sido mais que desanimador, de tal forma que o nome de Cunico nem sequer constava no último comunicado de imprensa da equipa oficial. Bruno Thiry, o outro piloto da Ford, também esforçou muito os travões ao longo da prova. Contudo, a Ford testou uma caixa de velocidades sequencial no carro do belga, e como nos outros carros, pôs a prova os seguintes equipamentos: diferenciais viscosos redondos; rodas de 17 polegadas em vez de 18 polegadas e pneus de 640 mm em vez de 640mm (embora estes últimos fossem mais largos, proporcionando travagens melhores). A Ford decidiu ainda não mexer no recém-desenvolvido sistema de gestão do motor (que injecta mais combustível para melhorar a resposta da válvula reguladora), depois de uma falha no turbo durante o rali Grasse-Alpin. ❑

Tradicionalmente a Córsega faz sobressair as ideias inovadoras por parte dos engenheiros em vez das conservadoras. Quer a Ford como a Renault estrearam no Campeonato do Mundo o sistema de trocas de velocidade sequencial, cada uma num único carro mas os resultados revelaram-se inconclusivos. O Renault de Phillipe Bugalski abandonou com problemas de caixa de velocidades enquanto no Ford de Thiry teve de se trocar uma caixa partida durante a prova, embora o belga tenha obtido o melhor tempo na última classificativa do rali. A Renault utilizou igualmente o controlo de tracção num dos Clio Williams de F2, um sistema muito sofisticado que analisa todas as manobras deste carro de tracção dianteira, identificando aqueles momentos em que a tracção necessita ou não de ser controlada. A Ford começou o rali cheia de confiança nos seus travões AP em material compósito, e as razões que levaram Cunico a ter tantos problemas depressa se revelaram tanto de natureza política como mecânica.

Acima, Carlos Sainz ficou encantado com o comportamento do Subaru. Esta fotografia foi tirada pouco antes da barra estabilizadora se ter partido, originando um furo no pneu

À esquerda, Bruno Thiry atrapalha-se com a caixa de velocidades sequencial e deixa fugir o carro numa curva. No entanto, ele foi sempre o piloto mais rápido da Ford

À direita, Didier e Bernard pela primeira vez em cima do capot em 15 meses!

ARRIVÉE
WORLD RALLY CHAMPIONSHIP
TOUR DE COR
RALLYE DE FRA
TOYOTA
Castrol
MICHELIN
CIBIÉ
K-AM 9099

5

41 ACROPOLIS RALLY

☆ ... Sainz deu à Subaru e ao Impreza 555 a primeira vitória europeia no Campeonato do Mundo e, com o abandono de Auriol, ficou empatado com Kankkunen na liderança do Mundial de Pilotos.

☆ ...Rali muito aberto em que cinco marcas ocuparam os lugares cimeiros. Classificativas ganhas por dez pilotos diferentes.

☆ ...Regresso impressionante de Vatanen aos ralis e foi o melhor classificado da Ford. A equipa de fábrica voltou a decepcionar.

☆ ...Desclassificação de McRae depois de uma curiosa disputa e de ter comandado metade prova.

Os Subaru estiveram sempre na frente e, no final do segundo dia, Carlos Sainz conquistou o comando ao seu colega de equipa Colin McRae quando uma porca mal apertada numa roda fez atrasar o escocês. Mais tarde nessa noite, McRae foi desclassificado devido a uma disputa num controlo horário. Este problema deixou o espanhol isolado na liderança, na frente do Mitsubishi de Armin Schwarz, e o seu sucesso ajudou a Subaru a aproximar-se da Toyota no Mundial de Construtores. Depois de ter terminado em terceiro, quarto e segundo nas provas anteriores do campeonato, advinhem de quem era o maior sorriso na altura da primeira vitória em 18 meses!

A Toyota alimentara esperanças que Didier Auriol lutasse pelo comando. No segundo dia ele ultrapassou Sainz mas depois tudo correu mal: "Bati numa grande pedra que estava meio da estrada e isso danificou o cárter do motor." Juha Kankkunen perdeu mais de cinco minutos na mesma classificativa, quando a suspensão traseira cedeu. Contudo, a equipa estava satisfeita. Foi a primeira vez que terminaram o rali da Acrópole desde 1991 e foi a sua última participação europeia com este modelo. Depois da sua actuação desastrosa no Safari e desta vez tendo como navegador Arne Hertz, depois da sua actuação desastrosa no Safari, o piloto japonês convidado, Yoshio Fujimoto, conduziu sensatamente e terminou na sétima posição.

Carlos Sainz assumiu a liderança no final do segundo dia e quando o seu companheiro de equipa Colin McRae foi desclassificado, o seu domínio foi absoluto

A Ford teve a sua hora mais dura. No final, o seu melhor piloto acabou por ser Ari Vatanen, o campeão do mundo de 1981, e que participou pela primeira vez em ralis este ano com a recém-formada equipa Schmidt Motorsport. Boreham continuou a viver em pesadelo. A equipa que venceu no ano passado era das mais competitivas, fazendo os melhores tempos em sete classificativas. Após os problemas dos Toyota tudo levava a crer que a Ford iria dominar o rali mas isso não aconteceu: Miki Biasion abandonou devido a uma

Com um Delta já com três anos, Alex Fiorio terminou na quarta posição: este é o mesmo carro com que Kankkunen ganhou o Rali Safari em 1991

avaria na bomba de óleo e Malcom Wilson, que substituia François Delecour atrasou-se, primeiro devido a um tubo partido no turbo e depois com problemas de direcção. A actuação de Vatanen também não foi isenta de problemas, sobretudo no segundo dia devido a uma deficiência nos suportes do chassis.

A Mitsubishi, que desde Monte Carlo não tinha participado em mais nenhuma prova do Mundial concentrando-se este ano no Campeonato Ásia-Pacífico, foi uma revelação, ob-

Na estreia do Mitsubishi Lancer Mark II Evolution, Armin Schwarz foi segundo

tendo um excelente segundo lugar com o novo Lancer Evolution II. Schwarz teve problemas de travões e tanto ele como Kenneth Eriksson foram prejudicados pelos frágeis ligações entre o diferencial dianteiro e o veio da transmissão.

A Lancia, a marca que no ano passado viu sete dos seus carros entre os dez primeiros, contou este ano com apenas um inscrito: Alex Fiorio. O italiano alinhou com um veículo que tinha ganho o Safari em 1991 (nas mãos de Kankkunen) e levou-o ao quatro lugar. Alguma perda de potência no segundo dia foi o único problema patenteado pelo Delta Integrale. O jovem grego Aris Vovos, na sua primeira temporada no Grupo A, foi o melhor piloto local, terminando na oitava posição.

No Grupo N, Carlos Menem Junior liderou durante quase toda a prova, embora Pavlos Moschoutis, em Mazda, tenha comandado durante algum tempo, já que o argentino furou e teve ainda alguns problemas no motor do seu Escort. O outro favorito neste agrupamento, Mohammed Bin Sulayem, abandonou com problemas de pressão de óleo. ❑

Na página seguinte, na foto maior: A beleza de Fokida.
Acima, Malcom Wilson bem que se esforçou mas o seu carro não correspondeu.
Abaixo: Deja vu: Didier Auriol abandonou depois de ter um encontro com uma pedra no meio da estrada, tal como aconteceu um ano antes na Austrália

No final do segundo dia, Colin McRae foi impedido de continuar o rali devido a uma discussão num ponto de controlo. Durante uma ligação, o capot do Subaru soltou-se e partiu o pára-brisas. Isso sucedeu depois de os comissários terem inspeccionado o carro, na entrada da neutralização de Makrikomi. Aparentemente, os comissários não conseguiram recolocar as cavilhas de segurança no capot. Tanto Biasion como Schwarz relataram que os seus capots não tinham sido fechados convenientemente pelos comissários e um vidro do carro de Biasion também se partiu quando o capot do Ford se soltou.
Os simpáticos organizadores deram algum tempo a McRae para permitir a substituição do pára-brisas no início da classificativa seguinte, enquanto o rali decorria, e ofereceram mesmo uma distância maior entre ele e o carro na frente, quando ele estivesse preparado para continuar. McRae achou que isto seria injusto para as outras equipas e finalmente foi acordado com os comissários que ele poderia substituir pára-brisas sem ter de largar de uma posição mais baixa.
O rali foi interrompido durante quase 30 minutos, permitindo que fosse instalado um vidro novo no carro McRae e depois ele foi o primeiro a sair para a estrada.
Levantaram-se imensas questões depois de os comissários terem anunciado que McRae tinha bloqueado a estrada impedindo as outras equipas de passarem e efectuando portanto um "acto anti-desportivo". Isto foi o que mais irritou McRae, afirmando: "Foi decepcionante que as pessoas com quem tivemos uma discussão tão amigável naquela altura tivessem mudado de opinião. Nós não bloqueámos a estrada, qualquer um podia ter passado. Os comissários já tinham concordado que quando a classificativa se iniciasse nós seriamos o primeiro carro a sair. Devido a esta questão, eu agora tenho um problema com a minha reputação."

TOYOTA
Marlboro
Castrol

GRÉCIA TAÇA FIA DE 2 LITROS - 3ª PROVA

O Nissan de "Stratissino" foi o carro mais rápido na categoria mas perdeu muito tempo fora da estrada

A Acrópole foi a segunda prova que pontuou simultaneamente para o Mundial de Ralis e para a Taça FIA de 2 litros ("Fórmula 2"), para a qual existe uma classificação à parte. Os pequenos Skoda Favorit 136L, de 1.300 cc, patrocinados pela Castrol, conduzidos por Emil Triner e Pavel Sibera, obtiveram uma dobradinha e, além disso, classificaram-se entre os dez primeiros da geral. Este resultado deixou a equipa checa isolada na liderança da categoria, facto de maior relevo se tivermos em conta que os veículos adversários são mais potentes. Será de salientar ainda que nas ocasiões em que os carros de "F2" competiram oficialmente contra os principais participantes do Mundial de Construtores, os Skoda ficaram sempre entre os dez primeiros.

Após a prestação decepcionante em Portugal, Gregoire de Mevius tinha grandes esperanças em obter um bom resultado. O seu Opel Astra

Emil Triner distanciou-se paulatinamente do seu companheiro de equipa Pavel Sibera

GSi, ainda que fosse um carro antiquado e pesado, adaptou-se bem às duras estradas gregas, tendo o belga liderado a categoria durante o primeiro dia. Depois uma falha no motor ditou o seu abandono. A Nissan Motor Europe arranjou na Grã-Bretanha ao piloto local "Stratissino" um Nissan Sunny GTi. Ele foi o mais rápido na categoria "F2" mas perdeu oito minutos na primeira etapa, fora da estrada com um problema de direcção. Ainda assim terminou na terceira posição.

Antes deste rali, a Skoda tomou uma decisão crucial e inscreveu novos carros em vez dos antigos, os quais durante a prova não demonstraram problemas de maior. Os checos estrearam ainda amortecedores Proflex. Emil Triner assumiu o comando da categoria enquanto Pavel Sibera abrandava, mas no final a distância entre ambos foi inferior a um minuto. Após as três primeiras provas da competição (na qual pontuam apenas os oito primeiros carros, e não dez), dez construtores já se encontram nos pontos. ❑

Os Toyota Starlet são muito populares na Grécia

41º ACROPOLIS RALLY

29/31. 05. 94. Grécia

RESULTADOS

F2	GERAL	EQUIPA	PILOTO/COPILOTO	NAC.	COMP Nº.	CARRO	REG. Nº	TEMPO TOTAL
1	9	Skoda Motorsp. Czech Team	Emil Triner/Jiri Klima	CZ	14	Skoda Favorit 136L	MBS14-18 (CZ)	7h.37m.02s.
2	10	Skoda Motorsp. Czech Team	Pavel Sibera/Petr Gross	CZ	12	Skoda Favorit 136L	MBS14-19 (CZ)	7h.37m.46s.
3	12	Nissan F2 N.J. Theocharakis	"STRATISSINO"/Tonia Pavli	GR	11	Nissan Sunny GTi	K2NME (GB)	7h.43m.02s.
4	13	-	"Leonidas"/Maria Pavli	GR	37	Renault Clio Williams	YBY2800 (GR)	7h.51m.20s.
5	18	Helliniki Astinomia	Grigoris Nioras/Kostas Litras	GR	42	Toyota Starlet EP81	YOP5888 (GR)	8h.17m.20s.
6	19	-	Kostas Argiriou/Stamatis Laskos	GR	43	Toyota Starlet EP81	BIB2895 (GR)	8h.18m.04s.
7	20	Toyota Kassidopoulou	Kostas Tanoussis/Antonis Gamos	GR	74	Toyota Starlet EP81	NBA6600 (GR)	8h.32m.20s.
8	21	Tsokas Aebe	Angelos Zivas/John Kouzoupis	GR	75	Toyota Stalet EP81	YXH8800 (GR)	8h.40m.28s.

Iniciaram 47. Concluiram 21. Média do vencedor de F2: 66.10 Km/h

PRINCIPAIS ABANDONOS DE F2

ÚLTIMA CLASSIFICATIVA COMPLETADA	EQUIPA	PILOTO/COPILOTO	NAC.	COMP Nº.	CARRO	REG. Nº	MOTIVO
6	Lada Hellas	Alexandre Nikoneko/Sergei Talantsev	SU	39	Lada Samara 21083	KLLIC4572 (SU)	suspensão
9	-	Gregoire de Mevius/Willy Lux	B	21	Opel Astra GSi	CAE174 (B)	motor
20	Lada Hellas	Sergei Aliasov/Vladlen Ishimov	SU	28	Lada Samara 21083	KLLIC9302 (SU)	suspensão

LÍDERES FÓRMULA 2: de Mevius, da 1ª à 9 classifcativa; Sibera da 10ª à 12ª; Triner da 13ª à 33ª.

VITÓRIAS NAS CLASSIFICATIVAS: "Stratissimo", 14; Triner, 8; de Mevius, 6; Sibera, 5.

Classificação da Taça FIA para Construtores após a 3ª Prova
Skoda, 20 pontos; Renault, 15; GME, 10; Citroën e VW, 8; Nissan, 6; Peugeot, 5; Toyota, 4; Fiat, 3; SEAT, 1.

6
14º RALLY YPF ARGENTINA '94
CORDOBA
YPF

ARGENTINA

Apesar dos problemas com a direcção assistida, devido distribuição da mousse nos pneus, Sainz puxou ao máximo pelo seu Subaru

☆ **...Didier Auriol foi o vencedor da esplêndida batalha travada com Carlos Sainz.**

☆ **...A Ford teve de novo pouca sorte, mas pela primeira vez desde Portugal obteve um pódio.**

☆ **...Regresso de Ari Vatanen à Argentina nove anos depois do acidente que lhe ia causando a morte.**

☆ **...A nova filosofia dos organizadores encorajou as equipas, que agora consideram que, de todas as provas do Mundial, esta é a mais simpática para os concorrentes.**

Desde o rali de Sanremo de 1989 que nunca se assistiu a uma prova tão renhida no Mundial e mesmo nessa ocasião não se testemunhou a uma batalha tão intensa como aqui na Argentina. Durante os últimos dois dias, a distância entre Didier Auriol e Carlos Sainz nunca foi superior a oito segundos; eles alternaram no comando oito vezes, e no fim foi Auriol que acabou por festejar com champanhe no pódio. Embora o francês tenha obtido a sua segunda vitória em 1994, a prestação impressionante de Sainz, naquela que foi a primeira visita da Prodrive à Argentina, colocou o espanhol na liderança do Mundial de Pilotos. Uma vez mais a Toyota e a Subaru dominaram completamente o rali, enquanto que os pilotos da azarada Ford apenas conseguiram vencer duas classificativas.

As serras ondulantes, situadas a oeste de Córdova, são um dos locais preferidos dos pilotos e embora as estradas sejam rápidas, este é, mesmo assim, um rali difícil. "As curvas que se encontram no final das longas rectas planas são das mais traiçoeiras", explicou o estreante Colin McRae. "É muito fácil sair de estrada nesta prova."

A provocação da Subaru deu um forte incentivo para a Toyota se apressar a estrear o novo Celica, potencialmente mais competitivo, em Agosto, no Rali dos Mil Lagos. Apesar da alteração aos regulamentos prevista para 1995 (visando principalmente a redução das prestações nos carros turbocomprimidos) ainda haviam campeonatos a ser conquistados em 1994, e embora a Toyota fosse a grande favorita no Mundial de Construtores, o de Pilotos ainda estava em aberto e agora Sainz era o mais sério candidato. A Ford, que tantas esperanças depositara em 1994, voltou a ser flagelada por inú-

A má forma nesta prova de Juha Kankkunen, Campeão do Mundo e vencedor no ano passado, foi um mistério

meros problemas ao longo da prova. No entanto, a equipa de Boreham conseguiu terminar no pódio pela primeira vez desde Portugal, em Março. O piloto convidado, Ari Vatanen foi terceiro, nove anos depois do acidente que quase lhe custou a vida.

Cada uma das três equipas de topo perdeu um carro. Confirmando as suas premonições, McRae acabou o rali fora da estrada e a sua falta de sorte este ano ronda o absurdo: um ponto em cinco provas. Miki Biasion ficou igualmente a matutar acerca da malapata da Ford este ano. No primeiro dia, tanto ele como Vatanen foram vítimas do que pareciam ser problemas de travões. Mais tarde descobriu-se que a deficiência residia no diferencial central. No carro de Miki uma pequena rotura no tubo de óleo provocou uma fuga de lubrificante e o motor falhou. Bruno Thiry, o terceiro piloto, chegou ao final com a suspensão danificada, mas conquistou o quarto lugar. Para Juha Kankkunen, que durante muito tempo ocupou a terceira posição, não a conseguiu defender, já que, no terceiro dia, uma estranha avaria eléctrica o obrigou a desistir.

No Grupo N, os pilotos Ford eram os favoritos à partida. Contudo, no espaço de duas classificativas, a sua vantagem desfez-se bruscamente: Carlos Menem Junior desistiu com um problema de transmissão e o líder deste campeonato, Jesus Puras, com uma avaria no motor. Assim, depois de prestações encorajantes no início do campeonato e benefiando do azar da Ford, a Mitsubishi alcançou a sua primeira vitória da temporada na Produção, através de Jorge Recalde. No terceiro lugar do agrupamento ficou a sua companheira de equipa Isolde Holderied, atrás do piloto estreante Jorge Bescham, em Ford. A alemã encontra-se agora a caminho da conquista do título da Taça de Senhoras de 1994. ❑

Carlos Menem Junior (à direita) demonstra a Tina Thorner e Isolde Holderied a forma como os sul-americanos aprendem a conduzir

Depois de tantos anos chegou-se a um veredicto generalizado: afinal o formato do rali estava correcto. A decisão de sediar a prova em Córdova em vez de o iniciar noutro local, utilizando esta localidade como ponto de concentração, foi aplaudida.

As classificativas em redor de Córdova possuem características muito próprias, dificeis para os pilotos, desafiadora para os fornecedores de pneus e fica perto da civilização. Por três vezes no passado, a sede do rali mudou-se para Tucuman, no norte, uma cidade remota, cujas classificativas ficam demasiado distantes dos pontos de assistência, o que em caso de problemas dificulta o auxílio. Também estivemos em Bariloche, mais a sul, onde a prova se disputou no meio do Inverno, em classificativas absurdamente rápidas ou com neve, para as quais as equipas não dispunham de pneus apropriados. Córdova sempre contou com o favoritismo dos concorrentes, embora por razões políticas outras cidades tenham sido escolhidas para sede do rali.

Ao regressarem a casa, os membros das equipas ficaram com a impressão de que as alterações não foram só de pormenor, mas também de mentalidade, já que os argentinos aceitaram as sugestões para a melhoria do rali. A tradição do esquema de concentração foi abandonado, a gestão do evento (um dos mais exigentes em termos logísticos) ficou facilitada. Significou ainda que o rali teve início num local visualmente interessante, a catedral da cidade.

O esquema de classificativas em espiral permitiu que os concorrentes passassem pelos mesmos locais algumas vezes, antes e depois das classificativas, o que contribuiu para a contenção de custos e facilitou as assistências.

Acima, foi uma pena que esta prova não contasse para a Taça FIA 2 Litros, já que a maioria dos concorrentes possuiam carros de "F2". Este é Victor Roca, que teria terminado em terceiro nessa categoria

À direita, Didier Auriol resistiu à pressão de Carlos Sainz pela terceira vez nesta temporada

Abaixo, o melhor resultado até agora para Bruno Thiry, em Ford, apesar dos problemas no último dia

K-AM 8356

7
Rothmans
RALLY NEW ZEALAND
29-31 JULY 1994

NOVA ZELÂNDIA

7 Rothmans RALLY NEW ZEALAND 29-31 JULY 1994

O mistério da Mitsubishi continua. Os carros que antes pareceram ser tão promissores, na Nova Zelândia foram pouco competitivos

☆ ...A vitória de Colin McRae acabou com 12 meses de suplício do escocês. As novas transmissões activas do Subaru fizeram maravilhas.

☆ ...Devido ao abandono dos seus carros oficiais, a Ford perdeu a possibilidade de vencer o Mundial de Construtores, embora ainda tenham de se disputar três provas.

☆ ...Kenneth Eriksson dilatou a sua vantagem no Campeonato Àsia-Pacífico mas a Mitsubishi desiludiu nesta prova.

☆ ...Lista de concorrentes extremamente forte nesta prova tão distante.

Após o abandono dos outros três carros, Colin McRae salvou a honra da Subaru. No final da prova, o chefe da Prodrive, David Richards, exibia um largo sorriso e comentava que as suas críticas públicas recentes em relação a McRae tinham surtido um efeito positivo. O escocês alcançou a segunda vitória consecutiva na Nova Zelândia e provou a si próprio que é capaz de produzir resultados quando eles são mais precisos, pondo termo a seis meses de campeonato sem pontuar. "Claro que, de vez em quando, todos nós atravessamos momentos menos bons," disse ele. Este triunfo aproximou a Subaru da Toyota, a líder do Mundial de Construtores. Contudo, como a Toyota tem quatro vitórias contra as duas da Subaru, é considerada a grande favorita para o título de Construtores. Auriol teve uma prova azarada: bateu num talude e depois conduziu só com tracção em duas rodas, já que as novas regras só permitem a substituição de transmissões no final das etapas. O francês, porém, ainda terminou no quinto lugar e passou de para a frente do Mundial de Pilotos, embora Kankkunen e Sainz estejam a apenas três pontos.

O Impreza, cuja nova versão estava equipada com diferenciais activos quer centrais com dianteiros, liderou quase sempre, revelando-se mais competitivo do que o envelhecido Celica. No segundo dia, McRae distanciou-se claramente do actual campeão do mundo, Juha Kankkunen. Ao fazer um pião num caminho estreito, o finlandês perdeu quase um minuto.

O champanhe nunca teve tanta procura! A determinação de Carlos Sainz e Luis Moya espantou as 600 pessoas reunidas num jantar em memória de Rodger Freeth e que decorreu na quinta-feira antes do início do rali. Na ocasião procedeu-se à dissolução oficial da campanha de angariação de fundos em favor dos filhos de Freeth, realizando-se na altura um leilão. Além de ser o último acto, este foi um dos poucos actos que Roger aprovaria. Um dos pontos altos foi o leilão de uma garrafa de Moet et Chandon. Para estupefacção geral, os dois espanhóis começaram a licitar um contra o outro. Quando o produto já estava a NZ $2.600, Carlos arrematou. Depois ele e o Luís decidiram assinar a garrafa e devolveram-na ao leiloeiro. Então o mesmo voltou a repetir-se. O Carlos e o Luís voltaram a licitar um contra o outro e mais NZ $5.600 foram para o fundo. Num leilão que rendeu mais de NZ $50.000, esta não foi a arrematação mais alta. Essa foi de NZ $13.000 pagos por uma viagem para duas pessoas, e todas as despesas pagas, à Grã-Bretanha, como convidados da da equipa Subaru e para assisitirem ao Rali Network Q RAC. Este foi um acontecimento único e é um dos poucos que esperemos que nunca se venha a repetir.

O líder do campeonato de Grupo N Jesus Puras acabou fora de estrada

Pela primeira vez, a Toyota utilizou durante quase todo o rali o sistema de controlo de tracção em piso de terra, principalmente Kankkunen. Os engenheiros constataram que o mecanismo ainda só funciona a 50%.

Ari Vatanen, piloto convidado da Ford pela segunda prova consecutiva, regressou ao país onde há 17 anos terminou pela primeira vez um rali do Mundial. Ele conduziu como um campeão, foi um dos mais rápidos nas classificativas, mas viu-se a braços com um problema na direcção assistida, sofrendo ainda um pequeno acidente. Mesmo assim o finlandês recuperou determinado a desalojar Armin Schwarz do terceiro lugar e subir pela segunda vez consecutiva ao pódio. Todavia, no último dia, ele despistou-se e deitou tudo a perder. O seu colega de equipa Miki Biasion teve mais um problema de motor, abandonando pela terceira vez devido a avarias no propulsor. Será de referir que esta foi a primeira aparição da equipa desde que Boreham anunciou a retirada da competição.

Colin McRae e Carlos Sainz mostram a Stefan Freeth, de três anos, como é o habitáculo de um Subaru de ralis

Outra decepção foi o Mitsubishi Lancer. Embora tenham terminado respectivamente nas terceira e quarta posições, esperava-se mais destes carros japoneses.

No Grupo N, o australiano Ed Ordinsky herdou o comando depois de o argentino Jorge Reclade ter ficado sem travões, terminando a prova fora de estrada. O líder da categoria, Jesus Puras, despistou-se também. Assim, contrariamente ao sucedido no Grupo A, aqui os Mitsubishi Lancer exerceram um domínio absoluto, ocupando os quatro primeiros lugares.

O ritmo do rali foi impressionante. Sendo disputado fora da Europa, as equipas foram autorizadas a utilizar gasolina Avgas, com um maior indíce de octanas do que o permitido pela FIA no Velho Continente. O recorde da maioria das classificativas foi batido, e em três ocasiões Colin McRae retirou mais de 30 segundos aos anteriores máximos! “O mais espantoso é que nunca andámos verdeiramente nos limites.” Este comentário de McRae, proferido na conferência de imprensa final, deixou Kankkunen de boca aberta e constitiu um aviso para a Toyota de que se aproximava a altura de estrear o novo carro. ❑

Acima, nunca um Escort de tracção às quatro rodas foi visto a fugir de lado tão consistemente. Ari Vatanen conduziu tão espectacularmente como ele já o havia feito há 17 anos

À esquerda, no primeiro dia Didier Auriol viu lama no seu caminho

À direita, Colin McRae venceu o seu primeiro rali ao volante de um Impreza

Abaixo, Joe McAndrew foi o melhor neo-zelandês com um antigo Legacy de fábrica

REPSOL
555
SUBARU
PIRELLI
L 555 BAT

Hella
SPARK PLUGS
CHAMPION
Rothmans
RALLY NEW ZEALAND
12
Shell
AUTOCOLOR
PIRELLI

TAPIOLA
NESTE
1000 Lakes
Rally
FINLAND
WORLD
RALLY
CHAMPIONSHIP
FINISH 1994
NESTE
FUTURA
green racing
FINNAIR
ascom
TELE
Castrol
TOYOTA

NESTE
1000 Lakes Rally '94
8

FINLÂNDIA

☆ ...A Toyota conquistou pelo segundo ano consecutivo o Mundial de Construtores.

☆ ...À quarta foi de vez para Tommi Makinen. O oitavo piloto oficial da Ford em 1994 foi o segundo a vencer um rali.

☆ ...O piloto da Mitsubishi Jarmo Kytolehto venceu no Grupo N pelo terceiro ano consecutivo.

☆ ...Coincidência estranha na segunda classificativa durante a qual os carros de Ari Vatanen e Juha Kankkunen perderam, em incidentes separados, a roda esquerda traseira.

O segundo lugar de Didier Auriol foi suficiente para que a Toyota conquistasse pelo segundo ano consecutivo o título de construtores. O triunfo nesta prova sorriu ao piloto convidado da Ford, Tommi Makinen, de 30 anos, que aqui alcançou a sua primeira vitória no Mundial de Ralis. Durante o desenrolar da prova, e logo na segunda classificativa, dois dos heróis de Makinen, Juha Kankkunen e Ari Vatanen hipotecaram as suas possibilidades de lutarem pelo comando. Quanto ao finlandês da Ford, ao longo do rali, só cometeu dois erros, num dos quais perdeu a liderança para Auriol, mas depois recuperou a liderança e não mais a largou até final.

No primeiro dia, a prova conheceu três líderes: Kannkunen (PEC 1); depois Makinen até à 10ª PEC, mas nesta última fez um pião numa estrada estreita, perdendo algum tempo e o comando para Auriol. Lá atrás assistimos a duas batalhas interessantes: a disputa pelo título

Após os seus acidentes na segunda classificativa e antes de receberem assistência das suas equipas de apoio, Juha Kankkunen e Ari Vatanen tiveram de resolver pelos seus meios o problema e prosseguir até à classificativa seguinte

entre a Toyota e a Subaru; e a batalha pessoal de François Delecour para superar o seu acidente de viação, ocorrido quatro meses antes. O francês travou um longo e renhido duelo com o Bruno Thiry. O desfecho acabou por ser favorável a Delecour, pois o piloto da Ford/RAS Sport, no segundo dia, perdeu o controlo do seu carro, abandonando em seguida devido a um problema de motor.

Após os problemas do primeiro dia, em que perdeu 19 minutos, baixando à 76ª e penúltima posição, Kankkunen protagonizou uma recuperação impressionante que o haveria de conduzir à nona posição final. Para isso, ele contou

O caminho de Makinen rumo à vitória não foi fácil. Em quase quatro anos, esta foi a primeira vez que um finlandês, à excepção de Kankkunen, venceu um prova do Campeonato do Mundo. Até ao momento, esta foi a primeira vez que Tommi conduziu um carro verdadeiramente competitivo. A sua equipa, a Ford, não alcançava nenhuma vitória desde Janeiro, embora tenha ganho os tradicionais dois mini-ralis finlandeses, de um só dia, que antecedem os Mil Lagos. Para o seu sucesso, Tommi teve de agradecer a determinação do seu navegador. Seppo Harjanne obteve a primeira das suas dez vitórias ao lado do antigo campeão do mundo Timo Salonen, um piloto que agora se encontra retirado do Campeonato do Mundo. Foi Seppo que convenceu Tommi a participar com um carro privado de Grupo N no campeonato do mundo de 1989, tendo terminado no terceiro lugar. "Eu disse-lhe que se ele persistisse, ele seria um dos pilotos de topo em 1994, " afirmou Seppo após o rali. O que nunca Seppo explicou publicamente é que Makinen em 1992 ficou extremamente desesperado na sequência de vários desastres com a equipa Nissan. "Esta foi a semana mais feliz da minha vida," gaguejou Tommi na entrega de prémios. Foi também uma das ocasiões mais felizes que uma equipa poderá recordar. Esta foi aquela vitória que ninguém invejou a Makinen.

com a ajuda dos organizadores que o autorizaram a largar na frente de concorrentes mais lentos.

Com o atraso de Kankkunen, Auriol ficou ciente das necessidades da Toyota em termos de campeonato. "Foi altura de ser um pouco mais esperto", afirmou ele. No terceiro lugar ficou Carlos Sainz que regressou à Finlândia pela primeira vez desde o seu acidente em 1991. "Pensava que a memória desse acidente já não era tão fresca, mas isto mais a falta de conhecimento actualizado das classificativas impediram-me de ir mais além."

No Grupo N, assistiu-se a um duelo entre os Mitsubishi Lancer (participaram aqui dois modelos, o antigo e o novo Evolution) e os novos Toyota Celica GT-Four (ST205). A luta pelo comando durou quase até ao fim. O primeiro líder foi Jouko Puhakka (com um novo Lancer Evolution). Na segunda etapa, porém, despistou-se, cedendo a liderança a Jarmo Kytholehto, igualmente com um Lancer, mas da versão antiga. Este último furou, deixando Tomas Janson, com o novo Celica desenvolvido pela equipa oficial, na frente. Só que o sueco também se despistou e Kytholehto acabou por triunfar. ❑

Os organizadores decidiram que as superespeciais disputadas "dois a dois", como na Austrália ou em Portugal, também seriam uma boa solução para a Finlândia. A nova classificativa de Himos foi disputada na encosta de uma pista de ski

Mobil 1
7
BRADI
paleo
personal
BILSTEIN
sparco
SEPPO HARJANNE
TOMMI MAKINEN
MICHELIN

TOYOTA
Castrol
MICHELIN
CIBIE
K-AM 9099

Acima à esquerda, Tommi Makinen demonstrou o que ele pode fazer se lhe derem um carro verdadeiramente competitivo

Acima, embora a Toyota Castrol Team tenha decidido continuar com o velho Celica, Tomas Jansson estreou o novo modelo no Campeonato do Mundo em Grupo N

À esquerda, o segundo lugar de Didier Auriol, na frente de Carlos Sainz, foi suficiente para que a equipa Toyota pulasse de alegria com a conquista do segundo título de Construtores

À direita, Jarmo Kytolehto obteve a sua terceira vitória consecutiva no Grupo N com o seu antigo Lancer Evolution

FINLÂNDIA TAÇA FIA 2 LITROS - 4ª PROVA

O Rali dos Mil Lagos de 1994 foi o terceiro duplo da temporada, pontuável não apenas para o Campeonato do Mundo como também para a Taça de 2 Litros. Nas rápidas e exigentes pistas de terra do centro da Finlândia, favoráveis apenas aos carros mais potentes, estes veículos de tracção dianteira fizeram um grande esforço para acompanhar o ritmo dos restantes.

Quer em Portugal como na Grécia, os carros de "F2" terminaram entre os dez primeiros e na frente de veículos do agrupamento de Produção. Aqui tudo foi diferente e os carros de Grupo N foram claramente superiores, enquanto que o primeiro veículo de "F2" não conseguiu melhor do que a 14ª posição.

Depois de uma primeira metade de temporada repleta de desastres, o belga Gregoire de Mevius obteve finalmente uma vitória mais do que merecida. O seu Opel Astra GSi liderou de princípio a fim, embora o britânico Alistar McRae, em Nissan Sunny Gti, tenha sido o

Acima, os terceiro e quarto lugares da Skoda, num rali onde é tão importante, constituiram resultados de relevo

À direita, Alister McRae está optimista que um dia irá existir na Escócia uma Rua McRae!

piloto mais rápido na categoria, mas só depois de os problemas de embraiagem no seu veículo, que prejudicaram o seu andamento no primeiro dia, terem sido solucionados. O colega de equipa do escocês, Ari Mokkonen, não teve tanta sorte, cumprindo apenas meia dúzia de classificativas, visto que a sua caixa de velocidades expirou.

Pavel Sibera, em Skoda Favorit 136L, atrasou-se devido à suspensão traseira torcida, enquanto o seu colega de equipa Emil Triner perdeu tempo com as rodas traseiras partidas. Estas demoras, porém, pouca diferença fizeram para a marca checa, já que estes espantosos carros de 1,3 litros ainda lideram esta Taça com uma vantagem de seis pontos. ❑

A GM Europe obteve a sua segunda vitória na "F2", tendo Gregoire de Mevius superado os dissabores anteriores

44º NESTE 1000 LAKES RALLY

26/28. 08. 94. Finlândia

RESULTADOS

F2/GERAL		EQUIPA	PILOTO/COPILOTO	NAC.	COMP Nº.	CARRO	REG. Nº	TEMPO TOTAL
1	14	Opel Team Belgium	Gregoire de Mevius/Willy Lux	B	18	Opel Astra GSi	CAE67 (B)	5h.07m.15s.
2	15	Nissan F2	Alister McRae/David Senior	GB	20	Nissan Sunny GTI	L5NME (GB)	5h.08m.49s.
3	18	Czech Team Skoda Motorsport	Pavel Sibera/Petr Gross	CZ	9	Skoda Favorit 136L	MBS14-22 (CZ)	5h.17m.54s.
4	19	Czech Team Skoda Motorsport	Emil Triner/Jiri Klima	CZ	10	Skoda Favorit 136L	MBS14-20 (CZ)	5h.19m.11s.
5	21	Opel Team Belguim	Freddy Loix/Andre Malais	B	23	Opel Astra GSi	CAE174 (B)	5h.21m.58s.
6	22	Russian Automobile Federation	Alexandr Nikonenko/Sergei Talantsev	RUS	43	Lada Samara	KLLIC4572 (RUS)	5h.26m.34s.
7	25	-	Marko Ipatti/Kari Kajula	FIN	60	VW Golf GTI	AXK777 (FIN)	5h.28m.27s.
8	27	-	Hannu Siukola Teppola	FIN	63	Skoda Favorit 136L	MO1 (FIN)	5h.31m.41s.

Iniciaram 24. Concluiram 11. Média do vencedor de F2: 102.08 Km/h

PRINCIPAIS ABANDONOS DE F2

ÚLTIMA CLASSIFICATIVA COMPLETADA	EQUIPA	PILOTO/COPILOTO	NAC.	COMP Nº.	CARRO	REG. Nº	MOTIVO
4	Nissan F2	Ari Mokkonen/Risto Virtanen	FIN	24	Nissan Sunny GTI	L2 NME (GB)	caixa velocid.

LÍDERES FÓRMULA 2: de Mevius, da 1ª à 35ª.

VITÓRIAS NAS CLASSIFICATIVAS: A. McRae, 20; de Mevius, 15; Mokkonen, 1.

Classificação da Taça FIA para Construtores após a 4ª Prova
Skoda, 26 pontos; GME, 20; Renault, 15; Nissan, 14; VW, 10; Citroën, 8; Peugeot, 5; Toyota, 5; Lada e Fiat, 3; SEAT, 1.

AUSTRÁLIA TAÇA FIA DE 2 LITROS - 5ª PROVA

O abandono de Tajima no terceiro dia foi uma grande desilusão, pois isto significou que ele não teve a oportunidade de fazer a classificativa do complexo de Bunnings do dia seguinte. Nessa etapa, o rali passou por uma famosa poça de água, no exacto local onde o japonês abandonou nos dois anos anteriores, com água no motor. Da primeira vez teve azar de principiante. Para a segunda ocasião, ele construiu um dispositivo que desviaria a água quando o carro entrasse no vau. À sua instrução e num momento preciso, o navegador deveria puxar a corrente ligada ao dispositivo e desta forma o veículo alcançaria o outro lado da margem são e salvo. Só que lamentavelmente o navegador levou a cabo essa acção com tanta força que a corrente se partiu, o dispositivo não funcionou e o motor falhou de novo! Será que Tajima conseguirá alguma vez alcançar o outro lado de Bunnings Ford? Comprem o anuário do próximo ano e fiquem a saber...

À esquerda, Gregoire de Mevius chegou e alcançou a segunda vitória em três semanas - no lado oposto do globo

As atenções gerais concentraram-se no duelo pelo comando da classificação geral travado entre o Subaru Impreza 555 de Colin McRae e o novo Toyota Celica de Juha Kankkunen, o qual acabou por ser favorável ao escocês. Naquela que foi a única prova de "Fórmula 2" que este ano se disputou fora da Europa, Gregoire de Mevius não teve rivais à altura, vencendo nesta categoria pela segunda vez em três semanas, ajudando a GME a diminuir o atraso

À direita, Greg Carr, num Suzuki idêntico, sonhou em bater Tajima, mas nenhum deles terminou

em relação à Skoda, a marca que lidera o troféu e que conseguiu classificar o seu piloto Pavel Sibera no segundo lugar.

Pela primeira vez, os construtores da Coreia e Taiwan obtiveram nesta prova pontos para a Taça FIA de 2 Litros.

Ian Douglas, em Hyundai Lantra, e Robin Head, em Honda Civic, foram respectivamente terceiro e quarto classificados na "F2".

Pelos tempos das classificativas, Head deveria ter terminado na terceira posição mas sofreu uma penalização de 20 minutos e baixou ao quarto lugar. Head passou por momentos de aflição: o curso da suspensão era insuficiente e os amortecedores, em esforço, perdiam a força. Na tentativa de os fazer durar sem que a suspensão cedesse, as uniões foram substituídas por apoios de borracha.

A equipa dos Suzuki Swift deveria ter sido uma das mais fortes. Todavia, os três carros abandonaram. Nobuhiro Tajima, quando era segundo, com um problema na suspensão dianteira; Carr, por falha no motor; Palmer, devido à embraiagem.

Outra equipa com grandes aspirações era a da Daihatsu, só que o Charade GTi 1.6 de Middleton despistou-se logo na primeira classificativa. Impressionante foi de novo o comportamento dos Skoda, pese embora a desistência de Triner. Estes foram dias atarefados, já que se disputaram cinco provas de "F2" em 13 semanas, tendo 15 construtores entrado até agora nos pontos. ❑

Acima, estreado há três anos em Grupo N, o Hyundai Lantra, agora inscrito no Grupo A, conseguiu chegar ao final, mesmo com problemas no alternador

7º TELECOM RALLY AUSTRALIA

16/19. 09. 94. Austrália

RESULTADOS

F2/GERAL		EQUIPA	PILOTO/COPILOTO	NAC.	COMP Nº.	CARRO	REG. Nº	TEMPO TOTAL
1	9	Opel Team Belgium	Gregoire de Mevius/Willy Lux	B	8	Opel Astra GSi	NKL851 (B)	5h.55m.38s.
2	14	Czech Team Skoda Motorsport	Pavel Sibera/Petr Gross	CZ	7	Skoda Favorit 136L	MBS14-19 (CZ)	6h.08m.22s.
3	22	Hyundai Rally Sport	Ian Douglas/Sophie Handley	AUS	29	Hyndai Lantra	LANTRA (NSW, AUS)	6h.34m.36s.
4	25	San Yang MIT Motorsport	Robbie Head/Ian Beasant	GB	10	Honda Civic V-TEC	BQ0672 (RC)	6h.37m.20s.
5	36	-	Warren Tuckett/Stuart Percival	AUS	49	Suzuki Swift GTI	8JP860 (WA, AUS)	7h.04m.42s.
6	42	-	Alan Upton/Mark Laidlay	AUS	69	Daihatsu Charade 1.3i	FIE586 (Vic, AUS)	7h.26m.33s.
7	44	-	Dean Herridge/Jim Carlton	AUS	54	Hyundai Lantra	8PE328 (WA, AUS)	7h.36m.13s.

Iniciaram 15. Concluiram 7. Média do vencedor de F2: 90.97 Km/h

PRINCIPAIS ABANDONOS DE F2

ÚLTIMA CLASSIFICATIVA COMPLETADA	EQUIPA	PILOTO/COPILOTO	NAC.	COMP Nº.	CARRO	REG. Nº	MOTIVO
0	Daihatsu Australia	Brett Middleton/Damien Long	AUS	39	Daihatsu Charade GTI	MRT (NSW, AUS)	acidente
5	Shockabsorber Improvements	Greg Carr/Allan Oh	AUS/MAL	27	Suzuki Swift GTI	EWX855 (Vic, AUS)	motor
14	-	Nobuhiro Tajima/Ross Runnalls	J/AUS	22	Suzuki Swift GTI	TKT54NU9891 (J)	Suspensão diant.
16	Czech Team Skoda Motorsport	Emil Triner/Jiri Klima	CZ	9	Skoda Favorit 136L	MBS14-18 (CZ)	acidente
17	Silverstone R.T. Malaysia	Russell Palmer/Brian Harwood	AUS	40	Suzuki Swift GTI	8X1218 (WA, AUS)	embraiagem

LÍDERES FÓRMULA 2: de Mevius, da 1ª à 30ª classificativa.

VITÓRIAS NAS CLASSIFICATIVAS: de Mevius, 29; Tajima, 3.

Classificação da Taça FIA para Construtores após a 5ª Prova

Skoda, 34 pontos; GME, 30; Renault, 15; Nissan, 14; VW, 10; Citroën, 8; Hyundai, 6; Peugeot e Honda, 5; Toyota e Suzuki, 4; Lada, Fiat e Daihatsu, 3; SEAT, 1.

DETALHES DA PROVA: 30 classificativas, 539,19 km. Todas as classificativas em terra (excepto uma em piso misto). Percurso total: 1.841,66 km.
Início Langley Park, Perth; neutralização em Perth. Fim em forrest Place.
Condições metereológicas: tempo quente mas céu encoberto. Quatro classificativas nocturnas.

9
1994
1994
RALLYE SANREMO
RALLYE D'ITALIA

ITÁLIA

☆ ...Outra dramática recuperação à última hora de Auriol.

☆ ...Carlos Sainz esteve abaixo de forma no último dia.

☆ ...Toyota vence último rali do Mundial ainda não conquistado por um construtor japonês.

☆ ...Um rali com reviravoltas fora do vulgar.

Ao vencer o Rali de Sanremo, Didier Auriol dilatou para 11 pontos a sua vantagem no Campeonato do Mundo de Ralis de 1994. O triunfo do francês foi suficiente para afastar o seu colega de equipa Juha Kankkunen da luta pelo título. Agora Carlos Sainz é o único piloto ainda com possibilidades de bater o gaulês. O espanhol liderou na primeira etapa, com dois minutos de avanço em relação a Auriol e manteve a liderança até ao último dia, altura em o francês encetou um ataque em tudo similar aos realizados em Monte Carlo. Sainz teve alguns problemas de consumo de combustível, mas, acima de tudo, a subida de rendimento do francês deixou-o completamente desmoralizado e perdeu a liderança a duas classificativas do final. A dada altura o atraso de Auriol em relação a Sainz era de 2m11s. A recuperação do francês deveu-se mais à isenção de erros (o que não aconteceu com muitos dos seus adversários) do que à velocidade pura. Mesmo assim a sua prestação foi brilhante. O seu navegador

Gianfranco Cunico conduziu este Ford Escort RS Cosworth preparado por Malcom Wilson e foi o piloto mais rápido do rali no segundo e terceiro dias

Bernard Ocelli afirmou que foi mais uma vitória lendária do francês. "O único momento em que o meu coração realmente parou foi na PEC 25, depois de uma paragem de dez minutos para arrefecimento dos pneus. O nosso carro fugiu para a beira da estrada, ficando as rodas da frente suspensas no ar, mas nós conseguimos fazer marcha-atrás e prosseguir!"

Sainz, que partiu da décima posição, não teve problemas na primeira etapa e foi-se distanciando dos seus opositores. Atravessando estradas de terra limpas de poeira pelos carros à sua frente, o espanhol venceu todas as classificativas. No segundo dia, a sua vantagem aumentou, embora não tenha sido o mais rápido em nenhuma classificativa, já que desta vez ele foi sempre o primeiro a passar. Ele, no entanto, tinha grandes esperanças em ganhar o rali, sobretudo quando este entrasse no asfalto, no último dia. Só que tudo correu mal para o madrileno. Problemas de combustível relacionados com uma má carburação arrasaram-no psicologicamente e o piloto da Subaru não conseguiu regressar à forma anterior. O seu colega de equipa, Colin McRae, no seu primeiro Sanremo, perdeu tempo na primeira etapa, já que foi o quarto a partir, mas acabou por terminar o rali em quinto.

Malcom Wilson, com um dos dois Escort do Jolly Club, foi outro dos pilotos que beneficiou da "limpeza" das estradas de terra, acabando a primeira etapa no segundo lugar. Wilson, porém, a braços com problemas de caixa de velocidades abrandou e depois saiu de estrada, mas manteve-se em prova.

Menos sorte teve o piloto oficial da Ford, François Delecour. Além de não partir com um número favorável, o francês abandonou na décima classificativa. O seu colega de equipa Miki Biasion foi mais feliz e terminou no terceiro lugar, a menos de um minuto do vencedor.

Acima, Carlos Sainz desesperou

Abaixo, Didier Auriol disfruta a paisagem da Toscânia

Para a Mitsubishi, esta prova foi um grande passo. Sem qualquer experiência no Sanremo demorou mais tempo a preparar os carros. Os problemas, no entanto, abundaram. Tommi Makinen, na sua estreia como piloto oficial, realizou uma boa prestação no início mas depois a suspensão cedeu sem aviso. Armin Schwarz pouco mais pôde fazer e perto do final despistou-se e destruiu o Lancer Evolution.

A Toyota estreou o ST205 e inscreveu quer o novo como o velho Celica. No primeiro dia, os carros estiveram abaixo das expectativas, mas nos restantes foram os veículos de fábrica mais rápidos, sendo Auriol somente quatro segundos mais rápido do que Juha! ❑

Páginas seguintes:
Foto maior: a estrada para as montanhas
No topo, na sua terra natal Miki Biasion foi o melhor piloto da Ford. Abaixo, quase carecas. Carlos Sainz escorrega através das curvas com pneus que já estavam gastos
Em baixo, Armin Schwartz apressa-se através da poeira na segunda etapa

As classificativas disputadas nos montes da Toscânia e Umbria são sempre confusas. Ser o primeiro a partir nas estradas secas destas regiões é sempre uma desvantagem e os tempos mais rápidos são obtidos pelos pilotos inscritos com números mais elevados. Antes do início do rali e para levar a melhor sobre os previsíveis mas curiosos efeitos da terra solta, os chefes de equipa da Subaru e da Toyota persuadiram os organizadores a dar aos seus pilotos favoritos "maus" números em vez de "bons"! Esse é um ponto que pode ser controlado, mas o que não pode são as regras que estipulam que os líderes têm de partir na frente depois de uma neutralização.

O pó na superfície das estradas deste rali é um obstáculo em constante movimento. Já em 1983, a Lancia planeou o Sanremo com uma tal perfeição que eles sabiam que quando eram obrigados a ser os primeiros a partir, eles mandaram partir vários carros muleto, os quais cumpriam o percurso das classificativas a alta velocidade, servindo de vassoura e reduzindo assim a desvantagem em relação aos adversários. Das outras equipas de topo, apenas a Ford adquiriu lições prácticas recentes nesta prova. Como não se disputaram etapas em terra desde 1992, as lições foram rapidamente esquecidas.

Outra característica estranha desta prova é que os tempos mais rápidos nas classificativas nem sempre trazem sucesso! Sainz não obteve um nem dois ou três melhores tempos na penúltima e na última etapa, se bem que tenha liderado durante toda a prova com a excepção de duas classificativas: Auriol fez apenas três melhores tempos em todo o rali e ganhou. Mesmo quando comandava até quase ao fim do último dia, os tempos de Sainz eram sempre piores do que os do seus colega de equipa Colin McRae. Há sempre mistérios nos montes do Rali de Sanremo.

Mobil
5
REPSOL
555
SUBARU
PIRELLI
REPSOL
PIRELLI
L-555 REP
PIRELLI

ITÁLIA TAÇA FIA DE 2 LITROS - 6ª PROVA

Acima, Alister McRae realizou um rali impressionante e teve sorte em vencer a categoria

Paulo Andreucci perdeu tempo precioso no primeiro e no último dia

Aqui assistiu-se a mais uma grande perseguição. O piloto local Paulo Andreucci liderou nas duas primeiras classificativas mas depois, na terceira, atrasou-se na sequência do rebentamento de ambos os pneus dianteiros do Renault Clio Williams. "Não foi um furo. Os pneus rebentaram porque já não tinham borracha!" Alister McRae herdou o comando embora também tenha perdido tempo na primeira etapa devido a problemas de suspensão no Nissan. Isto, juntamente com a desistência precoce de Gregoire de Mevius (um parafuso soltou-se da suspensão), levantou inesperadamente os ânimos na equipa Skoda, pois Pavel Sibera, no final do segundo dia, era o vice-líder da "F2".

Com o intuito de se desforrar, Andreucci atacou violentamente e depressa trocou de posição com Sibera. Foi no asfalto, no entanto, que a disputa foi mais renhida. Na terceira etapa, o italiano partiu com 2m55s atrás de Alister McRae e como era extremamente rápido neste piso parecia inevitável que no final da prova ele subisse ao lugar mais alto do pódio.

Só que na penúltima classificativa, partiu-se o tubo de combustível, impedindo-o de se superiorizar ao britânico. O último lugar do pódio foi para Freddy Loix, que ao realizar uma prova regular passou Sibera, permitiu à GME reduzir para três pontos a sua desvantagem em relação à Skoda. Como Sibera veio a abandonar com o veio da transmissão partida, o seu colega de equipa, Emil Triner, herdou a quarta posição. A duas provas do final desta Taça — a GME ainda tem de tomar uma decisão urgente quanto à sua participação na Catalunha, já que a GM Espanhola anunciou o abandono dos ralis —, ainda se encontram quatro equipas, Skoda, GME, Nissan e Renault, na corrida para o título de "F2". ❑

Freddy Loix manteve a GME na luta pelo título, após o abandono de Gregoire de Mevius

36 º RALLY SANREMO - RALLY D'ITALIA

9/12. 10. 94. Itália

RESULTADOS

F2/GERAL		EQUIPA	PILOTO/COPILOTO	NAC.	COMP Nº.	CARRO	REG. Nº	TEMPO TOTAL
1	12	Nissan F2	Alister McRae/David Senior	GB	32	Nissan Sunny GTI	L5NME (GB)	6h.30m.58s.
2	13	Italian Promotor Sport	Paolo Andreucci/Simona Fedeli	B	33	Renault Clio Williams	NO723316 (I)	6h.31m.10s.
3	14	Opel Team Belgium	Freddy Loix/Andre Malais	B	33	Opel Astra GSi	CAE-167 (B)	6h.35m.07s.
4	18	Skoda Motorsport	Emil Triner/Jiri Klima	CZ	11	Skoda Favorit 136L	MBS14-20 (CZ)	6h.44m.43s.
5	32	-	Marco Bertinotti/Gino Roccato	I	81	Peugeot 405Mi16	TO93280H (I)	7h.40m.11s.
6	34	-	Massimo + Sandro Schenetti	I	96	Peugeot 205 Rallye	RE574424 (I)	7h.53m.58s.
7	36	-	Pino Scordato/Francesco Fazzari	I	91	Peugeot 205GTI	IM235587 (I)	8h.14m.01s.
8	38	-	Giovanni Orengo/Guido d'Amore	I	95	Opel Corsa GSi	IM238605 (I)	8h.32m.42s.

Iniciaram 21. Concluiram 8. Média do vencedor de F2: 79.05 Km/h

PRINCIPAIS ABANDONOS DE F2

ÚLTIMA CLASSIFICATIVA COMPLETADA	EQUIPA	PILOTO/COPILOTO	NAC.	COMP Nº.	CARRO	REG. Nº	MOTIVO
2	Opel Team Belgium	Gregoire de Mevius/Willy Lux	B	28	Opel Astra GSi	KZE-787 (B)	suspensão
3	Renault R.T.	Renato Travaglia/Alessandro Mari	I	27	Renault Clio Williams	AD673CV (I)	motor
4	Renault R.T.	Diego Oldrati/Paolo Vinzioli	I	34	Renault Clio Williams	ME580656 (I)	embraiagem
8	Cimauto Sport	Gabriel Mendez/Mario Carvallido	ROU	29	Renault Clio Williams	O-4511-BD (E)	curto-circuito
24	Skoda Motorsport	Pavel Sibera/Petr Gross	CZ	12	Skoda Favorit 136L	MBS14-22 (CZ)	veio/transmisão

LÍDERES FÓRMULA 2: Audreucci, da 1ª à 2ª classifcativa; A. McRae, da 3ª à 26ª.

VITÓRIAS NAS CLASSIFICATIVAS: A. McRae, 13; Andreucci, 10; Loix, Danilo Ameglio (Peugeot 205GTI), 1.

Classificação da Taça FIA para Construtores após a 6ª Prova
Skoda, 39 pontos; GME, 36; Nissan, 24; Renault, 23; VW, 10; Peugeot, 9; Citroën, 8; Hyundai, 6; Honda, 5; Toyota e Suzuki, 4; Fiat, Lada e Daihatsu, 3; SEAT, 1.

ESPANHA TAÇA FIA 2 LITROS - 7ª PROVA

Acima à esquerda, Oriol Gomez foi um vencedor previsível da categoria "F2"

Acima, perigos dos ralis espanhóis!

Ao longo das classificativas de asfalto no nordeste de Espanha e entre uma oposição local extrememente competitiva, a equipa Skoda obteve mais um resultado surpreendente: os seus carros terminaram nas quinta e sexta posições da Taça de 2 Litros. No entanto, enquanto os resultados dos testes ao combustível utilizado pela Opel na Austrália não eram divulgados, a marca checa ficou sem saber se já era campeã ou não. O principal favorito para este rali, que teve uma duração de três dias e foi todo disputado em asfalto, era o jovem campeão espanhol Oriol Gomez, vencedor das cinco provas anteriores do campeonato do seu país, ao volante de um Renault Clio Williams com especificações de fábrica. Esta equipa desempenhou um importante papel em benefício da Skoda, já que impediu que a Nissan, uma das principais adversárias da equipa checa, de obter um bom resultado.

A GME viveu aqui momentos difíceis. Tinha sido acordado que a forte equipa da GM Espanha, através dos seus Astra, representaria a fábrica nesta prova, mas os espanhóis anunciaram de repente, poucos dias antres do fecho das inscrições para o Rali da Catalunha, o fim da participação na competição. Assim, a casa-mãe teve de fazer planos à pressa para que o Freddy Loix, da Opel Team Belgium, pudesse alinhar. Isto, juntamente com as notícias dos problemas na análise de combustível no carro de Gregoire de Mevius na Austrália, deixou o jovem piloto belga sob uma grande pressão. Logo na segunda classificativa Loix despistou-se numa estrada de montanha, provocando um desmoronamento de pedras, as quais resvalaram para a estrada, obrigando os organizadores a anular a classificativa.

Nas classificativas do primeiro dia, disputadas em piso seco, Gomez ganhou um minuto a Tommi Makinen, em Nissan. Na segunda etapa, as estradas apresentaram-se molhadas e escorregadias, tendo Makinen empreendido o seu ataque. Em quatro classificativas, o finlandês reduziu o atraso de 57 segundos para 16. Na parte da tarde as estradas secaram: enquanto Gomez voltou a andar mais depressa, Makinen partiu a transmissão, tentou chegar ao final da PEC 16 e depois abandonou. Entretanto, o Peugeot 306 S16 de Borja Moratal também desistiu e assim o piloto convidado da Nissan, Salvador Servia, ascendeu ao segundo lugar na categoria.

O Rali da Catalunha foi palco para o regresso às competições internacionais da disciplina da Seat, pondo fim a mais de uma década de ausência do construtor espanhol com os seus carros de fábrica em provas do mundial. No entanto, foi decepcionante assistir à desistência, logo no primeiro dia, dos seus dois primeiros pilotos, Erwin Weber e António Rius (respectivamente nas versões de Grupo A e N do Seat Ibiza GTi). Melhor prestação foi a do seu piloto de testes Jordi Ventura (foto da esquerda) que progressivamente foi ascendendo na classificação, terminando na quarta posição da geral e terceira da "F2". O engenheiro-chefe de desenvolvimento da Seat Vicente Aguilera estava satisfeito. "Estamos contentes por ter Weber na nossa equipa; ter um piloto de renome internacional a trabalhar numa equipa tão pequena como a nossa dá-nos um grande encorajamento. Já temos uma competição nacional monomarca com o Seat Ibiza e agora queremos ir mais longe, para encorajar os mercados estrangeiros."

Joaquim Casabayas (Honda) abandonou devido à quebra do triângulo da suspensão

30 º CATALUNYA - COSTA BRAVA - RALLY ESPAÑA

2/4. 11. 94. Espanha

RESULTADOS

F2/GERAL		EQUIPA	PILOTO/COPILOTO	NAC.	COMP Nº.	CARRO	REG. Nº	TEMPO TOTAL
1	2	RenaultCompeticions	Oriol Gomez/Marc Marti	E	14	Renault Clio Williams	M3813PD (E)	4h.47m.46s.
2	3	Nissan F2	Salvador Servia/Xavier Lorza	E	3	Nissan Sunny GTI	L2NME (GB)	5h.01m.44s.
3	4	Esc. Mediterranea	Jordi Ventura/Joan Sureda	E	21	SEAT Ibiza GTI 16v	5P0273 (E)	5h.06m.06s.
4	6	Peugeot Sport Espana	Jaime Azcona/Julius Billmaier	E/D	18	Peugeot 106 Rallye	4P6746 (E)	5h.09m.16s.
5	8	Skoda Motorsport	Emil Triner/Jiri Klima	CZ	4	Skoda Favorit 136L	MBS14-20 (CZ)	5h.14m.02s.
6	9	Skoda Motorsport	Jindrich Stolfa/Miroslav Fanta	CZ	6	Skoda Favorit 136L	MBS14-16 (CZ)	5h.14m.53s.
7	10	Equip RACC	Sergio Perez/Juan Manuel Martinez	E	33	Peugeot 106 Rallye	4P6744 (E)	5h.21m.10s.
8	16	E. Baix Emporda	Toni Vidal/Just Garcia	E	44	Hyundai Pony 1.5 GSi	GI1485AV (E)	5h.34m.49s.

Iniciaram 22. Concluiram 10. Média do vencedor de F2: 80.06 Km/h

PRINCIPAIS ABANDONOS DE F2

ÚLTIMA CLASSIFICATIVA COMPLETADA	EQUIPA	PILOTO/COPILOTO	NAC.	COMP Nº.	CARRO	REG. Nº	MOTIVO
1	SEAT Sport	Erwin Weber/Manfred Hiemer	D	2	SEAT Ibiza GTI 16v	5P0248 (E)	acidente
1	Opel Team Belgium	Freddy Loix/Johnny Vranken	B	19	Opel Astra GSi	KZE-787 (B)	acidente
14	Gamace MC	Joaquim Casasayas/Manuel Dalmases	E	32	Honda Civic VTi	B6955NG (E)	suspensão
15	Nissan F2	Tommi Makinen/Seppo Harjanne	FIN	1	Nissan Sunny GTI	L5NME (GB)	embraiagem
15	Peugeot Sport España	Borja Morata/Alfredo Rodriguez	E	16	Peugeot 306S16	4P6747 (E)	prob. eléctricos

LÍDERES FÓRMULA 2: Gomez da 1ª à 22ª classifcativa. **VITÓRIAS NAS CLASSIFICATIVAS:** Gomez, 16; Makinen, 6.

Classificação da Taça FIA para Construtores após a 7ª Prova

Skoda, 41(43) pontos; GME, 36; Renault, 33; Nissan, 32; Peugeot, 14; VW*, 8; Citroën*, 8; Hyundai* e SEAT*, 7; Honda*, 5; Toyota* e Suzuki*, 4; Fiat*, Lada* e Daihatsu*, 3.

Nota: Antes do Rallye da Catalunha, a FIA anunciou que apenas os constructores que participassem em sete das oito provas que contam para a Taça de 2 Litros seriam classificados. Os constructores assinalados com * não se qualificam.

DETALHES DA PROVA: 22 classificativas, 422,36 km. Todas as classificativas em asfalto. Percurso total: 1.457,41 km.

Início e fim, Lloret de Mar; neutralização em St. Fruitos de Bages.

Condições metereológicas: tempo instável, alguma chuva e nevoeiro nas 2ª e 3ª etapas.

Uma classificativa nocturna.

NETWORK Q
RALLY
1994
CHESTER
10
FIA
WORLD
RALLY
CHAMPIONSHIP

✩ ...Primeiro vencedor britânico do RAC em 18 anos. Parabéns McRae!

✩ ...Se Sainz ainda ansiava pelo tri, o seu despiste em Dovey deitou tudo por água abaixo; ninguém ficou mais surpreendido do que Auriol. Poucos conquistaram um título num rali com tantos desastres!

✩ ...Após três anos de disputa com a Nissan, GME e Ford, a Skoda terminou com um ponto de atraso em relação à GME na Taça FIA 2 Litros, mas cinco dias depois descobriu que era campeã.

✩ ...Os 50 anos do RAC foram comemorados com uma das mais excitantes lutas de sempre do Mundial.

Após um rali repleto de peripécias, Didier Auriol conseguiu finalmente sagrar-se Campeão do Mundo de Pilotos, um título que ele sempre perseguira e sempre lhe fugira à última da hora. Apesar de ter partido para a estrada com 11 pontos de vantagem sobre Carlos Sainz, as coisas não correram de feição para o piloto da Toyota: na primeira etapa, o francês bateu numa pedra e atrasou-se quatro minutos; depois perdeu dez minutos numa saída de estrada; e na segunda etapa, devido a um problema no turbo, acrescentou mais quatro minutos ao seu tempo.

O outro candidato, Carlos Sainz, também teve um rali para esquecer. Segundo classificado até à última etapa, o espanhol quase que já podia saborear a vitória, só que em Dovey ele despistou-se, perdeu 40 minutos e depois abandonou.O título foi assim entregue de bandeja a Auriol. Se bem que a glória internacional tenha pertencido ao francês, os entusiastas britânicos falaram apenas do sucesso de McRae. Colin realizou uma prova espectacular, dilatando a sua vantagem nas classificativas escorregadias, nas quais os pneus do Subaru eram claramente superiores aos da Toyota.

Como o intuito de ajudar Auriol a conquistar o título, Kankkunen empenhou-se a fundo para bater Sainz

Pouco feliz foi igualmente a Ford. Peter Gillitzer, o novo responsável de competição da companhia, esperava obter um bom resultado para evitar que a decisão da marca de Boreham de encerrar as operações nos ralis fosse concretizada. Mas toda a esperança foi em vão. Logo no primeiro dia, François Delecour saiu de estrada, desorientou-se e curtou caminho na classificativa. Como consequência foi desclassificado. Miki Biasion abandonou mais uma vez devido a uma avaria no motor. Bruno Thiry, na sua estreia na RAC, foi o único piloto Ford a obter um resultado de relevo para a Ford ao terminar na terceira posição.

O RAC foi igualmente decisivo para a atribuição dos títulos nas restantes categorias. A

Sainz bem que se esforçou para conquistar o terceiro título mas este acabou por lhe fugir

Uma coisa para contentar a Ford: Jonny Milner venceu o Grupo N, naquela que foi a quinta vitória consecutiva da Ford nesta categoria no RAC

Houve um pouco de tudo para quase toda a gente em Chester. Um escocês ganhou o rali, um galês triunfou na "Fórmula 2", um inglês no Grupo N, e um francês sagrou-se Campeão do Mundo. As únicas caras carrancudas pertenciam aos fans espanhóis e aos elementos das equipas Ford. Mas mesmo eles tiveram momentos de glória. Jesus Puras conquistou o título do Grupo N, e se a equipa de fábrica teve na sua última participação no Campeonato do Mundo um rali para esquecer, o mesmo não sucedeu em quadrantes inesperados. As vitórias da Ford quer na "Fórmula 2" como no Grupo N, juntamente com o triunfo na Taça de Construtores de Grupo N, justificaram inesperadamente o seu envolvimento nos ralis, já que os sucessos foram obtidos em categorias que eles nunca procuraram conquistar. Os visitantes de terras distantes ficaram satisfeitos: o sul-africano Jan Habig participou com um Escort preparado por ele próprio, e no seu primeiro rali no estrangeiro impressionou todos ao salvar um espectador que se encontrava no caminho do seu carro, e cujo estado obrigou à interrupção da classificativa. Do Japão veio o Subaru Impreza WRX-RA, inscrito pela equipa privada Uchiyama — conduzido por Masao Kamioka — o qual se revelou extremamente rápido, tendo liderado algumas classificativas no primeiro dia, pressionando depois Jonny Milner, o vencedor do Grupo N, e terminou em segundo.

O Rali do RAC assistiu ao fim do primeiro ano de um campeonato que viveu sob o signo da contenção de custos, e a FIA constatou com alívio que, ao contrário de outras categorias no automobilismo, esta temporada decorreu sem o aparecimento de graves problemas organizacionais. Outras medidas que visam a redução de custos, incluindo as controversas restrições de pneus e a introdução dos Kit Cars, deverão entrar em vigor em 1995.

Jesus Puras bastou obter a terceira posição no seu agrupamento para se sagrar campeão de Grupo N, enquanto Isolde Holderied teve se contentar com a segunda posição, embora há muito que tenha assegurado a vitória na Taça da Senhoras. Na Taça FIA de 2 Litros mante-ve-se a indecisão. Como os comissários ainda não tinham decidido o que fazer acerca do combustível adulterado utilizado pela GME no Rali da Austrália, as equipas deixaram Chester sem que o respectivo título já estivesse atribuído. ❑

SCOTCH KERSHOPE
Mobil
Motorsport
GIESSE
NETWORK Q RALLY
11
L985OJN
PAINT
MICHELIN

TOYOTA
Castrol
6
CIBIE
MICHELIN
K-AM 9099

Acima, a vitória de Colin McRae encheu de alegria os adeptos britânicos

Acima à esquerda, Bruno Thiry terminou a temporada com mais felicidade do que ele jamais esperou. O seu terceiro lugar no RAC colocou-o na quinta posição do Mundial de Pilotos e na frente dos outros pilotos de fábrica permanentes Biasion e Delecour

À esquerda, Auriol tornou-se o primeiro francês a sagrar-se Campeão do Mundo

À direita, o início de algo novo: Karamjit Singh terminou em décimo no Grupo N naquela que foi a primeira participação da Proton na Europa

GRÃ BRETANHA TAÇA FIA DE 2 LITROS - 8ª PROVA

No debate actual acerca do futuro dos ralis, os carros de "Fórmula 2" portaram-se melhor do que o esperado. O duelo entre Tommi Makinen, o piloto mais rápido da Nissan, Gwyndaf Evans, em Ford, e o candidato ao título Gregoire de Mevius, em Opel Astra, acabou com três nos lugares do pódio. Evans conduziu um RS2000 desenvolvido por Gordon Spooner, um carro nunca visto anteriormente em provas desta categoria, e assim o seu triunfo na "F2" abriu-lhe boas perspectivas para sucessos futuros. O primeiro comandante desta categoria, nas primeira e segunda classificativas, foi Alistar McRae, que posteriormente viria a abandonar na segunda etapa devido a problemas eléctricos no seu Nissan. Makinen herdou a liderança mas depois furou e trocou de posição com Evans. Por

Acima, Gwyndaf Evans sobreviveu a uma série de crises no último dia para ganhar a categoria

À direita, o campeão britânico de 2 Litros, David Llewelin, ficou frustado com a prestação do novo Astra, que se revelou incapaz de acompanhar o ritmo de Gregoire de Mevius

sua vez, o britânico perdeu o primeiro lugar na PEC 17 devido a uma falha na caixa de velocidades, recuperando-o na PEC 24, beneficiando de um azar do finlandês, que capotou. Não obstante, após o seu infortúnio, Makinen não baixou os braços e voltou a subir na classificação, terminando na segunda posição.

Antes da reunião dos comissários desportivos que deveria decorrer na semana seguinte, o campeonato terminou com três construtores separados por dois pontos. Os carros da Skoda terminaram nos sexto e sétimo lugares da categoria, o que não era suficiente para realçar a sua posição no campeonato. Desfecho feliz para Martin Rowe, com um Peugeot 306 S16. O carro estava equipado com uma caixa de velocidades sequencial, a qual não tinha sido testada antes do início do rali. Nas últimas duas classificativas, soltou-se uma roda e o tirante da suspensão partiu-se, mas ele conseguiu manter a quinta posição. David Llewellin, com o novo Astra, sofreu uma desilusão, pois não conseguiu acompanhar o ritmo de Mevius com a versão antiga deste modelo.

Este foi um rali com uma grande variedade de novidades. O Ford, o novo Astra, o Peugeot, e o novo Vauxhall Astra 1.6 que alcançou a oitava posição e que foi conduzido por Stephen Green. ❑

Na estreia do 306 S16 no Campeonato do Mundo, Martin Rowe deixou a equipa British Peugeot satisfeita

50º NETWORK Q RAC RALLY

20/23. 11. 94. Grã-Bretanha

RESULTADOS

F2/GERAL		EQUIPA	PILOTO/COPILOTO	NAC.	COMP Nº.	CARRO	REG. Nº	TEMPO TOTAL
1	7	-	Gwyndaf Evans/Howard Davis	GB	27	Ford Escort RS2000	L141MHL (GB)	5h.52m.24s.
2	9	Nissan F2	Tommi Makinen/Seppo Harjanne	FIN	18	Nissan Sunny GTI	L2NME (GB)	5h.53m.25s.
3	10	Opel Team Belgium	Gregoire de Mevius/Willy Lux	B	17	Opel Astra GSi	NKL851 (B)	5h.53m.54s.
4	11	Vauxhall Sport	David Llewellin Grindrod	GB	15	Vauxhall Astra GSi	K20VDS (GB)	5h.54m.31s.
5	14	Peugeot Sport	Martin Rowe/Chris Wood	GB	40	Peugeot 306S16	306MAN (GBM)	6h.04m.51s.
6	19	Skoda Motorsport	Pavel Sibera/Petr Gross	CZ	23	Skoda Favorit 136L	MBS14-19 (CZ)	6h.10m.28s.
7	22	Skoda Motorsport	Emil Triner/Jiri Klima	CZ	22	Skoda Favorit 136L	MBS14-20 (CZ)\	6h.13m.29s.
8	30	-	Stephen Green/Alan Thomas	GB	92	Vauxhall Corsa 1.6i	L727ULE (GB)	6h.31m.35s.

Iniciaram 47. Concluiram 21. Média do vencedor de F2: 66.10 Km/h

PRINCIPAIS ABANDONOS DE F2

ÚLTIMA CLASSIFICATIVA COMPLETADA	EQUIPA	PILOTO/COPILOTO	NAC.	COMP Nº.	CARRO	REG. Nº	MOTIVO
8	Nissan F2	Alister McRae/David Senior	GB	16	Nissan Sunny GTI	L5NME (GB)	prob. elécticos
9	Peugeot Sport	David Higgins/Michael Park	GB	91	Peugeot 106 Rallye	MAN106A (GBM)	correia/válvulas

LÍDERES FÓRMULA 2: A. McRae, na 1ª e 2ª classifcativa; Makinen, da 3ª à 9ª; Evans, da 24ª à 29ª.

VITÓRIAS NAS CLASSIFICATIVAS: Makinen, 21; Evans, 5; A. McRae, 3.

Classificação da Taça FIA para Construtores após a 8ª Prova (melhores 6 resultados)
Skoda, 48 (43) pontos; Nissan, 40; Renault, 33; GME, 32; Peugeot, 18. Já não elegíveis: VW e Ford, 10; Hyundai, 9; Citroën, 8; SEAT, 7; Honda, 6; Suzuki, 5; Toyota e Daihatsu, 4; Fiat e Lada, 3.
Skoda agora campeã.

CAMPEONATO EUROPEU DE RALIS

FINALMENTE!

Ao fim de dez anos Patrick Snijers conseguiu finalmente sagrar-se Campeão Europeu de Ralis. O seu envolvimento simultâneo em dois campeonatos, belga e europeu, impediu-o de alcançar esse objectivo mais cedo.

Patrick Snijers só não conseguiu conquistar o título europeu de ralis porque o seu patrocinador (a Bastos, uma das principais tabaqueiras da Bélgica e que o apoia há 13 anos) estava mais preocupada em vencer o campeonato do seu país, relegando o Europeu para segundo plano, fazendo o seu piloto alinhar em algumas provas em países cujos mercados de tabaco são "saudáveis".

Isto significa que nos últimos 12 anos, Patrick teve de disputar a coroa do campeonato belga com o seu "velho inimigo" Robert Droogmans, que é patrocinado pela tabaqueira Belga (pertencente ao grupo Rothmans) e arquirival da Bastos. Dispondo de um orçamento bastante confortável mas não inesgotável, a maior parte do dinheiro foi canalizado para o título belga, sendo as "sobras" empregues em deslocações a provas na Polónia, Madeira e a outros países do leste. Tudo isto impediu de atacar a fundo o Campeonato Europeu de Ralis.

Além de Patrick Snijers estiveram outros três pilotos na corrida pelo título europeu de ralis: os italianos Vanio Pasquali e Sergio Pianezzola; e o uruguaio Gustavo Trelles. Todos eles eram apoiados por fortes equipas. Pasquali e Trelles eram os principais favoritos mas para Pianezzolla 1994 foi mais do que um ano de aprendizagem.

Concorrência aguerrida

A equipa mais experiente era, sem dúvida, o Jolly Club, com o seu invejável palmarés de vitórias mundiais, tendo inscrito o grande sul-americano com o seu último Lancia HF Integrale, com o patrocínio de uma grande petrolífera do Uruguai, chamada "Ancap".

Dissemos que Sergio Pianezzolla começou o Campeonato Europeu de Ralis com o intuito de aprender, o que significava que o seu Lancia HF da famosa equipa italiana Grifone lhe possibilitaria recolher todos os pontos possíveis, mas não dispunha do aprumo de forma suficiente para ameaçar o Escort de Pasquali.

A equipa de Pasquali era a Pro Motor Sport, a mesma que deu a Gianfranco Cunico a vitória no Rali de Sanremo de 1993. Esta jovem promessa sagrou-se campeão italiano da segunda divisão em 1993 com o Ford, tendo vencido o rali grego Elpa em 1993. Foi o primeiro triunfo numa prova do Europeu antes do ataque definitivo a este campeonato em 1994.

A primeira participação comum destes três pilotos foi nas Ilhas Canárias, uma prova que agrada sempre aos pilotos (bons prémios monetários e condições), os quais podem amealhar os primeiros pontos de coeficiente 10 no rali Corte Inglês. Trelles foi naturalmente bemvindo devido às suas raízes culturais espanholas e também porque já participou em ralis deste país. Estes três pilotos travaram uma renhida disputa com os ases locais e Trelles acabou a prova no comando do Campeonato Europeu de Ralis, já que terminou em segundo atrás do piloto local Luis Monzon (Escort).

Os azares de Trelles

A primeira prova de coeficiente 20, o Piancavallo em Itália, correu mal a Trelles e Pasquali, já que ambos se viram impedidos de chegar ao fim devido a vários problemas. Apesar de tudo, o rali foi bastante interessante pela luta entre os pilotos locais: Cunico, no Ford da Martini Jolly Club; Longhi e "Gibo" Pianezzola (o irmão mais velho de Sergio), ambos com os Toyota da Grifone. O Subaru Impreza de Piero Liatti revelou mais uma vez alguns problemas e foi incapaz de acompanhar o ritmo dos seu adversários. Beneficiou no entanto dos problemas de Longhi para acabar na segunda posição.

Depois o Europeu foi à Bulgária, ao Zlatni Piassatzi (Golden Sands), onde Patrick Snijers apareceu pela primeira vez...e venceu! Pasquali e Pianezzola ficaram nas posições imediatas e mantiveram-se na corrida para o título. Trelles, porém, foi mais uma vez infeliz e não conseguiu terminar. A prova seguinte do calendário era o clássico Rallye d'Antibes, denominado agora "Rallye d'Azur. Pianezzolla e Snijers não participaram, mas o mesmo não se passou com Pasquali e Trelles. O uruguaio foi mais uma vez infeliz, terminando na sétima posição, enquanto que o corajoso italiano realizou uma boa prova e alcançou o terceiro lugar, atrás dos franceses Pierre-César Baroni (o campeão europeu de 1993), que obteve aqui a sua única vitória da temporada, e de Patrick Bernardini (que mais tarde conquistou o título francês de ralis). Embora a pouca distância de Pasquali, Trelles decidiu pôr de lado o seu sonho de vencer o campeonato.

Um dos principais candidatos desapareceu demasiado cedo. Esta foi a primeira grande sensação da temporada.

Pasquali compreendeu que necessitava de um bom resultado na Polónia para lhe dar alguma margem de manobra em relação a Snijers, já que ele não participava no Ypres, o rali que se disputa na Bélgica. Só que a Polónia foi uma repetição da Bulgária: Patrick, primeiro, e Vanio, segundo.

Quarta consecutiva de Snijers em Ypres

Naquela altura, Pianezzolla ainda não estava assim tão mal na classificação geral. Apesar de ainda liderar o campeonato, o piloto da Ford Pro Motor Sport sentiu que, dia após dia, seria sempre cada vez mais difícil manter-se na corrida para o título e que em breve ele haveria de trocar de posição com Patrick. Após a sua quarta vitória consecutiva em Ypres, obtida após um duelo renhido com François Chatriot, o piloto francês da TTE, Snijers passou para o comando, mas não se inscreveu para o Rali da Alemanha. Aí, lutando contra o bicampeão local, Dieter Depping, Pasquali estava a caminho da vitória, só que a dada altura avaliou mal o ataque a uma lomba e acabou fora da estrada, sem uma roda. As coisas terminaram.

A seguir vinha a grande "peça". Há muito tempo que a Madeira é feudo de Patrick Snijers, que é sempre o homem a bater. Ele conhece este rali tão bem como os ralis do seu país! Pasquali sabia muito bem que ele tinha de lá brilhar se ainda queria ter alguma hipótese de lutar pelo campeonato. Como era esperado, o rali foi dominado por Aghini e Snijers, tendo o italiano ganho as 29 classificativas, enquanto que o belga assegurou a segunda posição e os respectivos pontos. Fora da luta pelo comando, Pasquali era quarto quando o motor do seu carro sobreaqueceu e ele abandonou, deitando por terra os seus derradeiros sonhos.

Esta foi a segunda sensação do campeonato. Mesmo que Vanio entrasse em Elpa, um rali que ele ganhou no ano passado, o italiano ainda dispunha de algumas hipóteses matemáticas de conquistar o campeonato e para isso deveria de vencer as últimas três provas, o que constituiria um feito sem precedentes, já que esses ralis são disputados em diferentes tipos de piso. O programa de Patrick Snijers abrangia apenas mais uma prova — o rali Barum, na República Checa, de coeficiente 10. Aí o belga não teve dificuldades em se impôr mas, sem conhecer os resultados do Elpa, ainda não se sentiu campeão. Assim, a RAS preparou um carro para entrar no Manx, um rali que Patrick já tinha ganho no passado (em 1988). Contudo, ao furar na Grécia, Vanio Pasquali perdeu a última oportunidade de adiar a coroação do belga que finalmente se sagrou campeão europeu de ralis, um título que há muito tempo perseguia e sempre lhe fugira. ❑

PLENO DA CITROËN

Nada nem ninguém conseguiu parar a Citroën em 1994, ano em que a Mitsubishi não se mostrou interessada na disputa da Taça do Mundo. Teria sido também um ano excelente para Duarte Guedes, se a mecânica do Patrol GR se tivesse mostrado mais colaborante.

A Citroën foi a vencedora incontestada da época de 1994. Triunfou em todas as provas em que participou, mais propriamente as cinco primeiras da temporada. Depois, com o título «no bolso», quer em marcas, quer em pilotos, através de Pierre Lartigue, nem sequer teve necessidade de ir ao Desert Challenge, à prova dos Emiratos Árabes Unidos, que marcou o encerramento da temporada.

O Paris-Dakar, em 94 numa versão original de ida e volta à capital francesa, mais uma vez não contou para a Taça do Mundo, mas pela sua importância e por toda a polémica de que se rodeou, merece uma referência.

A venda da TSO, empresa organizadora da mais antiga prova de TT ainda existente, ao poderoso grupo editor do jornal desportivo «L'Equipe», provocou a saída de Gilbert Sabine e de toda a equipa. Para o substituir foi escolhido Fenouil, desde sempre organizador do Rali dos Faraós. Mas o seu trabalho redundou num enorme fiasco.

Itinerários e etapas pouco felizes, reconhecimentos mal feitos (ou mesmo nunca realizados, como se veio a provar ter acontecido na etapa entre Atar e Nouadhibou, absolutamente impossível de cumprir no tempo máximo dado pela organização), levaram à desistência da Mitsubishi e a muita polémica.

A Citröen naturalmente venceu, através de Pierre Lartigue (que comandou sempre, a partir da segunda etapa), mas Fenouil foi irremediavelmente despedido, como aliás já se previa.

A partir daí foi definitivamente autorizada pela FIA a verificação dos cadernos de itinerários por representantes dos pilotos, bem como a utilização dos meios aéreos pelas equipas, desde que a bordo siga um comissário, que controle a legalidade da sua actuação.

A ideia de fazer uma prova de Paris a Dacar e volta, tinha pernas para andar, mas foi mal

D.P.P.I/Imapress

concretizada. Fenouil nunca escondeu que a primeira parte, até à capital do Senegal, sempre pelo caminho junto à costa, seria mais fácil do que o regresso e que o seu interesse era levar o maior número possível de concorrentes até lá.

Sem grandes falhas conseguiu-o. Mas a oito dias do final da prova, ela perdeu todo o interesse desportivo, quando na etapa Boutilimit–Atar, por erros de navegação, a Mitsubishi chegou com um atraso de um bom par de horas dos Citröen.

No dia seguinte, correr-se-ia a etapa entre Atar e Nouadhibou, a tal que não foi reconhecida na sua parte final. Muitos concorrentes, apercebendo-se da impossibilidade de passar nas «dunas mortas» daquele ponto do deserto da Mauritânia, voltaram para trás. A Citröen tentou contornar o erg, mas vendo que o não conseguia, voltou para trás e rumou também a Nouadhibou. Os pilotos da Mitsubishi foram os únicos que continuaram a lutar, durante quase 30 horas, para conseguir sair daquele inferno... mas chegando ao fim pouco tempo antes de partir para a etapa seguinte, que entretanto havia sido muito atrasada.

Ulrich Brehmer, o director da equipa japonesa, aproveitou esse motivo para desistir, afirmando que seria desumano obrigar os seus pilotos a conduzir tantas horas seguidas.

Apesar de ser uma saída airosa para o revés acontecido na véspera, Brehmer não deixava de ter alguma razão: na manhã da saída das dunas, Fenouil, que os esperava no seu helicóptero, dera os parabéns aos pilotos, já que eles tinham sido os únicos a cumprirem a totalidade do percurso. Talvez ele pensasse que poderia anular aquilo tudo e dizer: «ora bem, meninos, isto era a brincar, e não valia». O Colégio de Comissários, no entanto, fez cumprir os regulamentos, como se esperava.

Quanto à Nissan, que comandara os Grupos T1 e T2, respectivamente por Duarte Guedes e Francesco Germanetti), viu-se arredada dessas vitórias, por incríveis e quase infantis erros de navegação dos respectivos navegadores.

Taça do Mundo FIA 94
Rali da Tunísia

A Citröen venceu, sem dificuldade, a prova inaugural da Taça do Mundo, tanto mais que não contava com a oposição da sua principal rival, a Mitsubishi.

No final do Paris-Dakar-Paris, o responsável pela formação da marca japonesa havia anunciado a não participação na Tunísia, já que havia alguns melhoramentos a fazer nos automóveis. Estavam a construir um buggy e também a resolver problemas surgidos nas sedes da válvulas dos motores, que haviam dado muito trabalho aos seus mecânicos.

Partindo de Douz e desenrolando-se, de 7 a 17 de Abril, sempre no Sul do país, a prova tinha 2880 km de extensão, com 2118 de sectores selectivos e os restantes de ligações.

Pierre Lartigue e Timo Salonen, no final da segunda etapa já tinham um avanço considerável para os restantes participantes, enquanto Hubert Auriol, vítima de um acidente, se atrasara cerca de três horas.

Na terceira etapa, uma difícil transposição de pequenas dunas, entre Remada e El Borma, Auriol voltou a atacar, já que lhe interessava partir para as etapas na frente, junto aos seus companheiros (a ordem de partida não é dada segundo a classificação na geral, mas segundo

Ninguém conseguiu vencer a Citroën durante a época passada, que logicamente venceu a Taça do Mundo FIA de TT

Fotos: D.P.P.I/Imapress

À esquerda, de prova para prova, as duas mais fortes formações, a Citroen (na foto) e a Mitsubishi foram apresentando várias evoluções dos seus carros
À direita, Para os pilotos das motos, um dos piores momentos foi a passagem nas «dunas mortas» do Deserto da Mauritânia

Corrida ao "armamento"

A tendência de «profissionalização» que já em 93 se desenhava no panorama do todo-o-terreno generalizou-se ainda mais durante 1994.

Era, aliás, inevitável que tal acontecesse. Cada vez mais longe vão os tempos em que um TT de preparação artesanal - às vezes apenas com a montagem dos equipamentos de segurança obrigatórios pelos regulamentos – se dava ao luxo de terminar provas nos três primeiros lugares da geral.

Tal como noutras disciplinas do desporto automóvel , também a «corrida aos armamentos» era inevitável no TT. Demorou menos tempo do que nos ralis e na velocidade, a atingir esta fase, mas temos que nos lembrar de que o «fora de estrada» é bem mais jovem... e as evoluções nos nossos dias são muito mais rápidas do que há vinte ou trinta anos atrás.

Em Portugal, Espanha ou França, para citarmos os três países da Europa onde o TT de competição está mais implantado e desenvolvido, cada vez é preciso mais dinheiro para fazer uma época inteira de provas e a crise económica que se abateu nos últimos três anos sobre o «Velho Continente», dificultou ainda mais as coisas.

O resultado foram as listas de inscritos cada vez mais «magras» e um fosso cada vez maior entre as equipas melhor apetrechadas e as outras.

E mesmo assim, o TT ainda foi, o ano passado, a disciplina do desporto automóvel em que se registaram maiores adesões, quer nas provas a contar para a Taça do Mundo, quer nas nacionais, especialmente nos campeonatos português e francês.

Vejamos o caso das provas internacionais: A Citroen levou para si a «parte de leão», com vitórias em todas as provas em que esteve presente (Tunísia, Atlas, Nicola 1000, Espanha e Itália), deixando as posições secundárias para a Mitsubishi (que não alinhou na prova marroquina).

Um resultado natural, tendo em linha de conta os orçamentos de cada uma destas equipas oficiais. Esses números não são obviamente divulgados, mas poderemos fazer uma ideia deles, se estimarmos, sem grande margem de erro, em mais de meio milhão de contos o orçamento da Citroen na sua participação no Dakar e num décimo desta quantia a participação numa Baja da Taça do Mundo. Quanto à Mitsubishi, poderemos avançar verbas de cerca de metade do que gasta a marca francesa. Mesmo assim, ainda muito dinheiro e quase a anos luz do que gasta a Nissan, uma das poucas marcas que continua o seu programa de participações oficiais, pese embora a preparação dos carros estar entregue a um preparador privado, o francês André Dessoude, apostando nos Grupos de T1 (carros de série) e T2 (Produção Melhorada).

Jean-Louis Schlesser continua a construir os seu buggy artesanais, lutando pelos lugares cimeiros, como já nos habituou em anos anteriores, ao contrário de Gerard Bourgoin, que anunciou já não participar em 1995 nas provas com os seus buggy Duc de Bourgogne.

os tempos feitos na etapa do dia anterior). Venceu a tirada... seguido de Jean-Louis Schlesser, com os outros dois Citröen a quedarem-se pelas terceira e quarta posições. Estratégias de quem não quis arriscar, tranquilos com a confortável vantagem de que já dispunham.

Na penúltima etapa, no entanto, algumas surpresas aconteceram. Lartigue e Salonen estavam separados por escassos 14 minutos, mas o filandês haveria de ver ruir todas as esperanças numa luta pela vitória, no fundo de uma vala, onde o seu ZX Rallye Raid ficou «plantado» com graves danos nos radiadores de água e óleo. Com os dois Citröen nas duas primeiras posições, a luta pela terceira posição travou-se entre Schlesser e Auriol, que depois dos problemas iniciais não mais deixara de vencer as etapas. Mas o piloto do buggy bateu

forte e danificou as duas jantes dianteiras do seu carro e o seu principal rival, Auriol, teve de fazer meia etapa, «arrastando-se» com o turbo do Citröen partido, tendo de contentar-se com a quarta posição final.

Duarte Guedes, com uma prova muito boa e regular, no Nissan Patrol GR T3, terminou no quinto lugar, enquanto as vitórias nos Grupos T1 e T2 pertenceram a Jean Strugo e a Dominique Housieaux, ambos em Nissan Terrano V6.

Rali do Atlas

A prova marroquina (20 a 29 de Maio) marcou o regresso da Mitsubishi, que se apresentou no Atlas com o novo buggy pilotado por Bruno Saby.

Como Brehmer havia afirmado, um automóvel bem mais próximo dos Citroën, com maior largura de eixos e um curso de suspensão mais alto. Nessa altura fizeram saber que não estavam interessados na disputa da Taça do Mundo e apenas iriam fazer as provas que mais lhes interessassem.

Também a Citroën estreou nesta prova um novo ZX «Evolition III», enquanto dois «Evolution II» foram confiados a Auriol e Salonen.

Se bem que logo desde o início, quer no prólogo ainda disputado em Béziers (que apenas contou para definir a ordem de partida), como na primeira etapa, nas proximidades de Málaga, ainda antes do embarque para Mellila, a equipa Citroën já tivesse demonstrado a sua superioridade, a verdade é que Bruno Saby conseguiu equilibrar as coisas, obrigando Lartigue a atacar.

Separados por pequenas diferenças, Saby teve de conduzir no segundo dia sem direcção assistida, mas conseguindo não perder mais do que oito minutos para o comandante. No dia seguinte foi a vez de Saby vencer a tirada, ainda que com poucos lucros, limitando-se Lartigue a afirmar que tinha a corrida controlada e não queria correr riscos desnecessários.

Pierre Lartigue haveria de conseguir a sua segunda vitória, seguido pelo Mitsubishi de Saby, que chegou facilmente à segunda posição beneficiando da avaria eléctrica sofrida pelo ZX de Salonen, que lhe fez perder mais de uma hora, ainda a prova ia a meio. Os dois Citroën, de Auriol e de Salonen, acabaram nas terceira e quarta posições, respectivamente.

Jean-Pierre Fontenay, que alinhara no Mitsubishi Pajero 3.0 V6 de Grupo T1 terminou na quinta posição, imediatamente seguido por Duarte Guedes, que à semelhança da Tunísia, também aqui fez com o seu Patrol GR T3, uma prova de uma regularidade impressionante. A Vitória no Grupo T2 pertenceu ao Nissan Terrano V6 de Gérard Housieaux, que terminou na 11ª posição, enquanto o buggy de Schlesser ganhou a categoria de duas rodas motrizes. Merecem uma referência especial as provas de Ramon Dalmau (Mercedes 500 G), que chegou a ocupar a sexta posição da geral, tendo-se atrasado na parte final da prova o buggy Bourgoin pilotado por Cyril Neveu.

Baja Nicola 1000

A prova portuguesa marcou a estreia (e a vitória) de uma evolução do Citroën ZX, mas adaptada às provas tipo Baja que se realizam na Europa.

Fotos: D.P.P./Imapress

Em cima, Pierre Lartigue/Michel Perin, a caminho de mais uma vitória, que acabou por ser bem merecida
À esquerda – os impressionantes meios aéreos da organização do Dakar
Ao centro – Ari Vatanen regressou ao TT no Granada – Dakar, perdendo a hipótese de uma vitória mais que provável na etapa Zouerat – Chinguetti
À direita, a Seat participou com os seus Toledo Marathon em duas Bajas da Taça do Mundo (Portugal e Espanha), conseguindo bons resultados

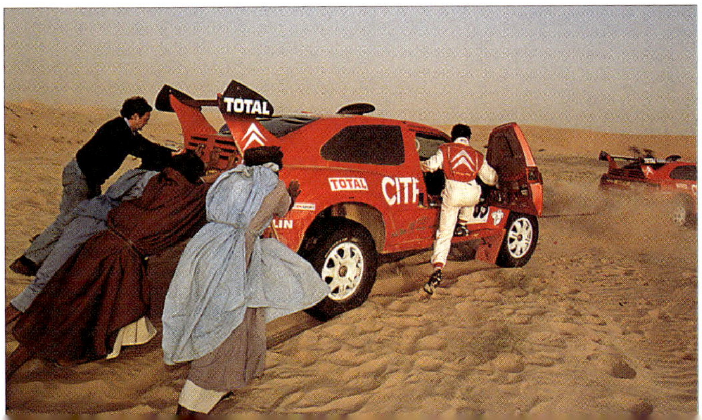

Francisco Romeiras

Fotos: D.P.P./Imapress

Em cima, uma característica da paisagem da África do Sahel, com o Mitsubishi de Shinozuka passando junto a um enorme embondeiro
Ao lado, Ari Vatanen, ainda um dos pilotos mais populares junto das populações africanas, oferece a sua T-shirt a uma admiradora

O carro apresentou-se com uma menor distância entre eixos e também menor largura de vias, menor comprimento e largura na carroçaria e suspensões de menor curso, que beneficiaram largamente a tarefa de o conduzir nas nossas pistas estreitas e sinuosas. O ZX vencedor, o de Pierre Lartigue mantinha a mesma caixa clássica de 6 velocidades, mas o de Salonen – que foi obrigado a desistir já perto do final, com os radiadores danificados, na sequência de uma ligeira saída de estrada e um toque numa árvore – ensaiava uma caixa sequêncial de 7 velocidades.

A surpresa do prólogo foi o desempenho dos dois Seat Toledo Marathon conduzidos por Erwin Weber e José Maria Serviá, quando terminaram, exactamente com o mesmo tempo, a um escasso segundo de Lartigue, o segundo classificado, atrás de Salonen.

No início da corrida, Lartigue partiu ao ataque e rapidamente ganhou avanço, apenas sendo acompanhado por Salonen.

Com cerca de um terço do percurso percorrido, Lartigue e Salonen tinham já um avanço de 17 minutos para os dois Seat, rolando João Vassalo no 5º lugar, com o Mitsubishi Pajero T2. Depois seguiam-se-lhes Duarte Guedes (que viria a desistir com o carro completamente ardido, na sequência de um curto-circuito), Joaquim Garcia, e Ramon Dalmau.

Até ao final, iriam registar-se as desistências de Serviá (turbo do Seat Toledo partido) e de Salonen, o que permitiu que Vassalo terminasse na terceira posição (vitória no Grupo T2), seguido de Ramon Dalmau (Mercedes 500) e de Jean-Pierre Fontenay (Mitsubishi Pajero 3.0 V6), que garantiu o triunfo no Grupo T1.

A organização merece uma referência, já que José Megre e a sua equipa do Clube Aventura conseguiram ver a sua prova (disputada de 23 a 26 de Junho) classificada pela FIA, como a de todo-o-terreno mais bem organizada de 1994.

Baja Espanha

Se a Citroën voltou a vencer na quarta prova da Taça FIA, que teve a sua base em Saragoça, entre 21 e 24 de Julho, conseguiu-o através de um piloto diferente: Timo Salonen superiorizou-se, em Espanha, ao seu colega Pierre Lartigue, que mercê da segunda posição final, ficou a um passo de revalidar o seu título na Taça.

Quanto aos Mitsubishi, apresentaram dois carros. Uma nova versão do Pajero, ainda mais tipo buggy, para Bruno Saby e o carro que este pilotara no Atlas, entregue a Kenjiro Shinozuka. Saby conseguiu o melhor tempo do prólogo, mas na corrida, rapidamente Lartigue e Salonen lhe ganharam vantagem, tendo o piloto do carro japonês desistido com problemas de transmissão no Pajero.

Com a questão da liderança resolvida, os Seat Toledo Marathon, conduzidos, tal como em Portugal, por Erwin Weber e José Maria Serviá, também cedo mostraram que eram os merecidos ocupantes das 3ª e 4ª posições, respectivamente, com Shinozuka a não ir além da 5ª posição, enquanto Hubert Auriol, com parte da carroçaria traseira do Citroën ZX partida, facto que também lhe deve ter provocado outros problemas mecânicos, acabou no 6º lugar.

Ramon Dalmau voltou a fazer uma prova muito boa, terminando no 7º lugar, seguido de Cyril Neveu, no Buggy Bourgoin e de Jean-Pierre Fontenay, que mais uma vez venceu o Grupo T1, suplantando Salvador Serviá, também num Mitsubishi Pajero 3.0 V6 T1.

Para os portugueses esta edição da Baja de Aragón foi um desastre, com Inverno Amaral a quedar-se pela 11ª posição e Duarte Guedes em 20º. João Vassalo, Luís Oliveira, Tomás Melo Breyner, Carlos Sousa, José Correia e António Delgado acabaram por ter de desistir.

Baja Itália

Depois do fiasco por que se saldara a Baja da Sardenha, prova italiana da Taça do Mundo em 93, a nova prova, desta vez realizada em território continental, no primeiro fim de semana de Agosto, num circuito percorrido por quatro vezes deixava pairar algumas desconfianças. Mesmo assim a Citroën inscreveu um ZX para que Pierre Lartigue conseguisse, logo ali, garantir a vitória na Taça do Mundo.

O tipo de piso, muito pedregoso e degradando-se cada vez mais de volta para volta, permitiu que a seguir ao Citroën se classificassem dois buggy, o de Schlesser (tendo desta vez

Bravo, Duarte Guedes

A Citroen entrou em 1995 na senda das vitórias, ao ganhar folgadamente a primeira prova do ano, o Granada-Dakar.
A dupla Pierre Lartigue/Michel Perin chegou à capital do Senegal com quase três horas e meia de vantagem sobre o segundo classificado, Bruno Saby, em Mitsubishi Pajero Proto, com Shinozuka e Fontenay a acabarem nas posições seguintes.
Duarte Guedes (Nissan Patrol GR T3) também não poderia ter iniciado a sua época de melhor maneira, já que ao classificar-se na 6ª posição, atrás de Salonen, foi o melhor piloto ao volante de um todo-o-terreno convencional.
A não inclusão de Paris no nome e no roteiro desta prova torna-se à partida difícil de aceitar, mas temos de nos lembrar de que os cifrões mandam mais do que toda a tradição e a municipalidade de Granada resolveu apostar forte na divulgação do nome e das potencialialidades da sua cidade.
A diferença com que Lartigue chegou a Dakar pode dar a falsa sensação de uma prova muito tranquila para a formação francesa, mas nada disso aconteceu.
Liderando desde o início, embora também cedo tivesse visto dois dos seus carros afastados da luta pela vitória (Salvador Serviá com problemas eléctricos no ZX e Salonen que com a transmissão traseira partida teve de fazer uma complicada etapa de areia até Zouerate em duas rodas motrizes), a Citroen chegava a meio da prova com Vatanen no comando, seguido de Lartigue a 45 minutos, seguindo-se-lhes o três Mitsubishi de Saby, Fontenay e Shinozuka. Duarte Guedes era 8º, no dia de descanso em Zouerat.
Se os mais ingénuos pensaram que já tudo estava resolvido, enganaram-se. Ari Vatanen, apesar do avanço de que dispunha, não deixou de atacar e, na passagem do topo de uma duna, mais depressa do que o aconselhado, caiu «de bico» e danificou gravemente os radiadores do ZX, ficando atascado, numa posição difícil, que nem a ajuda, primeiro de Duarte Guedes, depois do Unimog de Quandt e depois do seu carro de assistência rápida, o Peugeot P4 conduzido por Boin conseguiu resolver. A espera por um dos camiões de assistência fê-lo perder muitas horas, chegando ao acampamento já com os contrôles fechados.
Lartigue estava na frente, mas tinha Saby a pouco mais de 20 minutos e os outros dois Mitsubishi estavam logo a seguir. Isto é, já não se tratava de uma questão de tempo, mas sim evitar a todo o custo que algo pudesse acontecer ao carro francês, enquanto a equipa japonesa se podia dar ao luxo de pressionar forte e feio. Se um batesse, ainda havia mais dois para o substituir.
Mas os dias seguintes haveriam de não se mostrar de feição para a Mitsubishi. Saby atrasou-se meia hora e no dia seguinte mais de duas horas. Lartigue podia levar o carro «ao colo» até Dacar, tanto mais que Salonen, Vatanen e Serviá não o largaram um momento sequer.
Duarte Guedes fez uma prova segura e inteligente, rolando depressa, e não cometendo erros, o que lhe valeu a melhor classificação de sempre de um português no Dakar e a de vencedor entre os amadores, já que à sua frente só terminaram Citroen ou Mitsubishi.
Cristóvão Leitão, este ano mais bem preparado, levou o seu camião Mercedes quase até ao final, mas a pouco mais de dez quilómetros do final do último troço cronometrado, teve de abandonar, vítima de um atascanço monumental. Como alguém escreveu, a propósito, «e a meta final ali tão perto».
Hubert Auriol, ex-piloto da Citroen, foi o director do Dakar e num balanço necessariamente rápido pode afirmar-se que desempenhou as funções a contento, muito por força da sua enorme experiência quer em motos, quer em automóveis.

como navegadora Jutta Kleinschmidt) e o de Jerôme Rivière, um Proto Bourgoin.

Traglio terminou na 4ª posição e o 5º foi Jean-Pierre Fontenay, que assim conquistou o primeiro lugar no Grupo T1.

Quanto a Duarte Guedes, depois de ter feito o 6º tempo do prólogo com o Patrol GR, foi obrigado a desistir, com uma avaria na centralina do seu carro. Um acidente estúpido, provocado pela queda de água dos depósitos para beber, que inundou aquele órgão electrónico, originando o descomando total do motor.

Australian Safari

Colocada numa data «em cima» de outras provas – uma semana depois da Baja Itália e três semanas depois da Baja de Aragón – a prova australiana primou pela ausência de equipas europeias, que nunca teriam tempo de fazer deslocar os seus carros até às antipodas. A excepção chamou-se Jean-Pierre Fontenay, o vencedor, num Mitsubishi Pajero T1 e três carros do Team Dessoude, já que a Nissan tem bastantes clientes naquele país.

Diga-se, em abono da verdade, que com os actuais regulamentos é muito difícil ver naquela prova equipas de topo. A assistência com viaturas próprias é proibida, tendo todo o material que seguir em camiões da organização e os mecânicos deslocam-se entre o início de uma etapa e o final de outra em autocarro.

A presença de Fontenay apenas se ficou a dever ao facto de ele ter preparado um Mitsubishi Pajero 3.0 V6 T1, para um cliente australiano e ter corrido nele antes da entrega.

Dos três Nissan, a dupla feminina Sylviane Goutaland/Christiane Chartrier sofreu um grave acidente, Georges Groin foi abalroado pelo Mitsubishi do alemão Quandt, salvando-se o terceiro lugar de Strugo, que alcançou a vitória em T2 com um Terrano V6.

A segunda posição foi também para um Nissan, o do piloto local Andy Scott.

AUTOMÉDIA/Imapress

Eurochallenge Onix 94

Em 1994 desenrolou-se uma iniciativa que poderá ter sido o embrião de um futuro Campeonato Europeu. Este Troféu teve o nome de Eurochallenge Onix e esteve aberto a viaturas dos Grupos T1 e T2.

As seis provas que o compunham disputaram-se em cinco países e foram: Transalgarve (Portugal), Jean de La Fontaine e Perche (França), Erglon (Bélgica), Montes de Cuenca (Espanha) e Europort (Holanda).

Vários foram os pilotos portugueses que se inscreveram, esperando-se que esta iniciativa tenha um bom desenvolvimento em anos futuros.

Classificações finais

Grupo T1

1º V. Willemse (Holanda), 106 pontos; 2º Bruno Lhotellerie (França), 99; 3º Pascal Filleux (França), 86); 4º Luis Guerreiro (França), 79; 5º Carlos Condenso (Portugal), 77; 6º Carlos Mota (Portugal), 76;... 11º Francisco Esperto (Portugal), 34; etc.

Grupo T2

Philip Soeterboek (Holanda), 141 pontos; 2º Bernard D'Hont (Bélgica), 114; 3º Christian Fortemps (Bélgica), 81; 4º Julien Hardy (Bélgica), 79; 5º Hubert Polehajlo (França), 71... 22º Carlos Rolla (Portugal), e José Lameiro (Portugal),

UAE Dert Challange

A prova realizada nos Emiratos Árabes Unidos, de 9 a 12 de Novembro, conheceu duas estreias: uma evolução do Mitsubishi Pajero Proto, pilotado por Bruno Saby (o carro que a equipa haveria de levar ao Granada-Dakar) e o buggy de Jean-Louis Schlesser, também construído com o mesmo objectivo.

Estas novas viaturas conheceram destinos bem diferentes: enquanto o buggy do ex-campeão mundial de Sport-Protótipos vencia a derradeira prova da Taça do Mundo, Saby liderou a início, mas depois, problemas de juventude no carro relegaram-no para uma posição mais do que modesta.

A segunda posição final pertenceu ao piloto local Bakhashab, em Range Rover e na tercei-

Em cima, Jean-Louis Schlesser continua a ser um dos poucos construtores-preparadores-pilotos privados com coragem para continuar o velho espírito do TT dos anos 80. A sua perseverança valeu-lhe a vitória nos Emiratos Árabes À direita, com a Mitsubishi alheada da luta pela conquista da Taça do Mundo, coube a Bruno Saby o ingrato papel de, muitas vezes solitário, defender as cores da marca japonesa

ra posição acabou Thierry de Lavergne, no Nissan Patrol GR do Team Dessoude. Jutta Kleinschmidt, conduzindo, pela primeira vez, um Mitsubishi Pajero classificou-se no quarto lugar. ❑

Fotos: D.P.I./Imapress

Hasegawa
Hobby kits
COME TO THE SCALE WORLD OF HASEGAWA
AUTHENTIC 1:24 SCALE WRC RACER
CR17 1:24 SUBARU IMPREZA "1993 RAC RALLY"
CR103 1:24 SUBARU IMPREZA "1994 ACROPOLIS RALLY WINNER"
LEADER IN THE SCALE MODEL KIT MANUFACTURING
HASEGAWA SEISAKUSHO CO.,LTD
1193-2 YAGUSU YAIZU SHIZUOKA
JAPAN 425
Hasegawa
Hobby kits

PERTAMINA MESRAN

SUPERB CHOICE FOR RELIABLE ENDURANCE

MESRAN F-1

A PRODUCT OF PERTAMINA INDONESIA
100 % MULTIGRADE SYNTHETIC OIL WITH ADDITIVE OF INTERNATIONAL STANDARD

MESRAN
PERTAMINA PRODUCT
MADE IN INDONESIA

DEZEMBRO DE 1993

Foi anunciado que Bruno Thiry, antigo piloto da GM, iria participar no Campeonato do Mundo de 1994 com um Ford Escort de fábrica da equipa RAS Sport/Astra e que iria utilizar pneus Pirelli. Mais tarde ele exigiu a mudança para Michelin.

Seguindo o exemplo da Subaru, a Toyota contratou dois pilotos japoneses, Masao Kamioka e Mitsuo Maeshima, que iriam participar em alguns ralis do Campeonato do Mundo e do Campeonato Ásia-Pacífico, com carros de Grupo N.

A Citroën tomou uma tardia e relutante decisão de entrar no Paris-Dakar-Paris mas apenas com dois carros, entregues ao vencedor de 1992, Hubert Auriol, e ao Campeão do Mundo FIA de Todo-o-Terreno, Pierre Lartigue. A companhia afirmou que estava descontente com a forma como os rali-raids estavam a ser geridos.

A Prodrive divulgou o seu programa para 1994 — sem a inclusão de Ari Vatanen nem de Alister McRae. Colin McRae venceu pela terceira vez consecutiva a corrida Memoral Bettega, realizada em Bolonha, obtendo a primeira vitória internacional para o Subaru Impreza.

Gregoire de Mevius abandonou a Nissan. O piloto belga, que já foi bicampeão do mundo em Grupo N e que deu à Nissan o seu único título no Mundial de Ralis, transferiu-se para a Opel, substituindo Bruno Thiry.

O pentacampeão sueco e vencedor das últimas duas edições do rali do seu país, Mats Jonsson, foi abandonado pela Toyota Sweden. Acreditou-se que foi o seu fraco desempenho no Rali RAC de 1993 que apressou a sua partida para a Mazda Sweden.

Mudanças de última hora no calendário do campeonato: o Rali TAP Portugal substituiu o Rali Safari na Taça de 2 Litros. Além disso, o Hong Kong-Pequim passou a ser uma prova extra do Campeonato Ásia-Pacífico.

Em Fevereiro de 1994, Conselho Mundial da FIA retirou a Carlos Sainz o segundo lugar obtido no Rali de Sanremo de 1993, pois os testes demonstraram que o combustível utilizado no seu Lancia era ilegal. A sua equipa, o Jolly Club, foi proibida de entrar nas cinco primeiras provas do Campeonato do Mundo de 1994, mas não foi imposta qualquer outra penalização. A Ford, no entanto, foi completamente ilibada da acusação de "erros administrativos" aquando da apresentação dos documentos referentes à homologação para competição do Escort RS Cosworth. As reacções as estas decisões foram variadas: desde o alívio pelo confuso assunto da Ford ter sido finalmente resolvido; até à incredulidade, já que a FIA anteriormente aceitara a explicação de que o combustível utilizado pelo Lancia se "devera a um erro e não a um acto deliberado." A correcção da pontuação da temporada de 1993 significou que o piloto da Subaru Colin McRae terminou com mais 15 pontos enquanto que o seu colega de equipa de 1994 Sainz baixou da quinta à oitava posição. No Campeonato de Construtores, a Lancia caiu para o último lugar, atrás da Mitsubishi.

JANEIRO 1994

194 equipas, um número recorde pós-recessão, entraram no Rali de Monte Carlo, com seis marcas (Toyota, Ford, Subaru, Mitsubishi, Renault e Skoda) nomeadas para os pontos no Campeonato de Construtores.

Um contrato de três anos foi negociado entre o RACMSA e a cidade de Chester para ali se situar a sede do Rali Network Q RAC. No passado, a prova teve sempre um ponto de partida diferente. Mais tarde foi divulgado que a prova passaria, em dois dias seguidos, pelo País de Gales.

A Mitsubishi Ralliart anunciou o seu programa mais activo de sempre, com a participação em todas as provas do Campeonato Ásia-Pacífico e, no intervalo destas últimas, em tantos ralis do Campeonato do Mundo quanto possível.

Os dois Citroën terminaram nas duas primeiras posições da maratona Paris-Dakar-Paris e com um avanço de 12 horas sobre os seus mais directos rivais. A equipa rival da Mitsubishi, sentindo-se em desvantagem, abandonou como forma de protesto contra uma alteração súbita na rota da prova. Na terceira posição acabou por se classificar Philippe Wambergue, com um buggy privado. Curiosamente, este piloto dos ralis só aceitou participar três dias antes da partida, já que o proprietário do veículo ficou ferido num acidente. O número de inscrições foi de 265 contra os 154 de 1993, mas o nível de qualitativo baixou.

Os comissários da FIA experimentaram selos radioactivos em Monte Carlo, como o visto aqui a verificar o número de chassis.

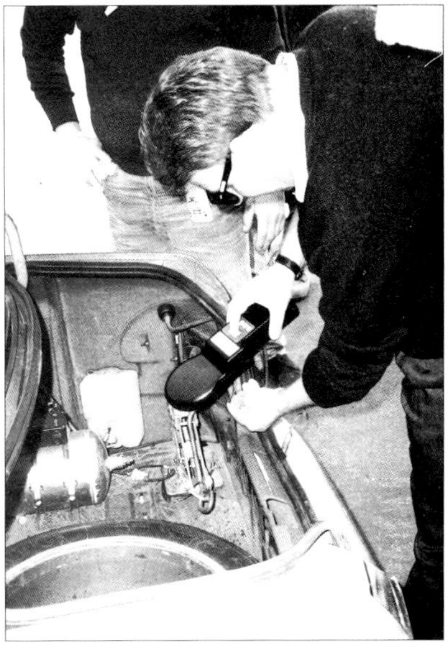

FEVEREIRO

Quando as inscrições para o Rali da Suécia, primeira prova da Taça FIA de 2 Litros ("F2") fecharam, só os dois carros oficiais da Skoda constavam na lista de concorrentes. A equipa checa anunciou que iria alinhar em oito provas desta categoria.

O Presidente da FIA Max Mosley explicou as políticas oficiais referentes aos ralis. Sobre a questão do controlo de espectadores, que se levantou após o Rali de Monte Carlo, disse: "Se a FIA autoriza um evento, torna-se em algum grau responsável pela forma como o evento é conduzido. As provas têm de ir de encontro a determinados critérios. O desporto automóvel é por natureza perigoso para os participantes, mas é inaceitável que os espectadores os possam pôr em risco." Uma alteração entrou de imediato em vigor: um Observador da FIA

deveria fazer as classificativas num carro equipado com uma câmara de video para se analisar o comportamento dos espectadores.

A FIA anuncia - palavras em todas as ocasiões! O campeonato de 13 provas criado pelo sistema de rotação, em que apenas dez pontuam para o próprio Campeonato do Mundo, foi definido como uma "Armação".

MARÇO

O resurgimento do rali-raid Paris-Pequim, que se deveria disputar de 24 de Agosto a 18 de Setembro de 1994, foi adiado.

Na sua deslocação para o Rali Safari, a Toyota Castrol Team foi a primeira equipa do Campeonato do Mundo a utilizar um avião de carga Antonov em vez do serviço aéreo regular. O voo, um único, partiu da Alemanha com cerca de 100 toneladas de equipamento, incluindo os três Celica de ralis (o quatro já estava em testes no Quénia), 11 carros de serviço, um helicóptero, uma quantidade imensa de peças sobressalentes - e o Trabant 610 R do piloto berlinense Michael Kahlfuss, que foi assim auxiliado pela

equipa de Colónia, como parte de um projecto de boa-vontade!

O último carro a vencer um rali foi um Porsche Carrera 4! O Doo Woop III Rally (sim, é verdade!) disputado no Estado de Washington, EUA, a 12 e 13 de Março, foi ganho por Jeff Zwart e o seu navegador era Tony Sircombe, membro da equipa Subaru/Prodrive. Esta foi a segunda prova do campeonato SCCA. Ironica-

Ian Duncan partilhou na companhia da sua mãe o seu primeiro pequeno-almoço depois do Rali Safari. Nem uma salsicha à vista!

mente, os carros de GT estão fora da gama de veículos normalmente autorizados para competir nos principais ralis.

ABRIL

François Delecour sofreu várias fracturas nos

LILLINI

pés na sequência de um acidente de estrada perto da sua casa no norte de França. Ele estava a experimentar um Ferrari F40 de um amigo quando colidiu com um Citroën ZX, conduzido por um piloto de ralis que estava a treinar para uma prova que se iria realizar na região. O piloto do Citroën saiu ileso. Este incidente foi o mais rude golpe para as aspirações da Ford em relação ao Campeonato do Mundo.

Devido aos ferimentos de Delecour, a Ford foi forçada a tomar decisões dificeis, prova a prova, acerca de pilotos substitutos. O vencedor do Rali de Sanremo de 1993, Gianfranco Cunico, foi escolhido para conduzir o segundo Ford Escort RS Cosworth de fábrica na Córsega. Por duas vezes, como piloto privado, ele dera à Ford importantes resultados.

As inscrições na Córsega foram afectadas pelo problema do tabaco. A incerteza quanto à atribuição pelo Governo francês do subsídio do fundo do tabaco impediu a maioria dos pilotos gauleses de topo de competirem na sua prova que conta para o Campeonato do Mundo.

O anúncio, em Julho, que as actividades competitivas em Boreham, no Essex, iriam cessar no final de 1994, chocou todos aqueles que têm seguido as corridas e operações de ralis da Ford. Boreham foi um aeródromo durante a guerra e, converteu-se à competição automóvel quando foi utilizada como pista de corrida, entre 1950 e 1952. Alguns dos nomes mais famosos dessa época, como Fangio ou Hawthorn, correram lá, mas o circuito falhou comercialmente e os terrenos passaram para a Ford como campo de testes. Em 1963, os carros de despor-

to regressaram a Boreham quando o departamento de competição da Ford abandonou Londres. Nos anos que se seguiram a esta mudança toda a imagem da Ford, cuja sede de competição era na Europa, se alterou, já que os seus carros venceram o East African Safari, a Acrópole e o RAC. Depois em 1968, Boreham tornou-se o local onde a excitante gama de carros de competição, derivada do Escort original, era desenvolvida. Durante mais de 30 anos, carros ganhadores deixaram Boreham. A suas operações tinham a força de uma continuidade que não existia noutro local e os carros que eles construíam eram respeitados pela forma como se combinava a engenharia com a performance.

Dobradinha da Citroën na Tunísia, a primeira prova da Taça FIA de Todo-o-Terreno. Pierre Lartigue ganhou esse rali pela quinta vez. Timo Salonen liderou até ao sexto dia, mas sofreu uma penalização de uma hora por ter conduzido fora de uma zona de controlo com o carro desligado e em ponto morto.

Ari Vatanen ingressou na equipa dirigida por Konrad Schmidt e vai conduzir um Escort RS Cosworth em algumas ralis do Campeonato do Mundo. Schmidt, mais conhecida na Alemanha pelas suas actividades com a Audi em circuitos e ralis, tem ainda interesses na Fórmula 1, na Simtek, e considerou a fundação da sua nova equipa Ford de ralis como a realização de um sonho. Vatanen, que se sagrou Campeão do Mundo em 1981 ao volante de um Escort preparado por David Sutton, foi visto pela últi-

ma vez num Ford no Rali dos Mil Lagos de 1991, onde terminou em sétimo. O finlandês comemorou o seu 42º aniversário no Hotel Kalafati, em Itea, durante os testes de reconhecimento do Rali da Acrópole.

MAIO

Nunca se deve desistir! Devido à convalescença de Hakaru Ichino, navegador de Yoshio Fujimoto, que ficou ferido num acidente no Quénia, o piloto pupilo da Toyota japonesa alinha na próxima prova, o Rali da Acrópole, ao lado do co-piloto mais experiente do mundo. Arne Hertz, o segundo melhor navegador da história do Mundial de Ralis, foi o homem mais velho a vencer uma prova do Campeonato do Mundo. Ele tinha 52 anos quando obteve a sua mais recente vitória, a Catalunha em 1991...

A Ford Motor Company anunciou que iria entrar com um carro preparado pela SMS para Ari Vatanen na Acrópole, por conseguinte isto permite que ele conquiste pontos para o Mundial de Construtores. A Ford convidou depois o seu piloto de testes Malcom Wilson para conduzir o carro de fábrica na Acrópole no lugar do acidentado Delecour.

A Citroën divulgou que o seu habitual piloto de rali-raids, Hubert Auriol, iria organizar o Paris-Dakar (em Janeiro de 1995) e que o ponto de partida oficial seria na cidade espanhola de Granada!

Hannes Grobler venceu finalmente o Rali da África do Sul, após ter terminado por cinco vezes na segunda posição! Os carros de Grobler e de da Cunha, o segundo classificado, foram fornecidos pela antiga equipa South African Nissan uma semana antes do início da prova: como não sabiam em que condições os veículos estavam, até ao último minuto nenhum dos

pilotos sabia se estava preparado para ir para a estrada.

Antes do Rali da Córsega, o navegador da Renault Jean-Marc Andrie (abaixo) demonstrou o seu sistema de notas computadorizado. Isso, no entanto, de pouco lhe serviu porque o seu carro avariou a caminho da primeira classificativa!

JUNHO

A Renault começou a testar o Clio Maxi, o primeiro Kit Kar a ver a luz do dia.

O Conselho Mundial da FIA decidiu fazer alterações de vulto e divulgou a nova versão do Campeonato de Mundial de 1995. A maior surpresa consistiu na redução do tamanho do restritor de ar do turbocompressor, de 38 para 34mm nos carros de Grupo A e de 36 para 32mm nos de Grupo N. Outra matéria inesperada foi a proibição dos pneus slicks. As equipas podem inscrever apenas três carros, contando os dois melhores resultados para o Mundial de Construtores (anteriormente só o primeiro veículo pontuava). As normas para Kit Cars irão aplicar-se aos carros da Taça FIA de 2 Litros ("F2") mas não aos veículos turbocomprimidos de tracção integral. A nova redução no tamanho do restritor do turbo proporcionou um maior incentivo para que os construtores de "F2" participem no Campeonato do Mundo.

Carlos Menem Junior é o responsável da nova equipa de ralis Peugeot Argentina. Ele e o seu compatriota Jorge Bescham conduziram, no campeonato do seu país, os 405 Mi 16, produzidos localmente. Os Peugeot foram os carros de ralis preferidos dos argentinos, sobretudo nos tempos do 504: foi com um desses veículos que o pai de Carlos, o actual Presidente do país, se estreou como piloto.

A Mitsubishi anunciou o seu programa de ralis para a segunda metade de 1994 e excluiu o Rali RAC. Isto significou que esta marca não iria participar em nove provas, que é o mínimo exigido pela FIA para que um Construtor se possa qualificar para o Campeonato do Mundo. A FIA voltou a afirmar que a decisão de se disputar o Campeonato a partir de 1998 com carros da Taça de 2 Litros ("F2") poderia ser antecipada se entretanto participarem menos de quatro construtores.

Depois do seu quinto lugar na Acrópole, quando o seu Escort preparado pela Schmidt foi o melhor dos Ford, foi anunciado que Ari Vatanen iria conduzir um carro de fábrica no Rali da Argentina. Ele tornou-se o terceiro piloto convidado para preencher o lugar do acidentado Delecour, em tantas outras provas.

No dia 20, François Delecour conduziu um carro de ralis na pista de testes do departamento de competição da Ford em Boreham. Isto aconteceu apenas dez semanas depois do seu acidente rodoviário, na sequência do qual os médicos recearam que a amputação da perna seria inevitável.

JULHO

A Toyota obteve uma espectacular vitória na Rampa de Pikes Peak Hill, no Colorado, EUA.

MATSUMOTO

Uma nova versão do Celica, preparada e conduzida pelo neozelandês Rod Millen, estabeleceu o novo recorde para aquela subida de 12 milhas em pouco mais de dez minutos, batendo, embora por pouco, o tempo de Paul Dallenbach, com um monolugar especial Open Wheeler. O carro de Millen tinha um motor turbocomprimido de 2,1 litros, com 700 cv, desenvolvido para o programa de corridas IMSA GTP.

A Ford divulgou que as instalações de Boreham, no Essex, irão ser utilizadas no desenvolvimento de produtos de competição, incluindo os carros de "F2". Esta foi a primeira marca actualmente envolvida nos ralis do Campeonato do Mundo ao mais alto nível a admitir que não poderia ignorar a "F2".

Portugal anunciou alterações no figurino do seu rali, enquadrando-se assim nas novas regras da FIA. Em 1995, o rali terá a sua sede na Figueira da Foz, uma estância balnear no centro de Portugal (perto de Coimbra) e durará apenas três dias, com neutralizações no norte, na Póvoa do Varzim, e em Viseu, como habitual, e pela primeira vez, será totalmente disputado em estradas de terra.

AGOSTO

A Ford não deixa de ser notícia! O Ford Escort RS Cosworth venceu dois ralis de um só dia na Finlândia, com diferentes pilotos. Primeiro foi o

AIKAS

convalescente François Delecour (abaixo) na prova PTV Pole Position e depois foi a vez de Tommi Makinen ganhar o Rali Burana 400 Mantta. Com a sua inscrição no Rali dos Mil Lagos, Makinen tornou-se oitavo piloto de fábrica da Ford em 1994!

Miki Biasion deixou de constar no alinhamento da Ford, constituído por cinco carros, para o Rali dos Mil Lagos. O italiano estava decepcionado com o comportamento do Escort RS Cosworth: três falhas no motor em tantas outras provas. A equipa mandou-o descansar e aconselhou-o a "concentrar-se nos testes e na preparação" para o Rali de Sanremo, de Outubro...As hipóteses matemáticas de a Ford conquistar o título Mundial de Construtores de 1994 extinguiram-se quando Vatanen se despistou no último dia do Rali da Nova Zelândia.

O antigo piloto de Fórmula 1 Jacky Ickx anunciou que iria regressar às competições internacionais ao volante de um Toyota Land Cruiser, no Paris-Dakar de 1995. Ele irá conduzir sozinho, sem navegador. O belga venceu a prova em 1983 e desde então tem estado envolvido nas provas de todo-o-terreno.

Andrea Aghini venceu o Rali da Madeira, prova do Campeonato da Europa, e triunfou em todas as classificativas.

Na baja italiana de Pordenone, a FIA testou o sistema GPS com Caixa Negra. Utilizando satélites e retransmitindo a informação, o sistema grava a rota tomada pelos concorrentes. O objectivo consistia na melhoria da segurança e simultaneamente servia para controlar se os veículos não entravam em zonas proibidas. Esta informação pode ser armazenada em sistemas de base de dados para controle posterior.

O chefe de equipa da Toyota Team Europe Phil Short (abaixo) anunciou que, após o final de 1994, não iria continuar à frente da TTE, já que o seu contrato com a equipa campeã do mundo expirava.

A Peugeot UK divulgou um plano para fornecer peças para a construção de carros de ralis 306 S16, os quais seriam utilizados por jovens pilotos na secção Junior do Campeonato Britânico Mobil 1/Top Gear. O preço unitário é de £6.000.

Círculo vicioso acerca da questão da cobertura televisiva dos ralis. Ao longo da temporada, os construtores foram ficando cada vez mais irritados com aquilo que eles consideraram as promessas infundadas da FIA em promover activamente o desporto, especialmente através de uma cobertura TV a nível mundial. À medida que o prazo para aprovação do orçamento para a temporada de 1995 se aproximava, assim crescia o desespero. A matéria caiu no domínio público quando o jornal *Australian* publicou uma reportagem assinada por Mike Kable (abaixo), e cujo título era: "Ec-

clestone acusado de Jogo Sujo". Esta notícia saiu na manhã em que o Presidente da FIA chegava ao país! A ilação era que a ISC, a companhia controlada pelo vice-presidente da FIA Bernie Ecclestone, que detém os direitos televisivos de todas as provas do Campeonato FIA, persistia numa política de dissuadir o interesse do público pelos ralis. Mosley rebateu de imediato estas afirmações. As equipas tinham já estabelecido um acordo entre elas que previa a não inscrição no Campeonato de 1995 enquanto não fossem dadas garantias de alteração da situação. A Subaru, porém, furou o acordo, inscrevendo-se sem primeiro avisar os parceiros. A FIA adiantou muitos motivos pelos quais as transmissões de ralis não podiam acontecer, citando deficiências da qualidade das imagens e custos elevados mas depois concordou-se em dar uma oportunidade a uma companhia independente (BBC Enterprises) de efectuar filmagens. Contudo, as questões mais complicadas remanesceram, mantendo-se inalteradas, como a distribuição e a venda de direitos. Em relação a isto, não houve acordo.

SETEMBRO

Repetição no Telecom Rally Australia. O vencedor, o segundo classificado e o vencedor do Grupo N foram os mesmos do Rali da Nova Zelândia!

A Schmidt Motorsport perdeu o seu patrocinador Red Bull e teve de pôr de lado os seus planos para participar em mais provas do Campeonato do Mundo de 1994.

Após o Rali da Austrália, a Subaru (UK) Ltd fez um corajoso anúncio de jornal, afirmando que Colin McRae "dominou todas as classificativas, excepto uma" e que com a sua vitória tinha conquistado (para a Subaru) o título de construtores do Campeonato Ásia-Pacífico, pelo segundo ano consecutivo. Os adeptos, porém, tinham uma opinião diferente. Juha Kankkunen fora mais rápido nas classificativas do que McRae, o título de Construtores no Campeonato Ásia-Pacífico é uma Taça, e não um campeonato, e de qualquer forma, a Subaru ainda não o tinha ganho naquela altura!

Quatro dos cinco primeiros carros classificados no Rejme Rally, a última prova do campeonato da Suécia, foram desclassificados por excesso de ruído. O vitória acabou por ser atribuída ao terceiro posicionado, Stig Blomqvist, de 48 anos e antigo Campeão do Mundo, que assim deu o título à Ford. Antes do início do rali, o carro de Blomqvist foi modificado para assegurar que obedecia aos regulamentos locais.

O australiano Ross Dunkerton, de 49 anos, decidiu abandonar as competições ao mais alto nível após o decepcionante sexto lugar obtido no rali do seu país e disputado em redor de Perth, a sua cidade natal. O bicampeão Ásia-Pacífico conta com 91 vitórias nos ralis em 29 anos de carreira. Ele é o segundo piloto com maior número de triunfos, atrás do americano John Buffum, que conquistou em 1994 a sua 111ª vitória.

OUTUBRO

O triunfo de Possum Bourne no Rali Hong Kong-Pequim deu-lhe o segundo título consecutivo no Campeonato Ásia-Pacífico. Esta prova foi palco de muitas estreias. Foi a primeira vez que uma prova do campeonato da FIA se

disputou na China; foi a estreia oficial nos ralis do construtor coreano Daewoo (que venceu o Grupo S); o primeiro sucesso no campeonato para um carro coreano (o Hyundai de Bell venceu na Taça de 2 Litros).

O Conselho Mundial da FIA anunciou importantes alterações ao regulamento da Taça 2 Litros. Para mais detalhes, ver o capítulo sobre a matéria neste livro.

A Ford, na sua última aparição no Campeonato do Mundo a partir da sua base competitiva em Boreham, inscreveu seis Escort RS Cosworth no Network Q RAC Rally. Contudo, embora tenha convidado Mats Jonsson para conduzir um dos seus carros, a equipa reconsiderou, pois isso iria dispersar os seus recursos. Eles alteraram os seus planos quando Ari Vatanen se apresentou com orçamento para o carro da Schmidt e assim pôde inscrever-se.

O relatório dos testes da análise de combustível do Rali da Austrália revelou que o carro da GME estava ilegal e foi emitido um comunicado de imprensa onde se lia que aquela equipa tinha deliberadamente misturado combustíveis, utilizando Avgas com um aditivo devido à fraca qualidade dos combustíveis de bomba. Esta descoberta veio a ditar a desclassificação de Gregoire de Mevius e significou que a Skoda, no final do Rali da Catalunha, se tinha tornado detentora do título da Taça de 2 Litros.

NOVEMBRO

A Subaru fez alinhar no Rali da Catalunha um Impreza 555 com as especificações de 1995 - restritor de 34 mm e pneus moldados. Reacções iniciais: perderam-se entre 500 a 1.000 rpm no regime mais elevado, e os pneus "foram-se

embora" após três ou quatro quilómetros.

A FIA utilizou o Rali da Catalunha para testar uma modificação no sistema de detecção experimentado na baja italiana, como ensaio para a introdução deste equipamento nos carros de fábrica no Campeonato do Mundo de 1995, altura em que as restrições serão mais rígidas. Os comissários puderam seguir a posição de

Emil Triner, sendo capazes de dizer quando o seu carro circulava tão devagar como a 1 km/h, da sede da organização.

A Toyota Team Europe anunciou que Armin Schwarz, após uma passagem infeliz pela Mitsubishi, iria regressar, passando a ser, em 1995, colega de equipa de Kankkunen e Auriol. A Mitsubishi começou depois a procurar um piloto com vocação para o asfalto para substituir o alemão. ❑

CARACTERISTICAS TÉCNICAS

GRUPO A

Carro	**Ford** Escort RS Cosworth	**Mitsubishi** Lancer Evolution II	**Subaru** Impreza 555	**Toyota** Celica Turbo 4WD	**Toyota** Celica GT-Four
Nº Cilindros	4 il	4 il	Flat 4	4 il	4 il
CC (x 1.7 para Turbos)	1993/3390	1997/3395	1994/3390	1998/3397	1998/3397
Diâmetro/curso	90.8/76.9	85/88	92/75	86/86	86/86
Taxa de compressão	7.5	8.5	8.8	8.5	9
Potência máxima rpm	300+ 6250	300+ 6500	300+ 6500	300+ 5600	300+ 5600
Binário máximo (kg/m) rpm	45.9 5000	45 4500	47 5000	46.9 4000	50 3750
Sist. de Alimentação Tipo	Weber-Marelli Inj. Garrett T4/T3 T.	ECI Multi Mitsubishi Turbo	Subaru Inj. IHI Turbo	EFI Toyota CT 25 T.	EFI Toyota CT 26 T.
Nº + árvore de cames	2 cab	2 cab	2x2 cab	2 cab	2 cab
Posição do motor	Diant.-Long.	Diant.-Trans.	Diant.-Long.	Diant.-Trans.	Diant.-Trans.
Diferencial diant.-cent.-tras.	V-V-V	M-M-M	H-H-M	M-V-M	M-V-M
Nº discos embraiagem	2	1	2	2	2
Nº de velocidades	7	6	6	6	6
Travões dianteiros (mm) Travões traseiros (mm)	DV355 DV315	DV315 DV280	DV355 DV304	DV343 DV295	DV343 DV295
Suspensão dianteira	McPh.	McPh.	McPh.	McPh.	McPh.
Suspensão traseira	STA+C	TA	McPh.	McPh.	McPh.
Comprimento (mm)	4211	4310	4340	4410	4424
Largura (mm)	1734	1695	1690	1745	1770
Altura (mm)	1425	1395	1405	1300	1305
Dist. entre eixos (mm)	2550	2500	2520	2545	2545
Eixo frontal (mm)	1490	1450	1465	1510	1510
Eixo traseiro (mm)	1490	1460	1455	1510	1490
Peso (kg)	1220	1205	1208	1222	1200
1ª Homologação + Número	1/1/93 A5466	1/1/93 A5469	1/4/93 A5480	1/1/92 A5451	1/5/94 A5521
1ª Prova importante	Monte Carlo 1993	Acrópole 1994	1000 Lagos 1993	Monte Carlo 1992	Austrália 1994

Nota: Todos os carros turbo têm 16 válvulas.
Os valores das prestações estabelecidas segundo as especificações de 1994, com restritores de turbo de 38mm.

Legenda: C - Mola; **DV** - Discos ventilados; **H** - Hidráulico; **il** - Em linha; **Inj** - Injecção; **M** - Mecânico; **McPh** - McPherson; **PLS** - Braço oscilante; **STA** - Braço paralelo; **Trans** - Transversal; **V** - Viscoso

CARROS DE FÓRMULA 2

Citroen ZX 16v	GME Astra GSi	Ford Escort RS 2000	Nissan Sunny GTi	Peugeot 306 S16	Renault Clio Williams	Skoda Favorit 136L	VW Golf GTi 16v
4 il	4 il	4 il	4 il	4 il	4 il	4 il	4 il
1998	1998	1998	1998	1998	1998	1289	1984.5
86/86	86/86	86/86	86/86	86/86	82.7/93	75.5/72	85.2/92.8
12	11.8	12	12	12	12	12	12
220 8000	225 7500	225 7500	225 8500	220 7500	220 6900	115 7250	217 7600
23 6800	23.5 5500	24.9 5000	23 5250	22 6500	23 6000	12 5000	23.5 6000
Magnetic Marelli. MF3S	MBE Inj.	EEC IV Inj.	MBE Inj.	Bosch Electr. Inj.	Electronic Inj.	LeKr 28/30 Carburador	VW Digifant
2 cab.	2 cab.	2 cab.	2 cab.	2 cab.	2 cab.	1 cab.	2 cab.
Diant.-Trans.	Diant.-Trans.	Diant.-Trans.	Diant.-Trans.	Diant.-Trans.	Diant.-Trans.	Diant.-Trans.	Diant.-Trans.
V/M	M	M	V	M	M	M	M
1	1	1	2	1	1	1	1
6	6	6	6	6	6	6	6
DV323 DV280	DV325 DV254	DV325 DV254	DV332 DV280	DV330 DV280	DV323 DV254	DV256 D240	DV355 DV266
McPh.	McPh.	McPh.	McPh.	McPh.	McPh.	McPh.	McPh.
TA	CCB	C/TB	PL	TA	TA	TA	CL
4085	4086	4040	3975	3995	3728	3815	4020
1720	1688	1698	1690	1685	1638	1620	1702
1400	1410	1378	1400	1380	1395	1415	1405
2560	2517	2530	2430	2580	2472	2450	2475
1538	1430	1440	1445	1469	1426	1430	1450
1474	1423	1462	1420	1439	1390	1395	1434
930	950	941	990	930	930	780	980
1/1/93 A5468	1/2/92 A5452	1/1/92 A5450	1/1/93 A5470	1/4/94 A5510	1/5/91 A5433	1/1/89 A5373	1/4/93 A5483
G. Alpin 1993	RAC 1992	Lagos 1994	RAC 1993	Rouergue 1994	Corsega 1993	M. Lagos 1989	RAC 1993

Nota: Todos os carros de F2 do Campeonato Mundial de Rallis têm apenas diferencial dianteiro e motores atmósfericos.
Todos com 16 válvulas, excepto os Skoda, com 8 válvulas.

Especificações de 1994 para carros do Grupo N	**Ford** Escort RS Cosworth	**Mitsubishi** Lancer Evolution	**Nissan** Sunny GTi-R	**Subaru** Impreza WRX-4RA	**Toyota** Celica Turbo 4WD
Potência (Cv/rpm)	224/6250	260/6000	230/6400	208/6000	205/6000
Binário (kg/m/rpm)	30.5/3500	31.5/3000	29/4800	28/4800	28/4000
Dimensões pneus	16	16	14	16	15
Peso (kg)	1300	1180	1220	1213	1520

EVOLUÇÃO TÉCNICA

Ford

Muito pensamento criativo foi posto no desenvolvimento do Escort RS Cosworth em 1994, mas, no entanto nem tudo foi aplicado em competição. Um sistema de troca de marchas seqüêncial foi experimentado pela primeira vez em competição no Rali Grasse Alpin, em abril, em França. Isto usou uma versão modificada da caixa normal do câmbio manual : um sistema

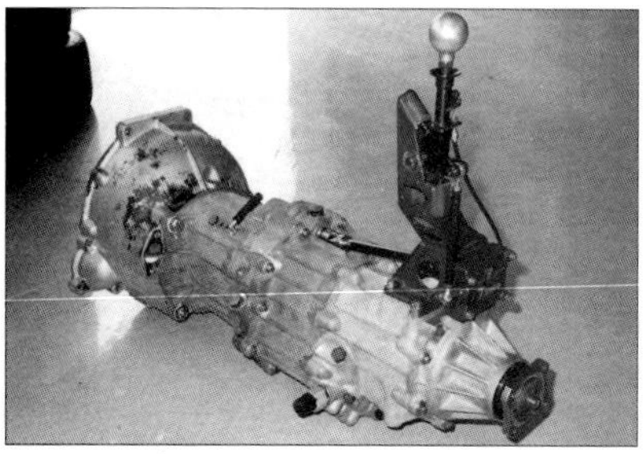

não-automático. Com cada mudança, o piloto deve permitir à alavanca do câmbio voltar - momentaneamente - à posição de neutro, para que possa engatar-se no carreto seguinte.

Os vários diferenciais foram objeto de constante pesquisa com sistemas viscosos em ambos para asfalto e o central viscoso com mecânico no dianteiro e na traseira para terra.

Suspensão com bitola mais larga para o asfalto foi primeiro usada no Monte Carlo: posteriores melhoramentos feitos em San Remo visaram o uso de pneus de 18", tendo em vista uma melhoria nos freios.

O desenvolvimento do motor teve em atenção os sistemas de gerenciamento eletrônico e a melhoria de performance a baixa rotação. Sistemas de injeção de gasolina em excesso (como os usados nos Toyota e Subaru, caracterizados por estranhos bangs) foram usados pela primeira vez nas provas do campeonato francês. Cilindros centrais duplos de freio de mão foram introduzidos no Monte e tornaram-se de série.

O trabalho mais significativo feito na especificação para terra foi feito antes da Acrópole: um tensor adicional no arco de segurança (em diagonal sob o painel de instrumentos e uma peça em X logo atrás dos pilotos) para dar mais rigidez aos pontos de apoio da suspensão traseira. A suspensão foi modificada para dar uma bitola ainda mais larga e aumentar o movimento de amortecimento das rodas. O desenho da proteção do cárter foi alterado para ajudar a extrair ar, usando tiras de titâneo por

baixo, enquanto atrás do radiador eram colocadas ventoinhas (em vez de à sua frente). A partir da Nova Zelândia, os carros tiveram escapamentos duplos. Para os 1000 Lagos a equipe usou novos comandos para melhorar a performance a alto regime, com um sistema de gerenciamento eletrônico Magnetti-Marelli substancialmente modificado com novas idéias Ford.

Os carros preparados pela Schmidt Motorsports (SMS) tiveram muitas alterações mas os usados pela RAS Sport tinham as especificações de Boreham.

Mitsubishi

O Lancer Evolução II foi introduzido na Acrópole. Para uso em Grupo A, as alterações se restringiram à aerodinâmica.O novo spoiler dianteiro gera uma grande mudança no coeficiente de apoio negativo e a combinação disto com o aerofólio traseiro melhora o coeficiente

de arrasto. A mais de 110km/h o carro fica muito mais previsível e estável e isto acabou com a tendência do modelo antigo de vaguear em linha reta. A asa traseira é em duas partes a superior, semelhante à do modelo precedente, e a nova base que tem um lábio tipo Gurney (uma parte vertical) na traseira. Trabalho na suspensão traseira começou no modelo anterior em 1993 e continuou neste modelo.

O actual modelo foi feito num excesso de produção da fábrica, o que possibilitou a possibilidade de serem feitas unidades com volante à esquerda. A equipe trocou de fornecedor de amortecedores, para os suecos Ohlins. Além de performance melhorada, estas novas peças permitiram um maior movimento das rodas traseiras e permitiram ao carro andar com menor distância ao solo. O motor e a transmissão foram os mesmos do modelo anterior. A rodas de série mantiveram-se com 15" com as mesmas larguras. O carro usou a mesma homologação que o modelo anterior. Houve outras melhorias de detalhe incluindo os depósitos de água dos jatos do intercooler montados mais abaixo.

Proton

Até recentemente as atividades de rali do fabricante malaio Proton restringiam-se ao uso do seu Saga Iswara Turbo 4WD não-homologado, mas, desde o Rali da Malásia, o modelo internacional da Proton tem sido o Wira 4WD Turbo de Grupo N. Este carro, apesar de chamado Proton, é uma opção homologada do Lancer Evolution, licenciada pela Mitsubishi, pelo que sob o ponto de vista de pontuação no campeonato, continua sendo um Mitsubishi.

Subaru

A principal mudança nos Saburu durante 1994 foi a incorporação de um diferencial dianteiro hidráulico programável do habitáculo. A Prodrive tem sido pioneira das suspensões ativas em carros de rali, junto com evoluções graduais de programas informáticos, dos sistemas fechados até aos sistemas abertos. Os seus pilotos não têm usado as mudanças de caixa com os interruptores nas classificativas. Os testes feitos com Carlos Sainz deram à equipe um montão de informações.

Os carros usados nas provas na Ásia-Pacífico tiveram as mesmas especificações dos carros do mundial. No Safari, o Team Koseki usou modelos WRX-RA do Grupo N, uma variante do Impreza 555 tendo de série um câmbio de relações curtas, mas que não podia usar a asa traseira.

Toyota

O desenvolvimento feito pela Toyota no velho ST185 foi feito nos sistemas de gerenciamento de motor, de transmissão traseira hidráulica programável e no controle de tração.

O passo mais importante foi dado com o lançamento do novo Celica GT-Four tipo ST205, modelo 082T, que foi introduzido no Rali Mantta e depois foi para o Rali Telecom da Austrália. Este carro tem cinco novidades principais: melhor aerodinâmica, suspensão dianteira melhorada, rodas de 16" de série (permitindo o uso de até 18" em Grupo A), um chassis básico mais rígido com mais longarinas longitudinais, e injeção de água no motor.

O mais notório na nova aerodinâmica é o aerofólio traseiro elevado, para proporcionar maior apoio. O aerofólio foi desenhado para diminuir o arrasto ao mesmo tempo que aumenta o apoio e funciona acima de 100/120km/h. A asa tem duas posições na altura, usando peças removíveis. Para melhorar a saída de ar do compartimento do motor há uma abertura maior no capot e mais espaço entre o radiador de água e o bloco do motor.

Na suspensão dianteira há um tirante adicional no sistema McPherson e a geometria traseira se ajustou a esta alteração. O motivo destas alterações foi tornar o carro mais ágil na entrada das curvas. Os pontos de apoio dos braços inferiores são diferentes e em vez de serem montados diretamente na carroçaria há agora uma peça adicional que faz parte do novo chassis.

A Toyota junta-se agora à Subaru e à Ford no uso de rodas de 16" de série, mas em provas de terra manteve o diâmetro de 15" para permitir maior altura das paredes dos pneus. O conceito de ter um chassis mais rígido de série evita o problema de ter de o reforçar o assoalho do carro quando os modelos de rali são preparados.

Basicamente, o motor é o mesmo anterior, mantendo o sistema de admissão de duas entradas para melhorar a resposta do turbo. Usa injeção de água para arrefecer o ar da admissão, para aumentar a fiabilidade e dar mais potência ao mesmo tempo que ajuda a arrefecer o motor de uma forma geral. A transmissão mantém-se a mesma usada desde o final de 1992.

Tendências Técnicas

Controle de tração

Esta parece ser a maior e mais premente oportunidade para desenvolvimento no futuro, especialmente para os carros de "Fórmula 2". Isto porque controlo de tração só pode funcionar com eficiência quando existe um bom termo de comparação (e a melhor referência continua sendo o comportamento das rodas não-motrizes), a dificuldade está em fazer o controle de tração funcionar em carros de tração total.

As equipes estão pesquisando alternativas para terem termos de comparação com cálculos artificiais, usando fatores como as repentinas flutuações das rotações do motor e acelerações laterais. A Toyota, com o seu Celica 4WD, limitou o controle de tração às classificativas em asfalto, e na maioria das vezes usando-o apenas em piso molhado. A Toyota tem trabalhado no sentido de acabar com a situação de total falta de tração, enquanto outros se debruçam sobre diferenciais ativos para maximizar a tração em cada roda. Há dois distintos motivos pelos quais a perda de tração de uma roda pode ser reduzida desta forma. Na terra, para reduzir o tempo perdido e os carros possam acelerar mais depressa, e no asfalto para que os pneus não esquentem tanto, e assim possam ter a mesma aderência no final das classificativas que tinham no seu início. Os pilotos relutam em confiar completamente neste sistema, já que preferem ter um pouco de derrapagem nas rodas, para os ajudar no controle do carro. Inicialmente, as equipes têm usado o controle de tração apenas nas retas, e não nas curvas. A Renault tem continuado o seu desenvolvimento nos Clio de tração dianteira, com sistemas sofisticados em que o carro antecipa o que o piloto tenta conseguir, e prevê as circunstâncias nas quais a tração deve ou não ser controlada.

Carros de Fórmula 2

Citroën

O desenvolvimento do Citroen ZX 16 válvulas para ralis tradicionais começou no início de abril nas oficinas da BEST, a companhia de preparação de Snobeck que trabalhou por conta da rede de concessionários franceses da marca. A equipe usou inicialmente o modelo antigo, enquanto trabalhava numa nova versão de Grupo A, a que chamaram o modelo 1994.

O carro de '94 tinha suspensão revista, novos chassis e novos sistemas de direção, de arrefecimento e de freios. Algumas peças do motor também eram diferentes: novos pistões, novas válvulas, novos comandos, novo cárter. Também aproveitaram para melhorar muitas outras coisas, como o chicote de fiação, mas a grande melhora foi no câmbio: um sistema seqüencial de seis velocidades com cárter seco. O primeiro

ZX de 1994 ficou pronto na primeira semana de julho e foi testado a meio desse mês. Só ficou pronto um carro para o Rallye de Rouergue no final de julho. O Rallye Mont Blanc-Morzine, em setembro, foi a primeira vez que tanto Bernard Béguin e Patrick Magaud usaram novas versões 1994 do ZX. Nos carros de produção, os motores dos ZX e dos Peugeot 306S16 são exatamente os mesmos, mas a Peugeot e a Citroen trabalham independentemente. São

usados sistemas de gerenciamento diferentes: Citroen com Magnetti Marelli e a Peugeot com Bosch.

Daihatsu

Nos ralis dos antípodas foram vistos este ano os novos Charade GTI de 1.600cc. Na Austrália, Brett Middleton usou o seu carro com um motor de 125bhp, com câmbio, carretos de transmissão e freios reforçados.

ARCHIVES

Ford

Inspirado num projeto particular da Gordon Spooner Engineering foi feito trabalho de desenvolvimento do Ford Escort RS2000 com conselharia do departamento de competição da Ford, na vizinha Boreham. Motivado pelo desejo de fornecer aos fieis pilotos Ford um carro

alternativo, o RS2000 foi homologado pela Ford na sua forma básica em janeiro de 1992 e foi usado em competição na Copa Ford deste ano, em várias disciplinas. A homologação básica foi adicionada para incorporar uma versão com nova carroçaria em 1993, e em abril de 1994 foram homologadas várias peças de competição para tornar o carro competitivo em ralis de "Fórmula 2". À semelhança do trabalho da Nissan Motorsport Europe com o Sunny, foram

Tendências Técnicas

O que faz os bangs?

Apercebidos pela primeira vez no Rali da Cataluña de 1993, os curiosos bangs de escapamento, primeiro nos Toyota, e depois nos Subaru e Ford. Estes bangs ocorrem porque mistura de ar-gasolina não queimada passa pelo escapamento. Isto acontece em duas diferentes ocasiões: quando uma equipe usa tração de controle ou quando deliberadamente injeta gasolina em excesso, o que é feito para melhorar a resposta de aceleração e para arrefecer o motor e protegê-lo de funcionar demasiado pobre.

disponibilizados dois câmbios alternativos de 6 marchas fabricados pela Quaife (mais baratos, para amadores) e pela Xtrac. O Quaife incorpora um diferencial do tipo rampa com pastilhas, enquanto o Xtrac é mais sofisticado e terá eventualmente controle de tração. A Gordon Spooner trabalha em sistemas eletrônicos de troca seqüencial de marchas para ambos.

A suspensão tem uprights de rolamento simples com flanges do tipo Cosworth e novos apoios superiores; os freios têm maxilas de seis pistões, como no Cosworth. A Mountune desenvolveu os motores com 225bhp, com ênfase no binário que oferece boa dirigibilidade. Há uma subestrutura dianteira especial. Rodas de 15" são montadas nos carros de série. Talvez a maior curiosidade do carro seja o sistema de freios. O carro pode ter quatro pedais, e dois são de freio! O pedal da extrema esquerda opera apenas os freios traseiros. Isto ajuda a criar um efeito de sobresterçamento enquanto se mantém o pé a fundo no acelerador, trocando de marcha ao mesmo tempo! Graças ao câmbio seqüencial, é possível trocar de marcha sem usar o pedal esquerdo da embrea-

gem. As rodas traseiras também podem ser blocadas para ajudar o carro a contornar um gancho.

General Motors Europe

Enquanto o Astra Gsi de Gregoire de Mevius no Campeonato Mundial teve poucas alterações além dos apoios das molas traseiras e dos sistemas de injeção revistos, os carros do Campeonato de Espanha preparados por Sydney Meeke tiveram suspensão dianteira revista para permitir que andassem mais baixos e com bitola mais larga. O carro de Bardolet (pneus Dunlop) teve rodas de 17". O de Climent (pneus Michelin) usou 16". Entretanto, a MSD, na Grã-Bretanha, desenvolveu um Corsa de Grupo A pronto para homologação em 1995.

Nissan

No seu primeiro ano completo de atividade com o carro de 2 litros, a NME tem progressivamente ganho fiabilidade com o Sunny GTI. Gradualmente várias peças foram melhoradas, incluindo suspensão mais leve, enquanto para 1995 o carro deverá ter câmbio seqüencial e controle de tração. Também prosseguiu desenvolvimento de uma versão mais barata com câmbio de 5 marchas.

Peugeot

Foi a Peugeot España quem primeiro iniciou o projeto do 306S16 de Grupo A, pedindo à Peugeot France que continuasse o seu desenvolvimento de carros mais baratos para jovens pilotos. Então, a FFSA (Federação Francesa) prometeu ajudar com um apoio financeiro governamental em fevereiro de 1994, disponibilizado graças à compensação pela proibição de patrocínios de marcas de cigarros, no caso da Peugeot e de outros fabricantes franceses entrarem na categoria de 2 litros. Por esta razão foi tomada a decisão de preparar os 306S16 também para o Campeonato de França. O Rallye Mont Blanc-Morzine em setembro foi a estréia do Grupo A completo com câmbio Xtrac de 6 marchas, apesar do carro já ter aparecido no Rouergue com câmbio de 5 do 309, tendo tido problemas de veios de transmissão. A suspensão dianteira foi quase a mesma da usada no 309GTI de Grupo A em 1991, mas a suspensão traseira foi desenvolvida do 405Mi16 de turis-

mo. Rodas de 16" foram usadas nas classificativas de asfalto, discos ventilados de freio apenas na frente e o peso foi mantido perto do limite de 930kg. Como a maioria dos carros competitivos de F2, a potência do motor andou pelos 220bhp (foto do topo direito). O Peugeot 306S16 de Grupo A tem um sistema de câmbio seqüencial. Controle de tração é o maior projeto que se segue. O trabalho no 106 continua independentemente para os esquemas para pilotos jovens, para os quais existem duas Copas em França, uma para ralis de terra e uma para asfalto, com mais de 30 pilotos cada.

Proton

Depois de homologar o Mitsubishi Lancer Evolution II com sua marca, a segunda homologação desta companhia foi totalmente Proton

- um Wira/Persona 1.6LXI de tração dianteira, comando simples, 16 válvulas que é totalmente fabricado na Malásia, que é um modelo Proton genuíno. Antes, o carro participou sob especificação do Grupo S local. Até agora o motor não foi ainda desenvolvido para a completa especificação de Grupo A, mas, no entanto, já existe um câmbio de 6 marchas, e suspensão e freios de competição para este modelo. É intenção desta companhia envolver-se em "Fórmula 2" e há a possibilidade de um motor 1.8 de comando duplo para este carro.

Renault

Enquanto a Simon Racing participou com os Clio Williams oficiais do team Diac no Campeonato de França, a própria Renault esteve ocupada em introduzir um montão de novidades no carro de Philippe Bugalski. A troca de marchas semi-automática já havia sido usada em 1993, mas novo em 1994 foi o controle de tração. Outro projeto foi fazer um carro conceptual de kit de acordo com os regulamentos iniciais com vista à participação da equipe no Rallye de Monte Carlo de 1995 e depois um ataque ao Campeonato da Europa de 1996 só para F2. As principais características permitidas sob os regulamentos de "kit cars" são o aumento das alterações do motor (principalmente pela liberdade na admissão e emissões) e o uso de rodas maiores, para as quais guarda-lamas mais largos são permitidos. Um apêndice aerodinâmico

na traseira (não montado originalmente) foi também permitido. Esperava-se que o carro tivesse 260bhp (em vez dos 220bhp do atual Clio Williams de Grupo A), para um peso mínimo de 930kg.

SEAT

A participação de Erwin Weber no Rali da Cataluña num Ibiza GTI 1.8 16v de Grupo A foi um enorme passo em frente para a SEAT Sport. Este modelo de 195bhp tinha montado

um câmbio de 5 marchas (o de 6 virá em janeiro 1995) com freios grandes e rodas de 16", foi uma extensão dos carros do Troféu usados em Espanha. Para ralis de terra houve um Ibiza GTI 2.0 do troféu em Grupo A, com motor de 115bhp e para ralis de asfalto foi desenvolvida uma versão do 1.8 para Grupo N.

Skoda

Enquanto a equipe trabalha na sua nova gama Felicia, especialmente na versão de carro kit para ser usada em 1995, a principal mudança na especificação em relação a 1994 foi o uso de amortecedores Proflex.

Tendências Técnicas

Pneus

A mais importante evolução em 1994 foi a introdução pela Pirelli da mousse antifuro. Chamada EMI, este foi uma evolução do sistema ATS da Michelin: a versão Pirelli apareceu pela primeira vez em pneus de terra em Portugal e em de asfalto em San Remo. A Michelin apresentou um pneu de piso duplo com pregos em Monte Carlo, chamado "catamaran", e a sua gama K de pisos assimétricos em Portugal. Os outros desenvolvimentos foram as maiores oportunidades para uso de pneus de perfis mais baixos em rodas de 18" para

classificativas em asfalto, seguindo a tendência dos carros de série virem equipados com rodas de 16". No Grupo N, a possibilidade de uso de rodas de 16" foi um enorme passo porque permitiu o uso de freios maiores, mas em Grupo A, em que os regulamentos permitem o uso de rodas de 18", a vantagem não foi assim tão grande. Cada equipe de topo testou estas rodas maiores em asfalto, mas até agora sem grande sucesso. Devido ao diâmetro exterior dos pneus estar restringido a 650mm, os pneus têm de ser projetados com um perfil muito baixo. Nestas dimensões em que os perfis têm sido demasiado baixos, os pneus tornaram-se demasiado nervosos e os carros mais difíceis de pilotar. Em terra, as equipe se concentraram a usar as habituais rodas de 15" de diâmetro.

Evolução dos carros de raids Citroën

A Citroen teve dois carros novos em 1994. Na Tunísia houve uma evolução do modelo anterior ZX "tipo Dakar", mais leve e com recursos para reabastecimento rápido. Mais tarde foi construído um carro com menor distância entre-eixos para uso nos eventos sprint tipo Baja. Este modelo era completamente novo sem os usuais depósitos montados a meio, com o chassis montado mais baixo e com ar condicionado movido pelo eixo dianteiro.

ARCHIVES

Mitsubishi

Para o Paris-Dakar foram usados carros baseados no OKZ4 que se estreou em 1993, com uma carroçaria muito mais aerodinâmica, um depósito único que proporciona um centro de gravidade mais baixo e mais central, e com quatro estepes dentro da carroçaria. Estes carros também tiveram cabeçotes de motor revistos, nos quais as válvulas têm um ângulo menor entre elas. Para a Baja Aragón foi usado um novo Pajero Proto 5 de 440bhp, como experiência para o Dakar de 1995. Este modelo era mais largo e comprido que o OKZ4.

ARCHIVES

SEAT

O Toledo Marathon foi usado apenas duas vezes em 1994, ironicamente para as duas Baja, em Portugal e Espanha. O motor manteve-se inalterado: o principal trabalho de evolução foi o ajuste da suspensão e diferenciais para as provas sprint, e de melhoria do fluxo de ar através do compartimento do motor. ❑

QUADRO DE HONRA

Campeonato Mundial para Construtores

1973	Renault-Alpine	1984	Audi
1974	Lancia	1985	Peugeot
1975	Lancia	1986	Peugeot
1976	Lancia	1987	Lancia
1977	Fiat	1988	Lancia
1978	Fiat	1989	Lancia
1979	Ford	1990	Lancia
1980	Fiat	1991	Lancia
1981	Talbot	1992	Lancia
1982	Audi	1993	Toyota
1983	Lancia	1994	Toyota

Campeonato Mundial de Pilotos

1979	Bjorn Waldegard (S)	Ford Escort RS/Mercedes 450SLC 5.0
1980	Walter Rohrl (D)	Fiat Abarth 131
1981	Ari Vatanen (SF)	Ford Escort RS
1982	Walter Rohrl (D)	Opel Ascona 400
1983	Hannu Mikkola (SF)	Audi Quattro
1984	Stig Blomqvist (S)	Audi Quattro/Sport Quattro
1985	Timo Salonen (SF)	Peugeot 205 Turbo 16/Turbo 16 E2
1986	Juha Kankkunen (SF)	Peugeot 205 Turbo 16 E2
1987	Juha Kankkunen (SF)	Lancia Delta HF 4WD
1988	Miki Biasion (I)	Lancia Delta HF 4WD/Integrale
1989	Miki Biasion (I)	Lancia Delta Integrale
1990	Carlos Sainz (E)	Toyota Celica GT-Four
1991	Juha Kankkunen (SF)	Lancia Delta Integrale
1992	Carlos Sainz (E)	Toyota Celica Turbo 4WD
1993	Juha Kankkunen (SF)	Toyota Celica Turbo 4WD
1994	Didier Auriol (F)	Toyota Celica Turbo 4WD

Campeão Mundial de Grupo A

1986	Kenneth Eriksson (S)	VW Golf GTi

Vencedores da Taça de Grupo N

1987	Alex Fiorio (I)	Lancia Delta HF Integrale
1988	Pascal Gaban (B)	Mazda 323 4WD
1989	Alain Oreille (F)	Renault 5 GT Turbo
1990	Alain Oreille (F)	Renault 5 GT Turbo
1991	Gregoire de Mevius (B)	Mazda 323 GT-X
1992	Gregoire de Mevius (B)	Nissan Pulsar GTi-R
1993	Alex Fassina (I)	Mazda 323 GT-R
1994	Jesus Puras (E)	Ford Escort RS Cosworth

Vencedoras da Taça de Senhoras

1990	Louise Aitken-Walter (GB)	Opel Kadett GSi
1991	Minna Sillankorva (SF)	Mazda 323 4WD/Lancia Delta Int.
1992	Eija Jurvanen (SF)	Ford Sierra Cosworth 4x4
1993	Christine Driano (F)	Citroen AX Sport/GTi
1994	Isolde Holderied (D)	Mitsubishi Lancer Evolution

Taça FIA para Fórmula 2

1993 General Motors Europe
1994 Skoda

Vencedores do Campeonato da Europa

1953	Helmut Polenski (D)	Porsche
1954	Walter Schuter (D)	DKW
1955	Werner Engel (D)	Mercedes Benz
1956	Walter Schock (D)	Mercedes Benz
1957	Ruprecht Hopfen (D)	Saab/Borgward
1958	Gunnar Andersson (S)	Volvo
1959	Paul Coltelloni (F)	Citröen/Alfa Romeo
1960	Walter Schock (D)	Mercedes Benz
1961	Hans-Joachim Walter (D)	Porsche
1962	Eugen Bohringer (D)	Mercedes Benz
1963	Gunnar Andersson (S)	Volvo
1964	Tom Trana (S)	Volvo
1965	Rauno Aaltonen (SF)	BMC
1966	Grupo 1= Lillebror Nasenius (S)	Opel
	Grupo 2= Sobieslav Zasada (PL)	Porsche
	Grupo 3= Gunter Klass (D)	Porsche
1967	Grupo 1= Sobieslav Zasada (PL)	Porsche
	Grupo 2= Bengt Soderstrom (S)	Ford
	Grupo 3= Vic Elford (GB)	Porsche
1968	Pauli Toivonen (SF)	Porsche
1969	Harry Kallstrom (S)	Lancia
1970	Jean-Claude Andruet (F)	Alpine Renault
1971	Sobieslav Zasada (PL)	BMW
1972	Raffaele Pinto (I)	Fiat
1973	Sandro Munari (I)	Lancia
1974	Walter Rohrl (D)	Opel
1975	Maurizio Verini (I)	Fiat
1976	Bernard Darniche (F)	Lancia
1977	Bernard Darniche (F)	Lancia
1978	Tony Carello (I)	Lancia
1979	Joachim Kleint (D)	Opel
1980	Antonio Zanini (E)	Porsche/Ford
1981	Adartico Vudafieri (I)	Fiat
1982	Tony Fassina (I)	Opel
1983	Miki Biasion (I)	Lancia
1984	Carlo Capone (I)	Lancia
1985	Dario Cerrato (I)	Lancia
1986	Fabrizio Tabaton (I)	Lancia
1987	Dario Cerrato (I)	Lancia
1988	Fabrizio Tabaton (I)	Lancia
1989	Yves Loubet (F)	Lancia
1990	Robert Droogmans (B)	Lancia
1991	Piero Liatti (I)	Lancia
1992	Erwin Weber (D)	Mitsubishi
1993	Pier Cesar Baroni (F)	Lancia
1994	Patrick Snyers (B)	Ford

CONSTRUTORES - VENCEDORES DO MUNDIAL DE RALLIES

Nº	MARCA	TIPO	ANO-VITÓRIAS
24	Audi	Quattro	1981 S,I,GB
			1982 S,P,GR,BR,SF,I,GB
			1983 S,P,RA,SF,GB
			1984 MC,S,P,GR,NZ,RA
		Sport Quattro	1984 CI
			1985 I
		200 Quattro	1987 EAK
2	BMW	2002 tii	1973 A
		M3	1987 F
9	Datsun/Nissan	240Z	1973 EAK
		Violet 710	1976 GR
		160 J	1979 EAK
			1980 EAK,NZ
		Violet GT	1981 EAK,CI
			1982 EAK
		200 SX	1988 CI
21	Fiat	Abarth 124	1973 PL
			1974 P
			1975 P
		Abarth 131	1976 SF
			1977 P,NZ,CDN,I,F
			1978 P,GR,SF,CDN,F
			1979 SF
			1980 MC,P,RA. SF,I
			1981 P
29	Ford	Escort RS 1600	1973 SF,GB
			1974 SF,GB
		Escort RS 1800/RS	1975 GB
			1976 GB
			1977 EAK,GR,SF,GB
			1978 S,GB
			1979 P,GR,NZ,CDN,GB
			1980 GR
			1981 GR,BR,SF
		Sierra RS Cosworth	1988 F
		Escort RS Cosworth	1993 P,F,GR,I,E
			1994 MC,SF
74	Lancia	Stratos	1974 I,CDN,F
			1975 MC,S,I,F
			1976 MC,P,I,F
			1977 MC
			1978 I
			1979 MC,I,F
			1981 F
		Rally	1983 MC,F,GR,NZ,I
			1984 F
		Delta S4	1985 GB
			1986 MC,RA,I,USA
		Delta HF 4WD	1987 MC,P,GR,USA,NZ,RA,SF,I,GB
			1988 MC,S
		Delta Integrale	1988 P,EAK,GR,USA,RA,SF,I,GB
			1989 MC,P,EAK,F,GR,RA
		Delta Integrale 16 V	1989 I
			1990 MC,P,F,RA,AUS,I
			1991 EAK,GR,SF,AUS,I,GB
		Delta HF Integrale	1992 MC,P,F,GR,RA,SF,AUS,I
3	Mazda	323 WD	1987 S
			1989 S,NZ
2	Mercedes-Benz	450 SLC 5.0	1979 CI
		500 SLC	1980 CI
8	Mitsubishi	Colt Lancer	1974 EAK
			1976 EAK
		Galant VR-4	1989 SF,GB
			1990 CI
			1991 S,CI
			1992 CI
6	Opel	Ascona	1975 GR
		Ascona 400	1980 S
			1982 MC,CI
			1983 EAK
		Kadett GSi	1988 NZ
21	Peugeot	504	1975 EAK,MA
			1976 MA
		504 V6 Coupe	1978 EAK,CI
		205 Turbo 16	1984 SF,I,GB
			1985 MC,S,P,GR,NZ,RA
		205 Turbo 16 E2	1985 SF
			1986 S,F,GR,NZ,SF,GB
2	Porsche	911 Carrera	1978 MC
		911 SC	1980 F
6	Renault	17 Gordini	1974 USA
		5 Turbo	1981 MC
			1982 F
			1986 P
		Maxi 5 Turbo	1985 F
		5 GT Turbo	1989 CI
6	Renault-Alpine	A110	1973 MC,P,MA,GR,I,F
4	Saab	96v4	1973 S
			1976 S
		99EMS	1977 S
		99 Turbo	1979 S
4	Subaru	Legacy 4WD Turbo	1993 NZ
		Impreza 555	1994 GR,NZ,GB
2	Talbot	Sunbeam Lotus	1980 GB
			1981 RA
38	Toyota	Corolla	1973 USA
			1975 SF
		Celica	1982 NZ
		Celica Twincam T.	1983 CI
			1984 EAK
			1985 EAK,CI
			1986 EAK,CI
		Celica GT-Four	1989 AUS
			1990 EAK,GR,NZ,SF,GB
			1991 MC,P,F,NZ,RA,E
			1992 S
		Celica Turbo 4WD	1992 EAK,NZ,E,GB
			1993 MC,S,EAK,RA,SF,AUS,GB
			1994 P,EAK,F,RA,I
1	Volkswagen	Golf GTi 16v	1987 CI

Campeões Ásia-Pacífico

1988	Kenjiro Shinozuka (J)	Mitsubishi Galant VR-4
1989	Rod Millen (NZ)	Mazda 323 4WD
1990	Carlos Sainz (E)	Toyota Celica GT-Four
1991	Ross Dunkerton (AUS)	Mitsubishi Galant VR-4
1992	Ross Dunkerton (AUS)	Mitsubishi Galant VR-4
1993	"Possum" Bourne (NZ)	Subaru Legacy 4WD Turbo
1994	"Possum" Bourne (NZ)	Subaru Impreza 555

Campeões do Médio Oriente

1984	Saeed Al Hajri (Q)	Porsche 911 SC RS
1985	Saeed Al Hajri (Q)	Porsche 911 SC RS
1986	Mohammed Bin Sulayem (UAE)	Toyota Celica Twincam Turbo
1987	Mohammed Bin Sulayem (UAE)	Toyota Celica Twincam
1988	Mohammed Bin Sulayem (UAE)	Toyota Celica Twincam
1989	Mohammed Bin Sulayem (UAE)	Toyota Celica GT-Four
1990	Mohammed Bin Sulayem (UAE)	Toyota Celica GT-Four
1991	Mohammed Bin Sulayem (UAE)	Toyota Celica GT-Four
1992	Mamdouh Khayat (KSA)	Lancia HF Integrale
1993	Sheikh Hamad Al Thani (QA)	Mitsubishi Galant VR-4
1994	Mohammed Bin Sulayem (UAE)	Ford Escort RS Cosworth

Campeões Africanos

1982	Walter Rohrl (D)	Opel Ascona 400
1983	Alain Ambrosino (CI)	Peugeot 505
1984	David Horsey (EAK)	Peugeot 504 Pick Up
1985	Luc Requile (RWA)	Opel Manta 200
1986	Alain Ambrosino (CI)	Nissan 240RS
1987	Alain Ambrosino (CI)	Nissan 240RS
1988	Satwant Singh (Z)	Opel Manta 400
1989	Satwant Singh (Z)	VW Golf GTi
1990	Walter Costa (RWA)	Peugeot 205 GTi
1991	Satwant Singh (Z)	VW Golf GTi
1992	Aldo Riva (I)	Audi 90 Quattro
1993	Satwant Singh (Z)	Toyota Celica Turbo 4WD
1994	Abe Smit (Z)	Audi Coupe S2

PILOTOS - VENCEDORES DO MUNDIAL DE RALLIES

Nº	NOME	NASC.	ANO-VITÓRIAS
1	Andrea Aghini (I)	29.12.1963 Livorno	1992 I
1	Pentti Airikkala (SF)	4.09.1942 Helsinki	1989 GB
20	Markku Alen (SF)	15.02.1951 Helsinki	1975 P
			1976 SF
			1977 P
			1978 P, SF, I
			1979 SF
			1980 SF
			1981 P
			1983 F, I
			1984 F
			1986 I, USA
			1987 P, GR, SF
			1988 S, SF, GB
1	Alain Ambrosino (F)	15.05.1951 Casablanca	1988 CI
1	Ove Andresson (S)	3.01.1938 Uppsala	1975 EAK
3	Jean-C. Andruet (F)	13.08.1942 Montreuil	1973 MC
			1974 F
			1977 I
16	Didier Auriol (F)	18.08.1958 Montpellier	1988 F
			1989 F
			1990 MC, F, I
			1991 I
			1992 MC, F, GR, RA, SF, AUS
			1993 MC
			1994 F, RA, I
1	Fluvio Baccelli (I)	22.01.1951 Trieste	1977 NZ
1	Bernard Beguin (F)	24.09.1974 Grenoble	1987 F
17	Miki Biasion (I)	7.01.1958 Bassano Grappa	1986 RA
			1987 MC, RA, I
			1988 P, EAK, GR, USA, I
			1989 MC, P, EAK, GR, I
			1990 P, RA
			1993 GR
11	Stig Blomqvist (S)	29.07.1946 Orebro	1973 S
			1977 S
			1979 S
			1982 S, I
			1983 GB
			1984 S, GR, NZ, RA, CI
1	Walter Boyce (CDN)	29.10.1946 Ottawa	1973 USA
2	Ingvar Carlsson (S)	2.04.1947 Nykoping	1989 S, NZ
1	Roger Clark (GB)	5.08.1939 Narborough	1976 GB
1	Gianfranco Cunico (I)	11.10.1957 Vicenza	1993 I
7	Bernard Darniche (F)	28.03.1942 Cenon	1973 MA
			1975 F
			1977 F
			1978 F
			1979 MC, F
			1981 F
4	François Delecour (F)	30.08.1962 Cassel	1993 P, F, E
			1994 MC
1	Ian Duncan	23.06.1961 Nairobi	1994 EAK
1	Per Eklund (S)	26.06.1946 Arvika	1876 S
2	Mikael Ericsson (S)	28.02,1960 Umea	1989 RA, SF
2	Kenneth Eriksson (S)	13.05.1956 Appelbo	1987 CI
			1991 S
1	Guy Frequelin (F)	2.04.1945 Langres	1981 RA
1	Josef "Sepp" Haider (A)	26.08.1953 Dienten	1988 NZ
1	Kyosti Hamalainen (SF)	16.09.1945 Helsinki	1977 SF
2	Mats Jonsson (S)	28.11.1957 Karlstad	1992 S
			1993 S
1	Harry Kallstom (S)	30.06.1939 Sodertalje	1976 GR
21	Juha Kankkunen (SF)	2.04.1959 Laukaa	1985 EAK, CI
			1986 S, GR, NZ
			1987 USA, GB
			1989 AUS
			1990 AUS
			1991 EAK, GR, SF, AUS, GB
			1992 P
			1993 EAK, RA, SF, AUS, GB
			1994 P
1	Andres Kullang (S)	28.09.1943 Karlstad	1980 S
3	Colin McRae (GB)	5.08.1968 Lanark	1993 NZ
			1994 NZ, GB
4	Timo Makinen (SF)	18.03.1939 Helsinki	1973 SF, GB
			1974 GB
			1975 GB
1	Tommi Makinen (SF)	26.06.1964 Puuppola	1994 SF
5	Shekhar Mehta (EAK)	20.06.1945 Kampala	1973 EAK
	Shekhar Mehta (EAK)	20.06.1945 Kampala	1979 EAK
			1980 EAK
			1981 EAK
			19822 EAK
18	Hannu Mikkola (SF)	24.05.1942 Joensuu	1974 SF
			1975 MA, SF
			1978 GB
			1979 P, NZ, GB, CI
			1981 S, GB
			1982 SF, GB
			1983 S, P, RA, SF
			1984 P
			1987 EAK
1	Joaquim Moutinho (P)	14.12.1951 Porto	1986 P
4	Michele Mouton (F)	23.06.1951 Grasse	1981 I
			1882 P, GR, BR
7	Sandro Murani (I)	27.03.1940 Cavarzere	1974 I, CDN
			1975 MC
			1976 MC, P, F
			1977 MC
5	Jean-Pierre Nicolas (F)	22.01.1945 Marseille	1973 F
			1976 MA
			1978 MC, EAK, CI
1	Alain Oreille (F)	22.04.1953 Sarre-Union	1989 CI
1	Rafaelle Pinto (I)	23.04.1945 Como	1974 P
3	Jean Ragnotti (F)	29.08.1945 Carpentras	1981 MC
			1982 F
			1985 F
1	Jorge Recalde (RA)	9.08.1951 Mina Clavero	1988 RA
14	Walter Rohrl (D)	7.03,1947 Regensburg	1975 GR
			1978 GR, CDN
			1980 MC, P, RA, I
			1982 MC, CI
			1983 MC, GR, NZ
			1984 MC
			1985 I
2	Bruno Saby (F)	23.02.1949 Grenoble	1986 F
			1988 MC
14	Carlos Sainz (E)	12.04.1962 Madrid	1990 GR, NZ, SF, GB
			1991 MC, P, F, NZ, RA
			1992 EAK, NZ, E, GB
			1994 GR
11	Timo Salonen (SF)	8.10.1951 Helsinki	1977 CDN
			1980 NZ
			1981 CI
			1985 P, GR, NZ, RA, SF
			1986 SF, GB
			1987 S
1	Armin Schwarz (D)	16.07.1963 Oberreichenbach	1991 E
2	Kenjiro Shinozuka (J)	20.11.48 Tokyo	1991 CI
			1992 CI
2	Joginder Singh (EAK)	9.02.1932 Kericho	1974 EAK
			1976 EAK
1	Patrick Tauziac (F)	18.01.1955 Saignon (VN)	1990 CI
5	Jean-Luc Therier (F)	7.10.1945 Hodeng-au-Bosc	1973 P, GR, I
			1974 USA
			1980 F
3	Henri Toivonen (SF)	25.08.1956 Jyvaskyla	1980 GB
			1985 GB
			1986 MC
1	"Tony" Fassina (I)	26.06.1945 Treviso	1979 I
10	Ari Vatanen (SF)	27.04.1952 Joensuu	1980 GR
			1981 GR, BR, SF
			1983 EAK
			1984 SF, I, GB
			1985 MC, S
16	Bjorn Waldegard (S)	12.11.1943 RO	1975 S, I
			1976 I
			1977 EAK, GR, GB
			1978 S
			1979 GR, CDN
			1980 CI
			1982 NZ
			1983 CI
			1984 EAK
			1986 EAK, CI
			1990 EAK
2	Achim Warmbold (D)	17.07.1941 Duisburg	1973 PL, A
1	Franz Wittmann (A)	7.04.1950 Ramsau	1987 NZ

NAVEGADORES - VENCEDORES DO MUNDIAL DE RALLIES

Nº	NOME	NASC.	ANO-VITÓRIAS
1	Atso Aho (SF)	25.09.1938 Ylitornio	1975 SF
1	Claes-Goran Andersson (F)	1.10.1945 Karlstad	1976 GR
2	Jean-Marc Andrie (F)	16.05.1955 Nimes	1981 MC
			1982 F
2	Lars Backman (S)	26.10.1957 Eksharad	1992 S
			1993 S
1	Jochen Berger (D)	19.07.1946 Hildburgchausen	1975 GR
1	Bruno Berglund (S)	13.02.1947 Nysund	1980 S
1	Arnaldo Bernacchini (I)	6.10.1941 Milan	1974 P
2	"Biche" Espinos (F)	28.09.1948 Cremieu	1973 MC
			1974 F
2	Claes Billstam (S)	24.09.1944 Taby	1989 RA, SF
2	Per Carlsson (S)	22.12.1952 Orebro	1989 S, NZ
1	Carlo Cassina (I)	13.10.1960 Camaiore	1988 P
10	Bjorn Cederberg (S)	23.07.1937 Koping	1976 S
			1979 S
			1982 S, I
			1983 GB
			1984 S, GR, NZ, RA, CI
1	Sergio Cresto (I)	19.01.1956 New York	1986 MC
1	John Davenport (GB)	21.11.1939 Hitchin	1974 SF
1	Jorge Del Buono (RA)	13.11.1944 Mar del Plata	1988 RA
3	Christian Delferrier (B)	29.06.1941 Nivelles	1973 GR
			1974 USA
			1977 I
1	Peter Diekmann (D)	19.10.1947 Reichenberg	1987 CI
2	David Doig (EAK)	15.06.1939 Nyeri	1974 EAK
			1976 EAK
4	Mike Doughty (EAK)	21.12.1936 Tanga (EAT)	1979 EAK
			1980 EAK
			1981 EAK
			1982 EAK
1	Lofty Drews (EAK)	16.07.1940 Tanga (EAT)	1973 EAK
1	Stefano Evangelisti (I)	1.12.1955 Cesena	1993 I
1	Sauro Farnocchia (I)	22.05.1960 Lucca	1992 I
2	J.-Francois Fauchille (F)	24.11.1947 Paris	1986 F
			1988 MC
1	Edgar Fortes (P)	28.06.1950 Porto	1986 P
5	Fred Gallagher (GB)	16.04.1952 Belfast	1985 EAK, CI
			1986 EAK, CI
			1990 EAK
2	Michele Gamet (F)	1.03.1944 Marseille	1976 MA
			1978 CI
13	Christian Geistdorfer (D)	1.02.1953 Munich	1978 GR, CDN
			1980 MC, P, RA, I
			1982 MC, CI
			1983 MC, GR, NZ
			1984 MC
			1985 I
1	Denis Giraudet (F)	16.12.1955 Lorette	1993 SF
4	Daniel Grataloup (F)	19.05.1960 Lyon	1993 P, F, E
			1994 MC
4	NIcky Grist (GB)	1.11.1961 Ebbw Vale	1993 RA, AUS, GB
			1994 P
11	Seppo Harjanne (SF)	28.02.1948 Helsinki	1980 NZ
			19881 CI
			1985 P, GR, NZ, RA, SF
			1986 SF, GB
			1987 S
			1994 SF
6	Terry Harryman (GB)	26.09.1938 Belfast	1983 EAK
			1984 SF, I, GB
			1985 MC, S
18	Arne Hertz (S)	6.06.1939 Vanersborg	1973 S
			1975 EAK
			1978 GB
			1979 P, NZ, GB, CI
			1981 S, GB
			1982 SF, GB
			1983 S, P, RA, SF
			1984 P
			1987 EAK
			1991 E
1	Ferdi Hinterleitner (A)	10.11.1952 Viena	1988 NZ
2	Jacques Jaubert (F)	25.02.1944 Lyon	1973 P, I
20	Ilkka Kivimaki (SF)	20.07.1946 Salo	1975 P
			1976 SF
			1977 P
			1978 P, SF, I
			1979 SF
			1980 SF
			1981 P

Nº	NOME	NASC.	ANO-VITÓRIAS
	Ilkka Kivimaki (SF)	20.07.1946 Salo	1983 F, I
			1984 F
			1986 I, USA
			1987 P, GR, SF
			1988 S, SF, GB
1	Vincent Laverne (F)	21.11.1949 Paris	1978 MC
1	Daniel Le Saux (F)	22.05.1945 Rennes	1988 CI
1	J.-Claude Lefebvre (F)	7.01.1945 Nanterre	1978 EAK
1	Jean-Jacques Lenne (F)	28.08.1947 Joigny	1987 F
4	Henry Liddon (GB)	20.04.1932 London	1973 SF, GB
			1974 GB
			1975 GB
7	Alain Mahe (F)	25.08.1946 Toulon	1973 MA
			1975 F
			1977 F
			1978 F
			1979 MC, F
			1981 F
4	Silvio Maiga (I)	14.06.1949 Sanremo	1976 MC, P, F
			1977 MC
1	Mauro Mannini (I)	15.01.1946 Vallecrosia	1979 I
3	Mario Mannucci (I)	31.05.1932 Milan	1974 I, CDN
			1975 MC
1	Jaakko Markkula (SF)	9.06.1939 Riihuimaki	1977 CDN
1	Ronan McNamee (GB)	7.07.1952 Cork (IRL)	1989 GB
2	Joohn Meadows (GB)	27.12.1954 Preston	1991 CI
			1992 CI
14	Luis Moya (E)	23.09.1960 La Coruna	1990 GR, NZ, SF, GB
			1991 MC, P, F, NZ, RA
			1992 EAK, NZ, E, GB
16	Bernard Occelli (F)	20.05.1961 Cannes	1988 F
			1989 F
			1990 MC, F, I
			1991 I
			1992 MC, F, GR, RA, SF, AUS
			1993 MC
			1994 F, RA, I
1	Claude Papin (F)	17.08.1952 Sables d'Olonne	1990 CI
1	Staffan Parmander (S)	1.12.1957 Stokholm	1991 S
1	Jorg Pattermann (A)	19.11.1954 Salzburg	1987 NZ
1	Stuart Pegg (ZA)	21.06.1945 Manchester	1976 GB
14	Juha Piironen (SF)	8.04.1951 Helsinki	1986 S, GR, NZ
			1987 USA, GB
			1989 AUS
			1990 AUS
			1991 EAK, GR, SF, AUS, GB
			1992 P
			1993 EAK
4	Fabrizio Pons (I)	26.06.1955 Turin	1981 I
			1982 P, GR, BR
4	David Richards (GB)	3.06.1952 Orpington	1980 GR
			1981 GR, BR, SF
3	Derek Ringer (GB)	11.10.1956 Chatham	1994 NZ, GB
1	Francesco Rossetti (I)	12.12.1950 Genova	1977 NZ
16	Tiziano Siviero (I)	28.10.1957 Bas. Del Grappa	1986 RA
			1987 MC, RA, I
			1988 EAK, GR, USA, I
			1989 MC, P, EAK, GR, I
			1990 P, RA
			1993 GR
1	Hans Sylvan (S)	25.12.1944 Linkoping	1977 S
1	Gilles Thimonier (F)	12.01.1962 St. Etienne	1989 CI
1	Pierre Thimonier (F)	18.10.1942 Avignon	1985 F
13	Hans Thorszelius (S)	19.02.1944 Uppsala	1975 S, I
			1976 I
			1977 EAK, GR, GB
			1978 S
			1979 GR, CDN
			1980 CI
			1982 NZ
			1983 CI
			1984 EAK
1	Martti Tiukkanen (SF)	10.05.1947 Jamsa	1977 SF
4	Jean Todt (F)	25.02.1946 Pierrefort	1973 PL, A
			1975 MA
			1981 RA
2	Michel Vial (F)	29.09.1944 St. Claude	1973 F
			1980 F
1	Paul White (GB)	5.05.1948 Bristol	1980 GB
1	David Williamson (EAK)	8.01.1952 Hornchurch	1994 EAK
1	Neil Wilson (GB)	1.10.1946 Wrexham	1985 GB
1	Doug Woods (CDN)	31.10.1947 Ottawa	1973 USA

PILOTOS PRIORITÁRIOS A

No início da temporada de 1994 introduziu-se um novo sistema de classificação dos pilotos prioritários do Campeonato do Mundo de Ralis, denominado de Primeira Prioridade.
A actual classificação de prioritários A e B manteve-se, sobretudo para os ralis não pontuáveis para o Mundial, embora o organizadores de ralis do Campeonato do Mundo ainda a levem em conta quando separam as inscrições. Alguns pilotos têm a 1ª PRIORIDADE PERMANENTE devido aos seguintes motivos: a) Ter sido Campeão do Mundo num dos dois anos anteriores, ou b) Ter ganho um rali do Campeonato do Mundo durante a temporada actual ou na anterior.
Outros têm nomeações de 1ª PRIORIDADE num dado rali do Campeonato do Mundo ao serem inscritos por um dos principais Construtores, mas apenas para esse evento.
Os pilotos podem receber uma PRIORIDADE A se alcançarem resultados de relevo nos Campeonatos do Mundo ou da Europa de ralis, ou se forem pilotos FIA de Grande Prémio ou Sport-Protótipos.
Um piloto pode ainda ser nomeado pela autoridade desportiva do seu país para uma outra categoria conhecida como 2ª PRIORIDADE, que conta para ralis do Campeonato do Mundo, a qual, no entanto, tem de ser aprovada pela Comissão de Ralis. A lista que se segue discrimina todos os pilotos detentores das prioridades acima mencionadas em 1994.

PRIORITÁRIO	1º		A	2º
	PERMANENTE	NOMEADO		NOMEADO
Andrea Aghini (I)	—	P,F	x	—
Markku Alen (FIN)	—	—	x	—
Didier Auriol (F)	x	—	x	—
Mia Bardolet (E)	—	—	—	x
Pier-Cesar Baroni (F)	—	—	x	—
Raimund Baumschlager (A)	—	—	—	x
Vladimir Berger (CZ)	—	MC	—	—
Miki Biasion (I)	x	—	x	—
Mohammed Bin Sulayem (UAE)	—	—	x	—
'Possum' Bourne (NZ)	—	NZ	—	—
Philippe Bugalski (F)	—	F	—	—
Richard Burns (GB)	—	EAK,NZ,GB	—	—
Francois Chatriot (F)	—	—	x	—
Antonio Coutinho (P)	—	—	x	—
Gianfranco Cunico (I)	x	—	x	—
François Delecour (F)	x	—	x	—
Robert Droogmans (B)	—	—	x	—
Ian Duncan (EAK)	x	—	x	—
Kenneth Eriksson (S)	—	MC,GR,NZ	x	—
Alex Fassina (I)	—	—	x	—
Alex Fiorio (I)	—	P	—	x
Yoshio Fujimoto (J)	—	EAK,GR,NZ,GB	—	—
Mats Jonsson (S)	x	—	x	—
Serge Jordan (F)	—	F	—	—
Juha Kankkunen (FIN)	x	—	x	—
Piero Liatti (I)	—	—	x	—
Tommi Makinen (FIN)	x	—	—	—
Colin McRae (GB)	x	—	x	—
Patrick Njiru (EAK)	—	EAK	—	—
Alain Oreille (F)	—	MC,F	—	x
Gilberto Pianezzola (I)	—	—	x	—
Jean Ragnotti (F)	—	MC,F	—	x
Carlos Sainz (E)	x	—	x	—
Armin Schwarz (D)	—	MC,GR,NZ,I	x	—
Kenjiro Shinozuka (J)	—	—	x	—
Pavel Sibera (CZ)	—	MC,GR,FIN,I,GB	—	—
Patrick Snyers (B)	—	—	x	—
'Stratissino' (GR)	—	GR	—	—
Bruno Thiry (B)	—	MC,F,RA,FIN,I,GB	—	—
Emil Triner (CZ)	—	GR,FIN,I,GB	—	—
Ari Vatanen (FIN)	—	GR,NZ,RA,FIN,GB	x	—
Erwin Weber (D)	—	—	x	—
Malcolm Wilson (GB)	—	GR,GB	x	—

Existiram ainda 115 pilotos que tinham Prioridade B, a qual foi atribuída por mérito ou por nomeação. Abaixo, nós damos a relação dos pilotos que deverão estar ligados às maiores equipas em 1995 ou que receberam o título em 1994.
* Nota: O Rali de Sanremo de 1986 foi excluído do Campeonato do Mundo e os respectivos pontos foram retirados.

Andrea Aghini (I)

Data de Nasc.: 29/12/1963, Livorno
Estreia: Peugeot 205GTI em 1984
Co-piloto: Sauro Farnocchia (SF).

1986 - I – Renault 5 GT Turbo, (SF), turbo
1987 - I – Peugeot 205 GTI, (SF), turbo
1988 - I – Peugeot 309 GTI, (SF), 12º
1989 - I – Peugeot 405Mi 16, (SF), embraiagem
1991 - I – Lancia Delta Integrale, (SF), 5º; E – 5º
1992 - P – Lancia HF Integrale, (SF), acidente; F – 6º; I – 1º; E – 3º; GB – 10º
Cla.: 7º no Camp. Mundial de Pilotos
1993 - MC – Lancia HF Integrale, (SF), acidente; P – 3º; F – suspensão; GR – 4º; I – acidente
1994 - P – Toyota Celica T.4WD, (SF), acidente; F – 3º; I – acidente
Prioritário: 1ª nomeação

Didier Auriol (F)

Data de Nasc.: 18/08/1958, Montpellier
Estreia: Simca Rallye 2 em 1979
Co-piloto: Bernard Occelli (BO).

1984 - F – Renault 5 Turbo, (BO), turbo/incêndio
1985 - F – Renault Maxi 5 Turbo, (BO), prob. eléctricos
1986 - F – MGMetro 6R4, (BO), perda de óleo
1987 - F – Ford Sierra RS Cosworth, (BO), 8º
1988 - P – Ford Sierra RS Cosworth, (BO), eixo traseiro; F – 1º; FIN – 3º; I – acidente
1989 - MC – Lancia Delta Integrale, (BO), 2º; P – embraiagem; F – 1º; GR – 2º; FIN – avaria; I – acidente
Cla.: 4º no Camp. Mundial de Pilotos
1990 - MC – Lancia D. Integrale, (BO), 1º; P – 2º; F – 1º; GR – avaria no cárter; RA – 3º; FIN – acidente; AUS – acidente; I – 1º; GB – 5º
Cla.: 2º no Camp. Mundial de Pilotos
1991 - MC – Lancia Delta Integrale, (BO), motor ; S - 9º; P – 2º; F – 2º; GB – 4º; NZ – 3º; RA – 3º; FIN – 2º; AUS – motor; I – 1º; GB – 12º
1992 - MC – Lancia HF Integrale, (BO); 1º; P – motor; F – 1º; GR – 1º; RA – 1º; FIN – 1º; AUS – 1º; I – roda partida; E – 10º; GB – velas
Cla.: 3º no Camp. Mundial de Pilotos
1993 - MC – Toyota Celica T.4WD, (BO), 1º; S – abandono; F – 2º; GR – sobreaquec.; RA – 4º; NZ – 3º; AUS – motor; FIN – 3º; GB – 6º
Cla.: 3º no Camp. Mundial de Pilotos
1994 - MC – Toyota Celica T.4WD, (BO), acidente; P – 2º; EAK – 3º; F – 1º; GR – motor; RA – 1º; NZ – 5º; FIN – 2º; I – 1º; GB – 6º
Campeão Mundial de Pilotos
Prioritário: 1º Classe A

Miki Biasion (I)

Data de Nasc.: 07/01/1958, Bassano del Grappa
Estreia: Opel Kadett em 1979
Co-pilotos: Tiziano Siviero (TS), Carlo Cassina (CC).

1980 - I – Opel Ascona, (TS), diferencial
1981 - I – Opel Ascona 400, (TS), 6º
1982 - I – Opel Ascona 400, (TS), 8º
1983 - I – Lancia Rally, (TS), 5º
Campeão europeu
1984 - MC – Lancia Rally, (TS), 6º; P – 4º; F – 2º; GR – embraiagem; I – 3º
Cla.: 6º no Camp. Mundial de Pilotos
1985 - MC – Lancia Rally, (TS), 9º; P – 2º; F – abandono; I – 6º
1986 - MC – Lancia Delta SA, (TS), despiste; P – abandono; EAK – Lancia Rally, motor; F – abandono; GR – 2º; NZ – 3º; RA – 1º; I – 3º*
Cla.: 5º no Camp. Mundial de Pilotos
1987 - MC – Lancia Delta HF 4WD, (TS), 1º; P – 8º; F – 3º; GR – 7º; USA – 2º; RA – 1º; I – 1º
Cla.: 2º no Camp. Mundial de Pilotos
1988 - MC – Lancia Delta HF 4WD, (TS), motor; P – Lancia Delta Integrale, (CC), 1º; EAK – (TS), 1º; GR – 1º; USA – 1º; RA – 2º; I – 1º
Campeão Mundial
1989 - MC – Lancia D. Integrale, (TS), 1º; P – 1º; EAK – 1º; GR – 1º; FIN – 6º; I – 1º
Campeão Mundial
1990 - MC – Lancia D. Integrale, (TS), 3º; P – 1º; EAK – motor; GR – 3º; RA – 1º; I – acidente; GB – 3º
Cla.: 4º no Camp. Mundial de Pilotos
1991 - MC – Lancia D.Integrale, (TS), 2º; P – 3º; EAK – despiste; GR – 3º; RA – 2º; I – 2º; GB – acidente
Cla.: 4º no Camp. Mundial de Pilotos
1992 - MC – Ford Sierra Cos.4x4, (TS), 8º; P – 2º; F – 7º; GR – 3º; FIN – 5º; I – 4º; GB – 5º
Cla.: 4º no Camp. Mundial de Pilotos
1993 - MC – Ford Escort RS Cos., (TS), 3º; P – 2º; F – 7º; GR – 1º; RA – 2º; NZ – acidente; AUS – motor; I – motor; E – 4º
Cla.: 4º no Camp. Mundial de Pilotos
1994 - MC – Ford Escort RS Cos., (TS), 4º; P – 3º; F – 5º; GR – motor; RA – motor; NZ – motor; I – 3º; GB – motor
Cla.: 6º no Camp. Mundial de Pilotos
Prioritáro: 1º Classe A

Stig Blomqvist (S)

Data de Nasc.: 29/07/1946, Orebro
Estreia: Saab 96 em 1964
Co-pilotos: Arne Hertz (AH) ; Hans Sylvan (HS); 'Vicki' ('V'); Bjorn Cederberg (BC); Bruno Berglund (BB); Benny Melander (BM).

1973 - S – Saab 96V4, (AH), 1º; FIN – eixo; A – diferencial; GB – acidente
1974 - FIN – Saab 96V4, (HS), 4º; GB – 2º
1975 - S – Saab 96V4, (HS), 2º; FIN – excluído; GB – motor
1976 - S – Saab 96V4, (HS), 2º; FIN – Saab 99EMS, caixa de veloc.; GB – 2º
1977 - S – Saab 99EMS, (HS), 1º; FIN – distribuidor; GB – transmissão
1978 - S – Lancia Stratos, (HS), 4º; CDN – Saab 99EMS, ('V), caixa velocid.; GB – Saab 99 Turbo, (HS), embraiagem
1979 - S – Saab 99 Turbo, (BC), 1º; GB – acidente
Cla.: 10º no Camp. Mundial de Pilotos
1980 - S – Saab 99 Turbo, (BC), 2º; GB – motor
1981 - S – Saab 99 Turbo, (BC), 5º; FIN – Talbot S. Lotus, 8º; GB – 3º
1982 - S – Audi Quattro, (BC), 1º; FIN – 2º; I – 1º; GB – Talbot S. Lotus, 8º
Cla.: 4º no Camp. Mundial de Pilotos
1983 - MC – Audi Quattro, (BC), 3º; S – 2º; P – transmissão; GR – 3º; NZ – abandono; RA – 2º; FIN – 2º; I – acidente; GB – 1º
Cla.: 4º no Camp. Mundial de Pilotos
1984 - MC – Audi Quattro, (BC), 2º; S – 1º; P – acidente; EAK – motor; F – 5º; GR – 1º; NZ – 1º; RA – 1º; FIN – 4º; I – Audi Sport Quattro, motor; CI – 1º
Campeão Mundial

1985 - MC – Audi Sport Quattro, (BC), 4º; S – 2º; P – 4º; EAK – caixa veloc.; GR – 2º; NZ – 4º; RA – Audi Sport Quattro E2, motor; FIN – 2º

Cla.: 2º no Camp. Mundial de Pilotos

1986 - S – Ford RS200, (BB), motor; P – abandono; GR – acidente; RA – Peugeot 205T16 E2, 3º; FIN – 4º; GB – Ford RS200, turbo

1987 - MC – Ford Sierra XR4x4, (BB), excluido; S – 6º; EAK – incêndio; F – Ford Sierra RS Cos., abandono; NZ – Ford Sierra XR4x4, (BC), acid.; FIN – Ford Sierra RS Cos., 3º; GB – 2º

Cla.: 7º no Camp. Mundial de Pilotos

1988 - S – Ford Sierra XR4x4, (BM), 2º; P – Ford Sierra RS Cos., 5º; FIN – 5º; I – 7º; GB – 6º

Cla.: 4º no Camp. Mundial de Pilotos

1989 - S – Audi 200 Quattro, (BM), 5º; EAK – VW Golf GTI 16v., (BC), 3º

1991 - EAK – Nissan Pulsar GTI-R, (BM), 5º; GR – motor; FIN – 8º; GB – triân. suspen.

1992 - S – Nissan Pulsar GTI-R, (BM), 3º; FIN – motor; GB – acidente

1993 - S – Opel Calibra Turbo 4x4, (BM), motor

1994 - GB – Ford Escort RS Cos., (BM), 4º

Prioritário: 1ª nomeação/B

Peter 'Possum' Bourne (NZ)

Data de Nasc.: 13/04/1956, Pukekohe
Estreia: Ford Cortina V8 em 1979
Co-pilotos: Ken Fricker (KF); Michael Eggleton (ME); Mike Fletcher (MF); Jim Scott (JS); Kevin Lancaster (KL); Rodger Freeth (RF); Tony Sircombe (TS).

1983 - NZ – Subaru RX Coupe, (KF), 14º

1984 - NZ – Subaru Leone 4WD, (ME), 8º

1985 - NZ – Subaru RX Turbo, (ME), 8º

1986 - EAK – Subaru RX Turbo, (MF), suspensão/acid.; NZ – (JS), abandono; USA – 8º

1987 - EAK – Subaru Coupe 4WD T. (KL), 11º; NZ – Subaru RX T., (ME), 3º; GB – (RF), suspensão

1988 - EAK – Subaru RX Turbo, (RF), 9º; NZ – acidente

1989 - EAK – Subaru RX Turbo, (RF), 7º; NZ – excluido; AUS – 10º

1990 - EAK – Subaru Legacy 4WD Turbo, (RF), motor; NZ – 5º; AUS – 4º

1991 - NZ – Subaru Legacy 4WD Turbo, (RF), motor; AUS – transmissão

1992 - NZ – Subaru Legacy 4WD Turbo, (RF), motor; AUS – 6º

1993 - NZ – Subaru Legacy 4WD Turbo, (RF), 6º; AUS – acidente

1994 - NZ – Subaru Impreza 555, (TS), acidente

Prioritário: 1ª nomeação/B

Philippe Bugalski (F)

Data de Nasc.: 12/06/1963, Cusset
Estreia: VW Golf GTI em 1982
Co-piloto: Dominique Perruchon (DP); Jean-Marc Andrie (JA); Denis Giraudet (DG); Thierry Renaud (TR).

1984 - MC – VW Golf GTI, (DP), 8º

1988 - F – Renault 21 Turbo, (JA), despiste

1989 - MC – Renault 21 Turbo, (DG), motor

1991 - F – Renault Clio 16-v., (DG), 8º

1992 - MC – Lancia HF Integrale, (DG), 5º; F – 3º; FIN – 9º

1994 - F – Renault Clio Williams, (TR), caixa velocidades

Prioritário: 1ª nomeação/B

Richard Burns (GB)

Data de Nasc.: 17/01/1971, Reading
Estreia: Talbot Sunbeam em 1988
Co-pilotos: Wayne Goble WG); Robert Reid (RR).

1990 - GB – Peugeot 309 GTI, (WG), 28º

1991 - GB – Peugeot 309 GTI, (RR), 16º

1992 - GB – Peugeot 309 GTI, (RR), perda de roda

1993 - GB – Subaru Legacy 4WD Turbo, (RR), 7º

1994 - EAK – Subaru Impreza WRX-RA, (RR), 5º; NZ – Subaru Impreza 555, acidente; GB – suspensão

Prioritário: 1ª nomeação/B

Francois Chatriot (F)

Data de Nasc.: 01/01/1952, Paris
Estreia: Renault Dauphine em 1973
Co-pilotos: Bernard Trastour (BT); Annick Peuvergne (AP); Jean-Francois Lienere (JL); Daniel Brichot (DB); Michel Perin (MP); Denis Giraudet (DG).

1981 - MC – VW Golf GTI, (BT), 20º

1982 - F – Renault 5 Turbo, (AP), rolamentos

1983 - F – Renault 5 Turbo, (JL), motor

1984 - MC – Renault 5 Turbo, (DB), 86º; F – (MP), 8º

1985 - F – Renault Maxi 5 T., (MP), válvula motor

1986 - F – Renault Maxi 5 T., (MP), 2º

Cla.: 3º no Campeonato Europeu

1987 - MC – Renault 11 Turbo, (MP), 10º; P – 5º; F – 5º; GR – 8º; I – 11º

1988 - F – BMW M3, (MP), 4º

1989 - F – BMW M3, (MP), 2º

1990 - F – BMW M3, (MP), 3º; I – Subaru Legacy 4WD T., embraiagem

1991 - S – Subaru Legacy 4WD T., (MP), 19º; P – 6º; F – 9º

1992 - MC – Nissan Pulsar GTI-R, (MP), 7º; P – 6º

1993 - F – Toyota Celica T.4WD, (DG), 3º

1994 - Prioritário: A

Gianfranco Cunico (I)

Data de Nasc.: 11/10/1957, Vicenza
Estreia: Opel Ascona em 1977
Co-pilotos: Eraldo Mussa (EM); Maurizio Perissinot (MP); Max Sghedoni (MS); Stefano Evangelisti (SE); Terry Harryman (TH).

1981 - I – Ford Fiesta 1600, (EM), junta

1982 - I – Fiat Ritmo 125, (MP), 12º

1984 - I – Lancia Rally, (MS), acidente

1987 - I – Lancia Delta HF 4WD, (SE), 12º

1988 - I – Ford Sierra RS Cosworth, (MS), acidente

1989 - F – Ford Sierra RS Cosworth, (MS), 7º; GB – (TH), acidente

1990 - FIN – Ford Sierra Cos.4x4, (SE), acidente; I – cabo acelerador
1991 - F – Ford Sierra Cosworth 4x4, (SE), 3º; I – acidente
1992 - I – Ford Sierra Cosworth 4x4, (SE), abandono
1993 - I – Ford Escort RS Cos., (SE), 1º
1994 - F – Ford Escort RS Cosworth, (SE), acidente; I – 6º
Prioritário: 1ª nomeação/A

Gregoire de Mevius (B)

Data de Nasc.: 16/08/1962, Namur
Estreia: Talbot Samba Rallye em 1984
Co-pilotos: Luc Manset (LM); Willy Lux (WL); Abdul Sidi (AS); Arne Hertz (AH); Herve Sauvage (HS).

1988 - FIN – Mazda 323 4WD, (LM) 22º; GB – 11º
1989 - S – Mazda 323 4WD, (WL), 32º; MC – 12º; P – 7º; EAK – (AS), caixa velocid.; GR – (WL), suspensão; FIN – caixa velocid.; I – 10º; CI – acidente; GB – 19º
Cla.: 2º no Groupo N Cup
1990 - P – Mazda 323 4WD, (LM), embraiagem; AUS – (AH), 6º; I – (WL) acidente
1991 - MC – Mazda 323 GTX, (HS), motor; P – 8º; GR – 12º; RA – 9º; I – 14º; GB – 22º
Vencedor do Grupo N
1992 - P – Nissan Pulsar GTI-R, (WL) 13º; GR – 9º; RA – não largou; FIN – 13º; CI – motor; GB – 15º
Vencedor do Grupo N
1993 - GB – Nissan Sunny GTI, (WL), motor
1994 - P – Opel Astra GSi, (WL), suspensão; GR – motor; FIN – 14º; I – suspensão; GB – 10º
Prioritário: B

Francois Delecour (F)

Data de Nasc.: 30/08/1962, Cassel
Estreia: Fiat Abarth A112 em 1981
Co-pilotos: Anne-Chantal Pauwels (AP); 'Tilber' ('T); Daniel Grataloup (DG).

1984 - MC – Talbot Samba, (AP), 67º
1985 - MC – Peugeot 205GTI, (AP), motor
1986 - MC – Peugeot 205GTI, (AP), alternador
1987 - MC – Peugeot 205GTI, (AP), 21º
1989 - F – Peugeot 309GTI, ('T), alternador
1990 - MC – Peugeot 309GTI, ('T), 9º; MC – motor
1991 - MC – Ford Sierra Cosworth 4x4, (AP), 3º; P – acidente; F – diferencial tras.; GR – diferencial dian.; I – 4º; E – (DG), 3º; GB – 6º
Cla.: 7º ex-aequo no Campeonato Mundial de Pilotos
1992 - MC – Ford Sierra Cosworth 4x4, (DG), 4º; P – motor; F – 2º; GR – 5º; FIN – acid.; I – 3º E – acidente
Cla.: 6º no Camp. Mundial de Pilotos
1993 - MC – Ford Escort RS Cos. (DG), 2º; P – 1º; F – 1º; GR – motor; NZ – 2º; AUS – 3º; I – acidente; E – 1º; GB – 4º
Cla.: 2º no Camp. Mundial de Pilotos
1994 - MC – Ford Escort RS Cos. (DG), 1º; P – motor; FIN – 4º; I – motor; GB – excluído
Cla.: 8º no Camp. Mundial de Pilotos
Prioritário: 1º Classe A

Ian Duncan (EAK)

Data de Nasc.: 23/06/1961, Nairobi
Estreia: Datsun 1200 em 1981
Co-pilotos: Gavin Bennett (GB); Ian Munro (IM); Yvonne Mehta (YM); David Williamson (DW).

1983 - EAK – Nissan Pickup, (GB), 9º
1984 - EAK – Daihatsu Charade, (IM), motor
1985 - EAK – Toyota Corolla, (IM), suspensão traseira
1986 - EAK – Toyota Corolla, (IM), motor
1988 - EAK – Subaru RX Turbo, (IM), 6º
1989 - EAK – Toyota Supra Turbo, (IM), 5º
1990 - EAK – Subaru Legacy 4WD Turbo, (IM), motor; GR – (YM), 8º
1991 - EAK – Subaru Legacy 4WD Turbo, (DW), 6º
1992 - EAK – Toyota Celica GT-4, (DW), 6º
1993 - EAK – Toyota Celica T.4WD, (IM), 3º
1994 - EAK – Toyota Celica T.4WD, (DW), 1º
Prioritário: 1º Classe A

Kenneth Eriksson (S)

Data de Nasc.: 13/05/1956, Appelbo
Estreia: Saab 96 em 1977
Co-pilotos: Lennart Larsson (LL); Sven-Erik Heinstedt (SH); Ragnar Spjuth (RS); Bo Thorszelius (BT); Peter Diekmann (PD); Staffan Parmander (SP).

1980 - S – Saab 96V4, (LL), 51º
1981 - S – Saab 96V4, (LL), 31º
1982 - S – Saab 96V4, (SH), 15º
1983 - S – Opel Ascona, (SH), 16º
1984 - S – Opel Kadett GT/E, (LL), 7º; GB – Opel Kadett GSi, (RS), caixa velocidades
1985 - S – Opel Kadett GSi, (BT), 10º
1986 - MC – VW Golf GTI, (PD), 9º; S – 7º; P – abandono; EAK – abandono; F – 8º; GR – 7º; NZ – 7º; RA – 5º; FIN – 12º; I – 5º; GB – 11º
Campeão do Mundo do Grupo A
Cla.: 10º no Camp. Mundial de Pilotos
1987 - MC – VW Golf GTI 16v., (PD), 5º; S – 8º; P – 3º; EAK – motor; F – motor; GR – eixo; NZ – 2º; RA – 4º; CI – 1º; GB – 9º
Cla.: 4º no Camp. Mundial de Pilotos
1988 - EAK – Toyota Supra Turbo, (PD), 4º; F – Toy. Celica 2000 GT-Four, 6º; I – 6º; GB – motor
1989 - S – Toy.Celica GT-Four, (SP), 3º; GR – Toyota Celica GT-4, incêndio; FIN – 4º; AUS – 2º; GB – 4º
Cla.: 6º no Camp. Mundial de Pilotos
1990 - MC – Mitsub. Galant VR-4, (SP), óleo/motor; P – transmissão; GR – turbo; FIN – 3º; AUS – embraiagem; GB – 2º
1991 - MC – Mitsub. Galant VR-4, (SP), abandono; S – 1º; GR – 7º; FIN – 3º; AUS – 2º; GB – 2º
Cla.: 5º no Camp. Mundial de Pilotos
1992 - MC – Mitsub. Galant VR-4E, (SP), direcção; P – acidente; GR – caixa veloc.; GB – 7º
1993 - MC – Mit. Lancer Evolution, (SP), 4º; P – 5º; GR – cárter partido; FIN – 5º; GB – 2º
Cla.: 6º no Camp. Mundial de Pilotos
1994 - MC – Mit. Lancer Evolution, (SP), 5º; GR – Mit. Lancer Ev. II, suspensão tras.; NZ – 4º
Prioritário: 1º Classe A

Yoshio Fujimoto (J)

Data de Nasc.: 29/01/1960, Yokohama City
Estreia: Nissan Sunny em 1982
Co-pilotos: Hakaru Ichino (HI); Arne Hertz (AH).

1989 - NZ – Isuzu Gemini, (HI), 28°
1990 - NZ – Isuzu Gemini, (HI), excluído; AUS – acidente
1991 - NZ – Nissan Pulsar GTI-R, (HI), acidente; AUS – acidente
1992 - NZ – Nissan Pulsar GTI-R, (HI), 6°; AUS – acidente
1993 - NZ – Mit. Lancer Evolution, (HI), 10°; AUS – acidente
1994 - EAK – Toyota Celica T.4WD, (HI), acidente GR – (AH); 7°; NZ – 7°; GB – acidente
Prioritário: 1° Classe B

Isolde Holderied (D)

Data de Nasc.: 07/11/1966, Oberammergau
Estreia: Opel Kadett GSi em 1987
Co-pilotos: Dagmar Lohmann (DL); Christina Thorner (CT).

1992 - MC – Mitsub. Galant VR-4, (DL), 19°
1993 - MC – Mitsub. Galant VR-4, (CT), 12°
1994 - MC – Mit. Lancer Evolution, (CT), 15°; P – 11°; F – 16°; RA – 8°; FIN – 29°; I – 15°; GB – 16°
Vencedora em senhoras

Mats Jonsson (S)

Data de Nasc.: 28/11/1957, Karlstad
Estreia: Volvo PV544 em 1976
Co-pilotos: Per Hansson (PH); Magnus Ollson (MO); Sven-Olov Kvarnlov (SK); Johnny Johansson (JJ); Ake Gustavsson (AG); Lars Backman (LB); Bryan Thomas (BT); Anders Olsson (AO).

1979 - S – Volvo 142, (PH), 16°; FIN – (MO), 25°
1980 - S – Volvo 142, (SK), 22°
1981 - S – Volvo 142, (SK), 12°; GB – (JJ), 16°
1982 - S – Opel Ascona, (SK), 12°; GB – (JJ), 16°
1983 - S – Opel Ascona, (AG), 13°; FIN – bomba de óleo; GB – (JJ), 10°
1984 - S – Opel Ascona, (AG), 4°; GB – (JJ), despiste
1985 - S – Opel Ascona, (AG), 9°; GB – (JJ), 13°
1986 - S – Opel Kadett, (JJ), 12°; GB – Opel Ascona, (JJ), 17°
1987 - S – Opel Kadett GSi, (LB), 13°; FIN – suspensão diant.; GB – Opel Kadett, (JJ), 7°
1988 - S – Opel Kadett GSi, (LB), eixo; FIN – 10°; GB – 9°
1989 - S – Opel Kadett GSi, (LB), 12°; NZ – 4°; FIN – motor; GB – (BT), 13°
1990 - GB – Toyota Celica GT-4, (AO), 4°
1991 - S – Toyota Celica GT-4, (LB), 2°; FIN – 6°
1992 - S – Toyota Celica GT-4, (LB), 1°
1993 - S – Toyota Celica T.4WD, (LB), 1°; GB – 9°
1994 - Prioritário: 1° Classe A

Juha Kankkunen (FIN)

Data Nasc.: 02/04/1959, Laukaa
Estreia: Ford Escort RS2000 em 1978
Co-pilotos: Timo Hantunen (TH); Rolf Mesterton (RM); Staffan Pettersson (SP); Dave Whittock (DW); Juha Piironen (JP); Fred Gallagher (FG); Nicky Grist (NG); Denis Giraudet (DG).

1979 - FIN – Ford Escort RS, (TH), 14°
1982 - FIN – Opel Manta GT/E, (TH), motor; GB – (RM), motor
1983 - FIN – Toyota Celica TCT, (SP), 6°; CI – (DW), atrasado; GB – (JP), 7°
1984 - P – Toyota Celica TCT, (FG), direcção; NZ – acidente; FIN – 5°; GB – acidente
1985 - EAK – Toyota Celica TCT, (FG), 1°; NZ – prob. eléctc.; FIN – acid.; CI – 1°; GB – 5°
Cla.: 5° no Camp. Mundial de Pilotos
1986 - MC – Peugeot 205T16 E2, (JP), 5°; S – Peugeot 205T16 E2, (JP), 1°; P – abandono; EAK – 5°; GR – 1°; NZ – 1°; RA – suspensão; FIN – 2°; I – excluído*; GB – 3°; USA – 2°
Campeão Mundial
1987 - MC – Lancia Delta HF 4WD, (JP), 2°; S – 3°; P – 4°; GR – 2°; USA – 1°; FIN – 5°; GB – 1°
Campeão mundial
1988 - EAK – Toyota Supra Turbo, (JP), 5°; F – Toyota Celica 2000 GT-Four, (JP), motor; GR – motor; FIN – motor; I – acidente; GB – acidente
1989 - MC – Toyota Celica GT-4, (JP), 5° P – motor; F – 3°; GR – carroçaria; FIN – incêndio; AUS – 1°; I – 5°; GB – 3°
Cla.: 3° no Camp. Mundial de Pilotos
1990 - MC – Lancia Delta Integrale, (JP), acidente; P – 3°; EAK – 2°; GR – 2°; RA – caixa veloc.; FIN – 5°; AUS – 1°; I – 2°; GB – acidente
Cla.: 3° no Camp. Mundial de Pilotos
1991 - MC – Lancia Delta Integrale, (JP), 5°; P – 4°; EAK – 1°; GR – 1°; NZ – 2°; RA – 4°; FIN – 1°; AUS – 1°; I – direcção; E – 2°; GB – 1°
Campeão Mundial
1992 - MC – Lancia HF Integrale, (JP), 3°; P – 1°; EAK – 2°; GR – 2°; FIN – 2°; AUS – 2°; I – 2°; E – 2°; GB – 3°
Cla.: 2° no Camp. Mundial de Pilotos
1993 - MC – Toyota Celica T.4WD, (JP), 5°; S – 2°; EAK – 1°; GR – problemas eléctricos; RA – (NG), 1°; NZ – 5°; FIN – 1°; AUS – 1°; E – 3°; GB – 1°
Campeão Mundial
1994 - MC – Toyota Celica T.4WD, (NG), 2°; P – 1°; EAK – acidente; F – 4°; GR – 3°; RA – probl. eléctr.; NZ – 2°; FIN – 9°; I – Toyota Celica GT-4, 7°; GB – 2°
Cla.: 3° no Camp. Mundial de Pilotos
Prioritário: 1° Classe A

Colin McRae (GB)

Data de Nasc.: 05/08/1968, Lanark
Estreia: Talbot Sunbeam em 1986
Co-pilotos: Mike Broad (MB); Derek Ringer (DR).

1987 - S – Vaux. Nova, (MB), 36°; GB – (DR), acidente

1988 - GB – Peugeot 205GTI, (DR), motor
1989 - S – Ford Sierra XR4x4, (DR), 15°; NZ – Ford Sierra RS Cos., 5°; GB – acidente
1990 - GB – Ford Sierra Cosworth 4x4, (DR), 6°
1991 - GB – Subaru Legacy 4WD Turbo, (DR), acidente
1992 - S – Subaru Legacy 4WD T., (DR), 2°; GR – 4°; NZ – motor; FIN – 8°; GB – 6°
Cla.: 8° no Camp. Mundial de Pilotos
1993 - S – Subaru Legacy 4WD T., (DR), 3°; P – 7°; EAK – Subaru Vivio 4WD, suspensão; F – Subaru Legacy 4WD T., 5°; GR – suspensão; NZ – 1°; AUS – 6°; GB – Subaru Impreza 555, (DR), sobreaquecimento
Cla.: 5° no Camp. Mundial de Pilotos
1994 - MC – Subaru Impreza 555, (DR), 10°; P – incêndio; F – acidente; GR – excluído; RA – acidente; NZ – 1°; I – 5°; GB – 1°
Cla.: 4° no Camp. Mundial de Pilotos
Prioritário: 1° Classe A

Tommi Makinen (FIN)

Data de Nasc.: 26/06/1964, Puuppola
Estreia: Ford Escort RS2000 em 1985
Co-pilotos: Jari Nieminen (JN); Risto Mannisenmaki (RM); Rodney Spokes (RS); Timo Hantunen (TH); Seppo Harjanne (SH).

1987 - FIN – Lancia Delta HF 4WD, (JN), acidente
1988 - FIN – Lancia Delta HF 4WD, (RM), suspensão diant.; GB – Lancia Delta Integrale, (RS), fuga de óleo
1989 - S – Lancia Delta Integrale, (TH), transmissão; FIN – diferencial
1990 - NZ – Mit. Galant VR-4, (SH), 6°; FIN – 11°; AUS – 7°; I – 13°; GB – caixa velocid.
Cla.: 3° na Taça FIA de Produção
1991 - S – Ford Sierra Cosworth 4x4, (SH), 13°; P – caixa velocid.; NZ – Mit. Galant VR-4, (SH), junta; FIN – Mazda 323 GTX, (SH), 5°; GB – caixa velocid.
1992 - MC – Nissan Pulsar GTI-R, (SH), 9°; P – acidente FIN – caixa velocidades
1993 - S – Lancia HF Integrale, (SH), 4°; GR – 6°; FIN – 4°
Cla.: 10° no Camp. Mundial de Pilotos
1994 - P – Nissan Sunny GTI, (SH), motor; GB – 9°; FIN – Ford Escort RS Cosworth, (SH), 1°; I – Mitsubishi Lancer Ev. II, (SH), suspensão
Cla.: 10° no Camp. Mundial de Pilotos
Prioritário: 1° Classe A

Patrick Njiru (EAK)

Data de Nasc.: 07/12/1957, Embu
Estreia: Subaru 1.6 em 1982
Co-pilotos: David Macharia (DM); Chris Davey (CD); Gavin Bennett (GB); Rick Mathews (RM); Aslam Khan (AK); David Williamson (DW); Bob Khan (BK); Ian Munro (IM); Abdul Sidi (AS).

1984 - EAK – Subaru, (DM), retirado
1985 - EAK – Subaru Leone H/B, (DM), atrasado
1986 - EAK – Subaru Leone S, (CD), acidente
1987 - EAK – Subaru Leone S 4WD, (GB), 19°
1988 - EAK – Subaru 4WD, (RM), 11°
1989 - EAK – Subaru 4WD Turbo, (AK), retirado
1990 - EAK – Subaru Legacy 4WD Turbo, (DW), 8°
1991 - EAK – Subaru Legacy 4WD Turbo, (BK), 13°
1992 - EAK – Subaru Legacy 4WD Turbo, (IM), 8°
1993 - EAK – Subaru Vivio S. 4WD, (RM), 12°
1994 - EAK – Subaru Impreza WRX-RA, (AS), 4°
Prioritário: 1° Classe B

Alain Oreille (F)

Data de Nasc.: 22/04/1953, Sarre-Union
Estreia: Simca Rallye II em 1974
Co-pilotos: Sylvie Oreille (SO); Jean-Marc Andrie (JA); Gilles Thimonier (GT); Michel Roissard (MR).

1985 - MC – Renault 11 Turbo, (SO), 16°; F – motor
1986 - MC – Renault 11 Turbo, (SO), 8°; F – acidente
1987 - MC – Renault 11 Turbo, (SO), motor; F – 9°
1988 - MC – Renault 11 Turbo, (JA), 4° F – Renault 5 GT Turbo, (SO), 10°
1989 - MC – Renault 5 GT Turbo, (GT), 10°; F – 8°; AUS – 11°; I – 9°; CI – 1°
Vencedor Grupo N
1990 - MC – Renault 5 GT Turbo, (MR), 13°; P – 14°; F – 8°; GR – 13°; NZ – 10°; RA – 6°; AUS – acidente; I – 17°; CI – 3°
Vencedor do Grupo N
1992 - F – Renault Clio 16S, (JA), 10°
1993 - F – Renault Clio 16S, (JA), 9°
1994 - MC – Renault Clio Williams, (JA), acidente; F – problemas eléctricos
Prioritário: 1° Classe B

Jean Ragnotti (F)

Data de Nasc.: 29/08/1945, Carpentras
Estreia: Renault 8 Gordini em 1967
Co-pilotos: Jacques Jaubert (JJ); Pierre Thimonier (PT); Jean-Marc Andrie (JA); Martin Holmes (MH); Gilles Thimonier (GT).

1973 - MC – Renault 12 Gordini, (JJ), 15°
1975 - MC – Renault Alpine A110, (PT), acidente
1976 - MC – Renault Alpine A310, (JA), 50°; P – (JJ), acidente; GR – suspensão tras.; F – 4; GB – diferencial
1977 - MC – VW Golf GTI, (JA), 18° I – Renault 5 Alpine, (JA), 7°; GB – eixo
1978 - MC – Renault 5 Alpine, (JA), 2°; CI – 3°
Cla.: 9° ex-aequo Taça FIA
1979 - MC – Renault 5 Alpine, (JA), 11°; GR – 4°; F – 2°
Cla.: 7° no Camp. Mundial de Pilotos
1980 - F – Renault 5 Turbo, (JA), alternador
1981 - MC – Renault 5 Turbo, (JA), 1°; F – problemas eléctricos; GB – (MH), 5°
1982 - F – Renault 5 Turbo, (JA), 1°; CI – injecção
CLa.: 10° no Camp. Mundial de Pilotos
1983 - MC – Renault 5 Turbo, (JA), 7°; F – acidente; GR – botão da roda
1984 - P – Renault 5 Turbo, (PT), 5°; F – 3°
1985 - F – Renault Maxi 5 T., (PT), 1°
1986 - F – Renault 11 Turbo, (PT), 4°; I – motor
1987 - MC – Renault 11 Turbo, (PT), 8°; P – 2°; F – 4°; GR – 5°; I – 3°
CLa.: 5° no Camp. Mundial de Pilotos
1990 - F – Renault 5 GT Turbo, (GT), motor

1991 - F – Renault Clio 16S (GT), transmissão
1992 - F – Renault Clio 16S, (GT), 9º
1993 - F – Renault Clio 16S, (GT), 8º
1994 - MC – Renault Clio Williams, (GT), 13º; F – 8º
Prioritário: 1º Classe B

Carlos Sainz (E)

Data de Nasc.: 12/04/1962, Madrid
Estreia:Renault 5 TS em 1980
Co-pilotos: Antonio Boto (AB); Luis Moya (LM).

1987 - P – Ford Sierra RS Cosworth, (AB), turbo; F – 7º; GB – 8º
1988 - P – Ford Sierra RS Cosworth, (LM), motor; F – 5º; FIN – 6º; I – 5º; GB – 7º
1989 - MC – Toyota Celica GT-4, (LM), acidente; P – acidente; F – motor; GR – carroçaria; FIN – 3º; I – 3º; GB – 2º
Cla.: 8º no Camp. Mundial de Piloto
1990 - MC – Toyota Celica GT-4, (LM), 2º; P – transmissão; EAK – 4º; F – 2º; GR – 1º; NZ – 1º; RA – 2º; FIN –1º; AUS – 2º; I – 3º; GB – 1º
Campeão Mundial
1991 - MC – Toyota Celica GT-4, (LM), 1º; P – 1º; EAK – motor; F – 1º; GR – 2º; NZ – 1º; RA – 1º; FIN – 1º; AUS – acidente; I – 6º; E – probl. eléctr.; GB – 3º
Cla.: 2º no Camp. Mundial de Pilotos
1992 - MC – Toyota Celica T.4WD, (LM), 2º; P – 3º; EAK – 1º; F – 4º; GR – acidente; NZ – 1º; RA – 2º; AUS – 3º; E – 1º; GB – 1º
Campeão Mundial
1993 - MC – Lancia HF Integrale, (LM), 14º; P – acidente; F – 4º; GR – 2º; RA – motor; NZ – 4º; AUS – acidente; I – 2 º**; E – problemas electrónicos
Cla.: 8º no Camp. Mundial de Pilotos
1994 - MC – Subaru Impreza 555, (LM), 3º; P – 4º; F – 2º; GR – 1º; RA – 2º; NZ – motor; FIN – 3º; I – 2º; GB – acidente
Cla.: 2º no Camp. Mundial de Pilotos
Prioritário: 1º Classe A

Armin Schwarz (D)

Data de Nasc.: 16/07/1963, Oberreichenbach
Estreia: Fiat 131 em 1983
Co-pilotos: Arne Hertz (AH); Klaus Wicha (KW); Nicky Grist (NG); Peter Thul (PT).

1988 - GB – Audi 200 Quattro (AH), 5º
1989 - GR – Audi 200 Quattro (KW), 8º; FIN – 8º I – acidente; GB – acidente
1990 - MC – Toyota Celica GT-4 (KW), 5º; P – acidente; F – transmissão; I – acidente; GB – 7º
1991 - MC – Toyota Celica GT-4 (AH), 4º; P – acidente; F – acidente; GR – 5º; FIN – 9º; AUS – 3º; I – 8º; E – 1º
Cla.: 6º no Camp. Mundial de Pilotos
1992 - MC – Toyota Celica T.4WD (AH), acidente; P – acidente; F – 5º; GR – acidente; E – 5º
1993 - MC – Mitsubishi Lancer Evolution (NG), 6º; P – acidente; GR – 3º; FIN – 9º; GB – 8º
1994 - MC – Mitsubishi Lancer Evolution (KW), 7º; GR – 2º; NZ – 3º; I – incêndio
Cla.: 7º no Camp. Mundial de Pilotos
Prioritário: 1º Classe A

Kenjiro Shinozuka (J)

Data de Nasc.: 20/11/1948, Tokyo
Estreia: Isuzu Bellet 1500 em 1967
Co-pilotos: Bob Graham (BG); Quentin Thompson (QT); Ron Richardson (RR); Bryan Harris (BH); Fred Gocentas (FG); John Meadows (JM); Pentti Kuukkala (PK).

1976 - EAK – Mit. Lancer 1600 GSR, (BG), 6º
1977 - EAK – Mit. Colt Lancer, (QT), 10º; CDN – (RR), 6º
1981 - P – Ford Escort RS, (BH), 10º
1988 - NZ – Mit. Galant VR-4, (FG), caixa velocid.; GB – (JM), 26º
1989 - P – Mit. Galant VR-4, (JM), 18º; GR – 7º; NZ – (FG), 6º; AUS – 7º
1990 - EAK – Mitsub. Galant VR-4, (JM), 5º; CI – acidente
1991 - EAK – Mitsub. Galant VR-4, (JM), 8º; CI – 1º
1992 - EAK – Mitsub. Galant VR-4, (JM), 10º; CI – 1º
1993 - EAK – Mitsubishi Lancer Evolution, (PK), motor
1994 - EAK – Mitsubishi Lancer Evolution, (PK), 2º
Prioritário: A

Pavel Sibera (CZ)

Data de Nasc.: 18/11/1962, Prague
Estreia: Skoda 130L em 1987
Co-piloto: Petr Gross (PG).

1987 - GB – Skoda 130LR, (PG), 27º
1989 - GB – Skoda Favorit 136L, (PG), 50º
1990 - GR – Skoda Favorit 136L, (PG), 17º; FIN – 35º; GB – caixa veloc.
1991 - MC – Skoda Favorit 136L, (PG), 22º; GR – eixo diant.; FIN – 32º; I – 16º; GB –20º
1992 - MC – Skoda Favorit 136L, (PG), 18º; GR – eixo; FIN – 17º; I – eixo; E – roda partida; GB – 20º
1993 - MC – Skoda Favorit 136L, (PG), 18º; S – 16º; P – 11º; GR – problemas eléctricos; FIN – 22º; I – 13º; E – 11º; GB –18º
1994 - MC – Skoda Favorit 136L, (PG), 20º; P – 10º; GR – 10º; FIN – 18º; I – eixo; GB – 19º
Prioritário: 1º Classe

Bruno Thiry (B)

Data de Nasc.: 08/10/1962, Saint Vith
Estreia: Simca Rallye em 1981
Co-pilotos: Dany Delvaux (DD); Stephane Prevot (SP).

1989 - GR – Audi 90 Quattro, (DD), 13º
1991 - F – Opel Kadett GSi, (SP), motor; I – 12º
1992 - F – Opel Calibra 16v, (SP) entrad. eixo; I – 9º; CI – 2º
1993 - MC – Opel Astra GSi, (SP), 8º; P – 10º; F – travões; GR – acidente; FIN – 18º; I – 6º; E – 7º
1994 - MC – Ford Escort RS Cos., (SP), 6º; P – Sobreaquecim.; F – 6º; RA – 4º; FIN – motor; I – 4º; GB – 3º
Cla.: 5º no Camp. Mundial de Pilotos
Prioritário: 1º Classe B

Emil Triner (CZ)

Data de Nasc.: 15/03/61, Touzim
Estreia: Skoda 120LS em 1984
Co-pilotos: Jiri Klima (JK).

1993 - MC – Skoda Favorit 136L, (JK), 23°; S – 18°; GR – 11°; FIN – 25°; I – 12°; E – 13°; GB – 15°
1994 - P – Skoda Favorit 136L, (JK), 12°; GR – 9°; FIN – 19°; I – 18°; GB – 22°
Prioritário: 1° Classe

Ari Vatanen (FIN)

Data de Nasc.: 27/04/1952, Joensuu
Estreia: Opel Ascona em 1970
Co-pilotos: Alf Krogell (AK); Geraint Phillips (GP); Peter Bryant (PB); Atso Aho (AA); Jim Scott (JS); David Richards (DR); Terry Harryman (TH); ('T) 'Tilber'; Bruno Berglund (BB); Fabrizia Pons (FP).

1974 - FIN – Opel Ascona, (AK), perda de roda
1975 - FIN – Ford Escort RS1600, (GP), acidente; GB – (PB), acidente
1976 - FIN – Ford Escort RS1800, (AA), acidente; GB – mola/válvula
1977 - P – Ford Escort RS1800, (AA), acidente; EAK – semi-eixo; NZ – (JS), 2°; GR – acidente; FIN – (AA), embraiagem; CDN – ignicão; I – (PB), acidente; GB – indisposição piloto
Cla.: 3° no Campeonato Europeu
1978 - S – Ford Escort RS, (AA), 5°; P – (PB), semi-eixo; FIN – (AA), bomba de óleo; GB – (PB), excluído
Cla.: 8° na Taça FIA
1979 - MC – Ford Fiesta 1600, (DR), 10°; S – Ford Escort RS, (DR), junta; P – indisp. piloto; NZ – 3°; FIN – 2°; CDN – 3°; GB – 4°
Cla.: 5° no Camp. Mundial de Pilotos
1980 - MC – Ford Escort RS, (DR), acidente; P – acidente; GR – 1°; FIN – 2°; I – 2°; GB – acidente
Cla.: 4° no Camp. Mundial de Pilotos
4° no campeonato Europeu
1981 - MC – Ford Escort RS, (DR), motor; S – 2°; P – acidente; GR – 1°; RA – acidente; BR – 1°; FIN – 1°; I – 7°; CI – 9°; GB – 2°
Campeão Mundial
1982 - S – Ford Escort RS, (TH), 2°; FIN – motor; GB – Opel Ascona 400, acidente
1983 - MC – Opel Ascona 400, (TH), 5°; S – 6°; EAK – 1°; GR – 4°; FIN – semi-eixo; I – acidente; GB – junta
Cla.: 6° no Camp. Mundial de Pilotos
1984 - F – Peugeot 205T16, (TH), acidente; GR – motor; FIN – 1°; I – 1°; GB – 1°
Cla.: 4° no Camp. Mundial de Pilotos
1985 - MC – Peugeot 205T16, (TH), 1°; S – 1°; P – motor/ /suspensão; EAK – junta; F – acidente; GR – direcção; NZ – 2°; RA – acidente
Cla.: 4° no Camp. Mundial de Pilotos
1987 - EAK – Subaru C. 4WD T., ('T), 10°; FIN – Ford Sierra RS Cosworth, (TH), 2°
1988 - FIN – BMW M3, (BB), direcção GB – Mitsub. Galant VR-4, (BB), motor
1989 - MC – Mitsub. Galant VR-4, (BB), 87°; GR – turbo; FIN – motor; GB – 5°
1990 - MC – Mit. Galant VR-4, (BB), abandono; P – acidente; GR – acidente; FIN – 2°; GB – acidente
1991 - FIN – Ford Sierra Cosworth 4x4, (BB), 7°; GB– Subaru Legacy 4WD Turbo, (BB), 5°
1992 - S – Subaru Legacy 4WD T., (BB), acidente; GR – motor; NZ – motor; FIN – 4°; AUS – transmissão; GB – 2°
1993 - GR – Subaru Legacy 4WD Turbo, (BB), acidente; NZ – suspensão; FIN – 2°; AUS – 2°; GB – Subaru Impressa 555, 5°
Cla.: 7° no Camp. Mundial de Pilotos
1994 - GR – Ford Escort RS Cos., (FP), 5°; RA – 3°; NZ – acid.; FIN – acidente; GB – 5°
Cla.: 9° no Camp. Mundial de Pilotos
Prioritário: 1° Classe A

Malcolm Wilson (GB)

Data de Nasc.: 17/02/1956, Cockermouth
Estreia: Ford Escort 1300 em 1974
Co-pilotos: Ron Palmer (RP); Terry Harryman (TH); Mike Greasley (MG); Phil Short (PS); Nigel Harris (NH); Mike Broad (MB); Ian Grindrod (IG); Nicky Grist (NG); Bryan Thomas (BT).

1977 - GB – Ford Escort RS (RP), 12°
1978 - GB – Ford Escort RS (RP), semi-eixo
1979 - GB – Ford Escort RS (TH), 15°
1980 - GB – Ford Escort RS (TH), motor
1981 - P – Ford Escort RS (TH), motor; GR – caixa veloc.; GB – acidente
1982 - P – Ford Escort RS (TH), motor; GB – Audi Quattro (MG), 10°
1983 - GB – Ford Escort RS (PS), 13°
1984 - GB – Audi Quattro (NH), motor
1985 - S – Audi Quattro (NH), sobreaquecimento/motor; GB – MG Metro 6R4 (NH), motor
1986 - MC – MG Metro 6R4 (NH), transmissão; S – motor; P – abandono; F – incêndio/ /motor; FIN – 10°; I – 4°*; GB – 17°
1987 - GB – Opel Kadett GSi 2.0 (MB), motor
1988 - S – Opel Kadett GSi 2.0 (IG), 8° GR – Vauxhall Astra GTE (IG), diferencial; GB – suspensão
1989 - S – Vauxhall Astra GTE (IG), 13°; NZ – 3°; AUS – 6°; GB – 10°
1990 - FIN – Ford Sierra RS Cosworth (NG), retirado; I – retirado; GB – retirado
1991 - MC – Ford Sierra Cosworth 4x4 (NG), 7°; P – retirado; F – 5°; GR – retirado; I – 10°; GB – retirado
1992 - GB – Ford Sierra Cosworth 4x4 (BT), 9°
1993 - S – Ford Escort RS Cosworth (BT), acidente; FIN – acidente
1994 - GR – Ford Escort RS Cosworth (BT), 6°; I – 9°; GB – acidente
Prioritário: 1° Classe A

ÍNDICE DE RESULTADOS

62nd RALLYE MONTE CARLO

1ª Prova - 22 /27. 01. 1994
Percurso de classificação: Concentração a partir de 6 cidades: 1.129Km.
Percurso: 1ª etapa - Valance/St. Agreve/Valance: 409,55Km - 6 PC (179,97Km) asfalto; 2ª etapa - Valance/Allevar/Les Mains-Gap: 511,25Km - 6 PC asfalto (180,44Km); 3ª etapa - Gap/Monaco: 434,86Km - 4 PC (106,47Km) asfalto; 4ª etapa - Monaco/Digne Les Bains/Monaco: 573,82Km - 6 PC (121,55Km) asfalto. Total: 3.058 Km - 22PC (588,43Km).
Média do vencedor: 94,83Km/h.
Condições atmosféricas: Bastante neve e algum nevoeiro.

Largaram: 182 **Terminaram:** 113 **Prioritários A:** 13
Líderes: Schwarz, PC1/PC2; Auriol, PC3/PC4; Delecour, PC5/PC22.
Vencedores: Delecour/Grataloup, **Geral-Grupo A**; Jenot/Slo', **Grupo N**.
Campeonatos: Marcas: Ford, 20; Toyota, 17; Subaru, 14; Mitsubishi, 10.
Pilotos: Delecour, 20; Kankkunen, 15; Sainz, 12; Biasion, 10; Eriksson, 8; Thiry, 6; Schwarz, 4; Jenot; 3; Puras, 2; McRae, 1.
Grupo N: Jenot, 13; Puras, 10; Phillips e Mercier, 7; Holderied, 5; Farnaud, 3; Persico, 2; Tchine, 1.
Taça Mundo Feminina: Holderied, 9.

CLASSIFICAÇÃO FINAL - PRINCIPAIS ABANDONOS

Cl.	Piloto/Co-Ploto	Nac.	Nº	Carro	Grupo	Tempo
1º	**François Delecour/Daniel Grataloup**	F	6	Ford Escort RS Cosworth	A	6h.12m.20s
2º	Juha Kankkunen /Nicky Grist	FIN/GB	1	Toyota Celica Turbo 4WD	A	6h.13m.25s.
3º	Carlos Sainz/Luis Moya	E	2	Subaru Impreza 555	A	6h.14m.07s.
4º	Miki Biasion/Tiziano Siviero	I	4	Ford Escort RS Cosworth	A	6h.16m.56s.
5º	Kenneth Eriksson/Staffan Parmander	S	9	Mitsubishi Lancer Evolution	A	6h.19m.17s.
6º	Bruno Thiry/Stephane Prevot	B	8	Ford Escort RS Cosworth	A	6h.19m.18s.
7º	Armin Schwarz/Klaus Wicha	D	5	Mitsubishi Lancer Evolution	A	6h.29m.19s.
8º	Pierre-Manuel Jenot/Slo	F	19	Ford Escort Rs Cosworth	N	6h.49m.16s.
9º	Jesus Puras/Alex Romani	E	23	Ford Escort RS Cosworth	N	6h.53m.49s.
10º	Colin McRae/Derek Ringer	GB	7	Subaru Impreza 555	A	7h.01m.30s.
15º	Isolde Holderied/Tina Thorner	D/S	15	Mitsubishi Lancer Evolution	N	7h.15m.51s.*
Outros importantes classificados						
13º	Jean Ragnotti/Gills Thimonier	F	10	Renault Clio Williams	A	7h.07m.46s.
20º	Pavel Sibera/Petr Gross	CZ	12	Skoda Favorit 136L	A	7h.26m.49s.
28º	Vladimir Berger/Pavel Stanc	CZ	13	Skoda Favorit 136L	A	7h.41m.36s.
Última PC						**Motivo**
4	Didier Auriol/Bernard Occelli	F	3	Toyota Celica Turbo 4WD	A	Acidente
14	Alain Oreille/Jean-Marc Andrie	F	11	Renault Clio Williams	A	Acidente

* Vencedora da classificação feminina

PCS: OS MAIS RÁPIDOS

	1º	2º	3º	4º	5º	6º
Schwarz	9	1	4	1	2	2
Delecour	8	2	5	2	2	2
Kankkunen	2	6	5	4	2	3
Sainz	2	3	6	1	2	3
Eriksson	2	1	-	3	3	-
McRae	1	6	1	2	3	-
Auriol	1	2	-	-	-	1
Biasion	-	-	2	5	3	3
Thiry	-	-	-	4	4	5

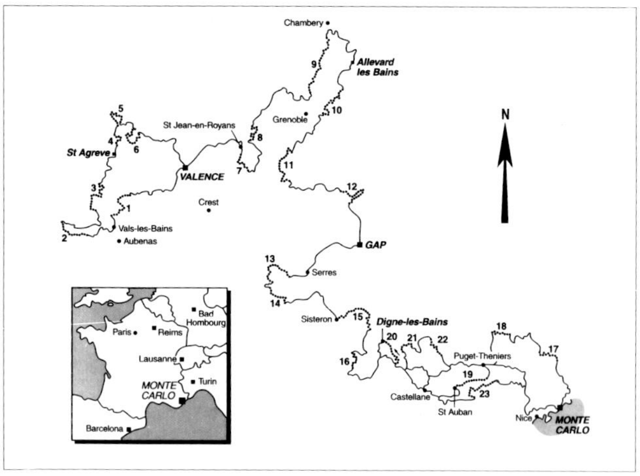

VENCEDORES ANTERIORES

1983	W.Rohrl/C.Geistdorfer	Lancia Rally
1984	W.Rohrl/C.Geistdorfer	Audi Quattro
1985	A.Vatanen/T.Harryman	Peugeot 205 Turbo
1986	H.Toivonen/S.Cresto	Lancia Delta S4
1987	M.Biasion/T.Siviero	Lancia Delta HF 4WD
1988	B.Saby/J.Fauchille	Lancia Delta HF 4WD
1989	M.Biasion/T.Siviero	Lancia Delta Integrale
1990	D.Auriol/B.Occelli	Lancia Delta Integrale
1991	C.Sainz/L.Moya	Toyota Celica GT-4
1992	D.Auriol/B.Occelli	Lancia HF Integrale
1993	D.Auriol/B.Occelli	Toyota Celica Turbo 4WD

27º RALLYE DE PORTUGAL - TAP

3ª Prova - 01/04. 03. 1994
Percurso: 1ª etapa - Estoril/Arganil/Póvoa de Varzim: 746,82km - 11 PC (159,18km) asfalto; 2ª etapa - Póvoa de Varzim/Póvoa de Varzim: 447,13km - 8 PC (120,70km) terra; 3ª etapa - Póvoa de Varzim/Lixa/Viseu: 428,13km - 9 PC (142,37km) terra; 4ª etapa - Viseu/Arganil/Tomar/Estoril: 591,43km - 8 PC (149,57km) terra. Total: 2.213,51km - 36 PC (571,82km).
Média do vencedor: 90,05Km/h. **Condições atmosféricas:** Tempo claro com bastante sol. **Largaram:** 89 **Terminaram:** 34 **Prioritários A:** 11

Líderes: Delecour, PC1/PC9; Kankkunen, PC10; Delecour, PC11; Kankkunen PC12; Kankkunen e Biasion, PC13; Kankkunen PC14/PC36.
Vencedores: Kankkunen/Grist, **Geral-Grupo A**; Puras/Del Barrio, **Grupo N**.
Campeonatos: Marcas: Toyota, 37; Ford, 34; Subaru, 26; Mitsubishi, 10; Skoda 2. **Pilotos:** Kankkunen, 35; Sainz e Biasion, 22; Delecour, 20; Auriol, 15; Peres e Eriksson, 8; Thiry e Macedo, 6; Puras, 5 **Grupo N:** Puras, 23; Jenot, 13; Holderied, 12; Madeira, 10; Philips e Mercier, 7. **Taça Mundo Feminina:** Holderied, 19.

CLASSIFICAÇÃO FINAL - PRINCIPAIS ABANDONOS

Cl.	Piloto/Co-Ploto	Nac.	Nº	Carro	Grupo	Tempo
1º	**Juha Kankkunen/Nick Grist**	FIN	2	Toyota Celica GT 4WD	A	6h.20m.59s
2º	Didier Auriol/Bernard Occelli	F	6	Toyota Celica GT 4 WD	A	6h.21m.39s
3º	Miki Biasion/Tiziano Severo	I	4	Ford Escort RS Cosworth	A	6h.21m.49s.
4º	Carlos Sainz/Luis Moya	E	3	Subaru Impreza 555	A	6h.23m.15s
5º	Fernandes Peres/Ricardo Caldeira	P	10	Ford Escort RS Cosworth	A	6h.49m.39s.
6º	José Carlos Macedo/Miguel Borges	P	24	Renault Clio Williams	A/2	7h.05m.52s*
7º	Raphael Sperrer/Ernest Loidl	A	36	Audi Coupé S2	A	7h.11m.49s.
8º	Jesus Puras/Carlos Del Barrio	E	26	Ford Escort RS Cosworth	N	7h.16m.17s.
9º	Rui Madeira/Nuno Rodrigues da Silva	P	27	Ford Sierra Cosworth 4x4	N	7h.25m.37s.
10º	Pavel Sibera/Peter Gross	CZ	15	Skoda Favorit 136L	A/2	7h.29m.22s.
11º	Isolde Holderied/Tina Thorner	D/S	25	Mitsubishi Lancer Evolution	N	7h.34m.50s.**
Outro importante classificado						
12º	Emil Triner/Jiri Klima	CZ	17	Skoda Favorit 136L	A/2	7h.37m.19s.
Última PC						**Motivo**
2	Carlos Menen/Victor Zucchini	RA	20	Ford Escort RS Cosworth	N	Caixa velocidades
8	Alex Fiorio/Vittorio Brambilla	I	9	Ford Escort RS Cosworth	A	Motor
8	Jorge Bica/ Joaquim Capelo	P	11	Lancia HF Integrale	A	Acidente
11	François Delecour/Daniel Grataloup	F	1	Ford Escort RS Cosworth	A	Motor
12	Andrea Aghini/Sauro Farnocchia	I	8	Toyota Celica Turbo 4WD	A	Acidente
14	Bruno Thiry/Stephane Prevot	B	7	Ford Escort RS Cosworth	A	Sobreaquecimento
15	Mohammed Bin Sulayem/Ronan Morgan	UAE/IRL	18	Ford Escort RS Cosworth	N	Motor
16	Jorge Recalde/Martin Cristie	RA	19	Mitsubishi Lancer Evolution	N	Acidente
24	Colin McRae/Derek Ringer	GB	5	Subaru Impreza 555	A	Incêndio

* Vencedor de F2; ** Vencedora da classificação feminina

PCS: OS MAIS RÁPIDOS

	1º	2º	3º	4º	5º	6º
Auriol	10	7	6	3.	4	1
Kankkunen	9	7	9	8	3	-
Delecour	8	2	-	-	-	-
Biasion	7	8	8	7	4	1
Sainz	5	6	9	6	4	2
McRae	4	3	5	1	3	4
Thiry	1	-	3	1	2	2
Aghini	-	-	2	3	3	3
Peres	-	-	-	-	12	8

VENCEDORES ANTERIORES

1985	T.Salonen/S.Harjanne	Peugeot 205 T16
1986	J.Moutinho/E.Fortes	Renault 5 Turbo
1987	M.Alen/I.Kivimaki	Lancia Delta HF 4WD
1988	M.Biasion/C.Cassina	Lancia Delta Integrale
1989	M.Biasion/T.Siviero	Lancia Delta Integrale
1990	M.Biasion/T.Siviero	Lancia Delta Integrale
1991	C.Sainz/L.Moya	Toyota Celica GT-4
1992	J.Kankkunen/J.Piironen	Lancia HF Integrale
1993	F.Delecour/D.Grataloup	Ford Escort RS Cosworth

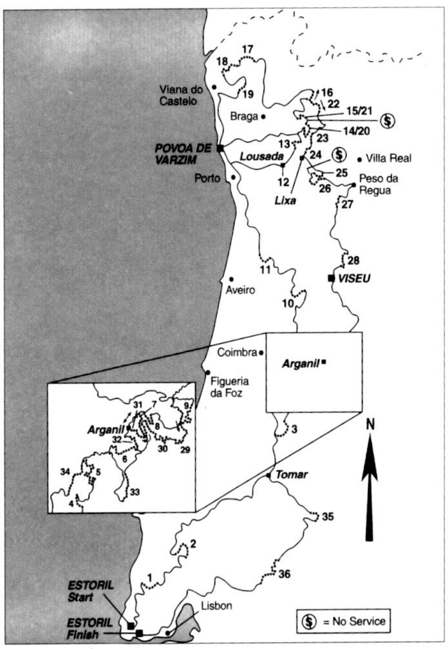

42nd TRUST BANK SAFARI RALLY

3ª Prova - 31. 03/03. 04. 94
Percurso: 1ª etapa - Nairobi/Nairobi: 649,30km - 6 PC (469,75km); 2ª etapa - Nairobi/Nairobi: 1011,70km - 5 PC (547,80km); 3ª etapa - Nairobi/Eldoret: 970,30 km - 8 PC (855km); 4ª etapa - Eldoret/Nairobi: 865,75km - 4 PC (520,55km). Total: 3.497,05km - 23PC (2393,10Km). Percurso quase exclusivamente efectuado em piso de terra. **Média do Vencedor:** 114,96Km/h.
Condições atmosféricas: Tempo seco e muita poeira.
Largaram: 43 **Terminaram:** 14 **Prioritários A:** 6 **Líderes:** Várias equipas não penalizadas até ao 2º contr. horário (CH); Auriol/Occelli, 3-8CH; Kankkunen/Grist, 9-23CH; Duncan-Williamson, 24-578CH.
Vencedores: Ian Duncan/Dave Williamson, **Geral-Grupo A**; Patrick Njiru/ Abdul, **Grupo N.**
Campeonatos: Marcas: Toyota, 57; Subaru, 41; Ford, 34; Skoda, 2; Mitsubishi, 10 (Já não elegível para o campeonato) **Pilotos:** Kankkunen, 35; Auriol, 27; Biasion e Sainz, 22; Duncan e Delecour, 20; Shinozuka, 15; Nijru, 10; Eriksson, Fernando Peres e Burns, 8 **Grupo N:** Puras, 23; Jenot e Nijru, 13; Holderied, 12; Rui Madeira e Burns, 10; Reininger, 9 **Taça Mundo Feminina:** Isolde Holderied, 19.

CLASSIFICAÇÃO FINAL - PRINCIPAIS ABANDONOS

Cl.	Piloto/Co-Ploto	Nac.	Nº	Carro	Grupo	Tempo
1º	**Ian Duncan/Dave Williamson**	EAK	3	Toyota Celica Turbo 4WD	A	20h.49m.
2º	Kenjiro Shinozuka/Pentti Kuukkala	J/FIN	4	Mitsubishi Lancer Evolution	A	21h.14m.
3º	Didier auriol/Bernard Occelli	F	2	Toyota Celica Turbo 4WD	A	21h.59m.
4º	Patrick Njiru/Abdul Sidi	EAK	5	Subaru Impreza WRX-RA	N	23h.30m.
5º	Richard Burns/Robert Reid	GB	7	Subaru Impreza WRX-RA	N	23h.40m.
6º	Rudi Stohl/Jurgen Bertl	A/D	11	Audi Coupé S2	A	26h.30m.
7º	Karim Hirji/Frank Nekusa	EAU	25	Toyota Celica GT-Four	A	26h.36m.
8º	Sammy Aslam/Joey Ghose	EAK	17	VW Golf GTI	A	27h.03m.
9º	Rob Hellier/Phil Valentine	EAK	21	Mitsubishi Galant VR-4	A	28h.04m.
10º	Azar Anwar/Shailen Shab	EAK	15	Subaru Legacy Estate	A	29h.54m.
Última PC						**Motivo**
2	Yasuhiro Iwase/Sudhir Vinayak	J/EAK	10	Toyota celica Turbo 4WD	N	Bomba de Combustível
15	Yoshio Fujimoto/Hakaru Ichino	J	6	Toyota celica Turbo 4WD	A	Acidente c/ co-piloto
18	Satwant Singh/Surinder Thatthi	Z/EAK	9	Toyota celica Turbo 3WD	A	Despiste
24	Juha Kankkunen/Nicky Grist	FIN/GB	1	Toyota Celica Turbo 4WD	A	Acidente
45	Jonathan Toroitich/Ibrahim Choge	EAK	8	Toyota Celica Turbo 4WD	A	Braço de suspensão

VENCEDORES ANTERIORES

1982	S.Mehta/M.Doughty	Datsun Violet GT
1983	A.Vatanen/T.Harryman	Opel Ascona 400
1984	B.Waldegard/H.Thorszelius	Celica Twincam Turbo
1985	J.Kankkunen/F.Gallagher	Celica Twincam Turbo
1986	B.Waldegard/F.Gallagher	Celica Twincam Turbo
1987	H.Mikkola/A.Hertz	Audi 200 Quattro
1988	M.Biasion/T.Siviero	Lancia Delta Integrale
1989	M.Biasion/T.Siviero	Lancia Delta Integrale
1990	B.Waldegard/F.Gallagher	Toyota Celica GT-Four
1991	J.Kankkunen/J.Piironen	Lancia Delta Integrale
1992	C.Sainz/L.Moya	Toyota Celica Turbo 4WD
1993	J. Kankkunen/J.Piironen	Toyota Celica Turbo 4WD

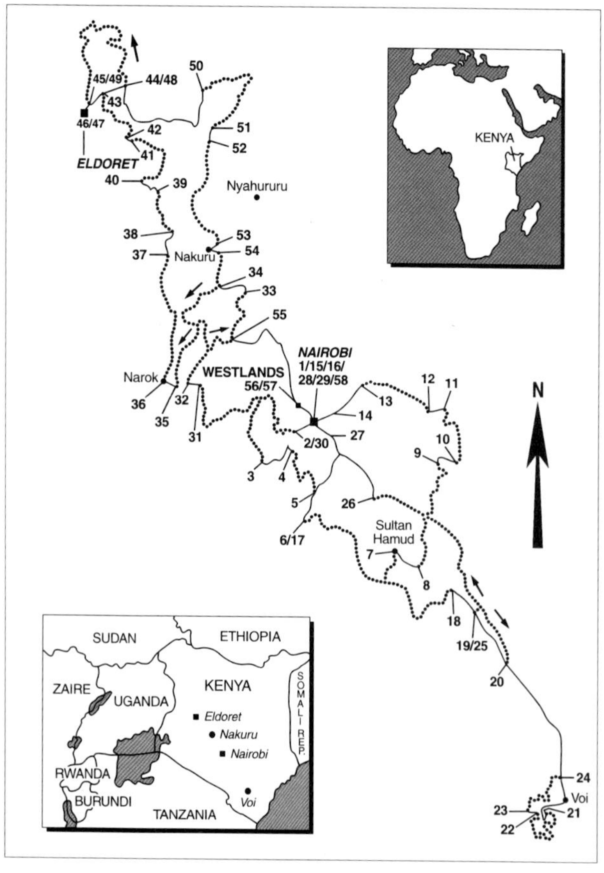

38ème TOUR DE CORSE - RALLYE DE FRANCE

4ª Prova - 05/07. 05. 1994
Percurso: 1ª etapa - Ajaccio/Porto Vecchio/Corte/Bastia: 496,47Km - 8PC (176,27Km) asfalto; 2ª etapa - Bastia/Bastia/Calvi: 340,24Km - 7PC (154,25Km); 3ª etapa: Calvi/Cargese/Ajaccio: 376,64Km - 8PC (213,96Km) asfalto. Total: 1213,35Km - 23PC (544,48Km).
Média do vencedor: 91,32Km/h.
Condições atmosféricas: tempo seco, muito sol e calor.
Largaram: 84 **Terminaram:** 43 **Prioritários A:** 11

Líderes: Auriol PC1/PC23
Vencedores: Auriol/Occelli, **Geral-Grupo A**; Puras/Barrio, **Grupo N**.
Campeonatos: Marcas: Toyota, 77; Subaru, 58; Ford, 44; (Mitsubishi, 10; Renault, 4; Skoda, 2, não pontuam).
Pilotos: Auriol, 47; Kankkunen, 45; Sainz, 37; Biasion, 30; Delecour e Duncan, 20; Shinozuka, 15; Aghini e Thiry, 12; Njiru, 10 **Grupo N:** Puras, 36; Holderied, 17; Jenot, Njiro e Mercier, 13 **Taça Mundo Feminina:** Holderied, 28.

CLASSIFICAÇÃO FINAL - PRINCIPAIS ABANDONOS

Cl.	Piloto/Co-Ploto	Nac.	Nº	Carro	Grupo	Tempo
1º	**Didier Auriol/Bernard Occelli**	F	5	Toyota Celica Turbo 4WD	A	5h.57m.46s.
2º	Carlos Sainz/Luis Moya	E	3	Subaru Impreza 555	A	5h.58m.47s.
3º	Andrea Aghini/Sauro Farnocchia	I	8	Toyota Celica Turbo 4WD	A	5h.59m.57s.
4º	Juha Kankkenun/Nicky Grist	FIN/GB	1	Toyota Celica Turbo 4WD	A	6h.00m.29s.
5º	Miki Biasion/Tiziano Siviero	I	2	Ford Escort RS Cosworth	A	6h.02m.03s.
6º	Bruno Thiry/Stephane Prevot	B	6	Ford Escort RS Cosworth	A	6h.02m.45s.
7º	Patrick Bernardini/Rocky Demedardi	F	21	Ford Escort RS Cosworth	A	6h.13m.33s.
8º	Jean Ragnotti/Gilles Thimonier	F	11	Renault Clio Williams	A	6h.17m.30s.
9º	Serge Jordan/Jack Boyere	F	22	Renault Clio Williams	A	6h.20m.47s.
10º	Marco Massarotto/Jean-Pierre Gordon	F	23	BMW M3	A	6h.25m.06s.
11º	Jesus Puras/Carlos Del Barrio	E	15	Ford escort RS Cosworth	N	6h.33m.35s.
12º	Isolde Holderied/Tina Thorner	D/S	30	Mitsubishi Lancer Evolution	N	6h.45m.11s.*
Última PC						Motivo
0	Alain Oreille/Jean-Marc Andrie	F		Renault Clio Williams	A	Problemas eléctricos
3	Colin McRae/Derek Ringer	GB		Subaru Impreza 555	A	Acidente
7	Philippe Bugalski/Thierry Renaud	F		Renault Clio Williams	A	Caixa de Velocidades
9	Gianfranco Cunico/Stefano Evangelisti	I		Ford Escort RS Cosworth	A	Acidente
9	Yves Loubet/Dominique Savignoni	F		Opel Astra GSi	A	Problemas Eléctricos

* Vencedoras da classificação feminina

PCS: OS MAIS RÁPIDOS

	1º	2º	3º	4º	5º	6º
Auriol	13	6	3	1	-	-
Sainz	9	10	2	-	1	-
Thiry	1	2	4	3	3	6
Aghini	-	5	11	2	4	1
Kankkunen	-	1	5	9	4	4
McRae	-	1	-	-	-	-
Biasion	-	-	1	2	6	8
Cunico	-	-	1	1	3	2
Bernardini	-	-	-	1	-	2

VENCEDORES ANTERIORES

1982	J.Ragnotti/J.Andrie	Renault 5 Turbo
1983	M.Alen/I.Kivimaki	Lancia Rally
1984	M.Alen/I.Kivimaki	Lancia Rally
1985	J.Ragnotti/P.Thimonier	Renault Maxi 5 Turbo
1986	B.Saby/J.Fauchille	Peugeot 205 Turbo 16 E2
1987	B.Beguin/J.Lenne	BMW M3
1988	D.Auriol/B.Occelli	Ford Sierra RS Cosworth
1989	D.Auriol/B.Occelli	Lancia Delta Integrale
1990	D.Auriol/B.Occelli	Lancia Delta Integrale
1991	C.Sainz/L.Moya	Toyota Celica GT-Four
1992	D.Auriol/B.Occelli	Lancia HF Integrale
1993	F.Delecour/D.Grataloup	Ford Escort Cosworth

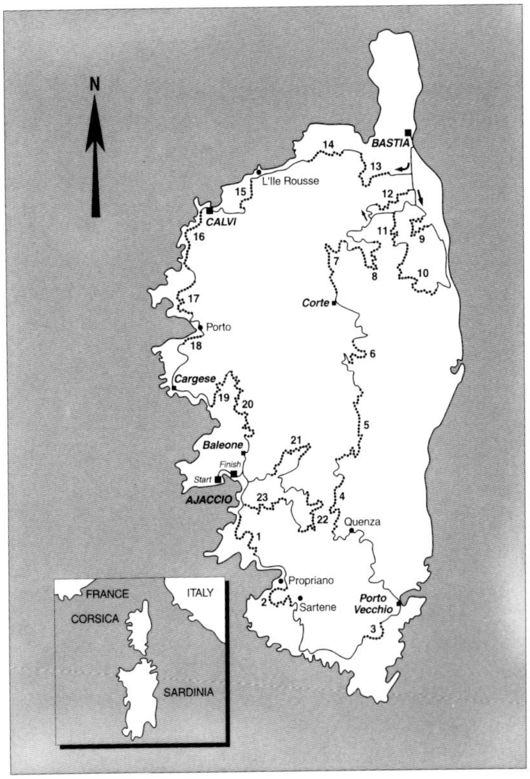

41st ACROPOLIS RALLY

5ª Prova - 29/31. 05. 1994
Percurso: 1ª etapa - Atenas/Livadia/Kamena Vourla: 400,40Km - 10PC (130,35Km) terra; 2ª etapa - Kamena Vourla/Makrakomi/Kamena Vourla: 504,03Km - 12PC (194,21Km) terra; 3ª etapa - Kamena Vourla/Pireu: 543,97Km - 11PC (178,97Km) terra. Total: 1448,40Km - 33PC (503,53Km).
Média do vencedor: 76,17Km/h.
Condições atmosféricas: tempo quente e bastante sol.
Largaram: 88 **Terminaram:** 36 **Prioritários A:** 13

Líderes: McRae, PC1/PC21; Sainz, PC22/PC33.
Vencedores: Sainz/Moya, **Geral-Grupo A**; Menem/Christie, **Grupo N**.
Campeonatos: Marcas: Toyota, 91; Subaru, 78; Ford, 54; (Mitsubishi, 27; Renault e Skoda, 4, não pontuam).
Pilotos: Kankkunen e Sainz, 57; Auriol, 47; Biasion, 30; Delecour e Duncan, 20; Schwarz, 19; Shinozuka, 15; Aghini e Thiry, 12 **Grupo N:** Puras, 36; Holderied, 17; Jenot, Njiro, Menem e Mercier, 13 **Taça Mundo Feminina:** Holderied, 28.

CLASSIFICAÇÃO FINAL - PRINCIPAIS ABANDONOS

Cl.	Piloto/Co-Ploto	Nac.	Nº	Carro	Grupo	Tempo
1º	**Carlos Sainz/Luis Moya**	E	3	Subaru Impreza 555	A	6h.36m.38s.
2º	Armin Schwarz/Klaus Wicha	D	8	Mitsubishi Lancer Evolution II	A	6h.40m.39s.
3º	Juha Kankkunen/Nicky Grist	FIN/GB	6	Toyota celica Turbo 4WD	A	6h.42m.31s.
4º	Alex Fiorio/Vittorio Brambilla	I	15	Lancia HF Integrale	A	6h.50m.58s.
5º	Ari Vatanen/Fabrizia Pons	FIN/I	9	Ford Escort RS Cosworth	A	6h.52m.03s.
6º	Malcom Wilson/Bryan Thomas	GB	5	Ford Escort RS Cosworth	A	6h.59m.25s.
7º	Yoshio Fujimoto/Arne Hertz	J/S	10	Toyota Celica Turbo 4WD	A	7h.09m.30s.
8º	Aris Vovos/Kostas Fertakis	GR	32	Lancia HF Integrale	A	7h.19m.15s.
9º	Emil Triner/Jiri Klima	CZ	14	Skoda Favorit 136L	A	7h.37m.02s.*
10º	Pavel Sibera/Petr Gross	CZ	12	Skoda Favorit 136L	A	7h.37m.06s.
11º	Carlos Menem/Martin Christie	RA	20	Ford Escort RS Cosworth	N	7h.42m.21s.
Outro importante classificado						
12º	Carlos Menem/Martin Christie	RA	11	Nissan Sunny GTi	A	7h.43m.02s.
Última PC						**Motivo**
6	Mohammed Bin Sulayem/Ronan Morgan	UAE/IRL	17	Ford Escort RS Cosworth	N	Transmissão
9	Gregoire de Mevius/Willy Lux	B	21	Opel Astra GSi	A	Motor
17	Didier Auriol/Bernard Occelli	F	2	Toyota Celica Turbo 4WD	A	Motor partido
18	Kenneth Eriksson/Staffan Parmander	S	4	Mitsubishi Lancer Evolution II	A	Suspensão
20	Miki Biasion/Tiziano Siviero	I	1	Ford Escort RS Cosworth	A	Motor
22	Colin McRae/Derek Ringer	GB	7	Subaru Impreza 555	A	Excluídos

* Vencedor de F2

PCS: OS MAIS RÁPIDOS

	1º	2º	3º	4º	5º	6º
McRae	8	3	1	4	3	3
Sainz	6	4	5	5	5	5
Schwarz	5	9	7	5	-	1
Kankkunen	4	8	9	1	3	1
Eriksson	4	2	1	1	3	3
Vatanen	3	4	3	2	5	3
Wilson	3	2	-	3	6	4
Auriol	2	6	1	3	3	1
Biasion	1	1	1	5	2	2

VENCEDORES ANTERIORES

1982	M.Mouton/F.Pons	Audi Quattro
1983	W.Rohrl/C.Geisdorfer	Lancia Rally
1984	S.Blomqvist/B.Cederberg	Audi Quattro
1985	T.Salonen/S.Harjanne	Peugeot 205 Turbo 16
1986	J.Kankkunen/J.Piironen	Peugeot 205 Turbo 16 E2
1987	M.Alen/I.Kivimaki	Lancia Delta HF 4WD
1988	M.Biasion/T.Siviero	Delta Integrale
1989	M.Biasion/T.Siviero	Delta Intregale
1990	C.Sainz/L.Moya	Toyota Celica GT-Four
1991	J.Kankkunen/J.Piironen	Lancia Delta Integrale
1992	D.Auriol/B.Occelli	Lancia HF Integrale
1993	M.Biasion/T.Siviero	Ford Escort Cosworth

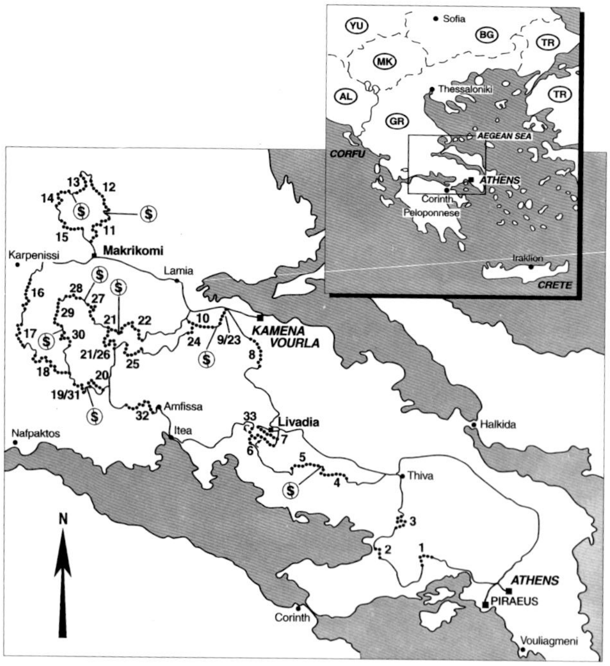

14º RALLY YPF ARGENTINA

6ª Prova - 30. 06 / 2. 07. 94
Percurso: 1ª etapa - Plaza S. Martin, Cordoba/Jesus Maria/Stadium, Cordoba: 482,51 km - 11 PC (196,53 Km) terra; 2ª etapa - Stadium, Cordoba/Mina Clavero/ Stadium, Cordoba: 482,51Km - 11 PC terra (207,83Km); 3ª etapa - Stadium, Cordoba/Sta. Rosa del Calamuchita/Stadium, Cordoba: 428,66 Km - 7 PC (160,74Km) terra. **Total:** 1346,06 Km - 29 PC (565,10 Km).
Média do vencedor: 96,68Km/h.
Condições atmosféricas: tempo seco e com bastante sol.
Largaram: 90 **Terminaram:** 25 **Prioritários A:** 7
Líderes: McRae, PC1; Sainz e Auriol, PC2; Sainz, PC3/PC14; Sainz e Auriol, PC15; Auriol, PC16/PC18; Sainz, PC19; Auriol, PC20/22; Auriol e Sainz, PC23; Auriol, PC24; Sainz, PC25/PC26; Auriol, PC27/PC29
Vencedores: Auriol/Occelli, **Geral-Grupo A**; Recalde/Christie', **Grupo N**.
Campeonatos: Marcas: Toyota, 111; Subaru, 95; Ford, 68. (Mitsubishi, 27; Renault e Skoda, 4; não pontuam).
Pilotos: Sainz, 72; Auriol, 67; Kankkunen, 57; Biasion, 30; Thiry, 22; Delecour, Duncan e Vatanen, 20; Schwarz, 19; Shinozuka, 15.
Grupo N: Puras, 36; Holderied, 24; Recalde, 17; Jenot, Mercier, Njiru e Menen, 13.
Taça Mundo Feminina: Holderied, 38.

CLASSIFICAÇÃO FINAL - PRINCIPAIS ABANDONOS

Cl.	Piloto/Co-Ploto	Nac.	Nº	Carro	Grupo	Tempo
1º	**Didier Auriol/Bernard Occelli**	F	4	Toyota Celica Turbo 4WD	A	5h.50m.42s.
2º	Carlos Sainz/Luis Moya	E	2	Subaru Impreza 555	A	5h.50m.48s.
3º	Ari Vatanen/Fabrizia Pons	FIN/I	5	Ford Escort RS Cosworth	A	5h.57m.22s.
4º	Bruno Thiry/Stephane Prevot	B	7	Ford Escort RS Cosworth	A	6h.01m.49s.
5º	Jorge Recalde/Martin Christie	RA	11	Mitsubishi Lancer Evolution	N	6h.27m.04s.
6º	Jorge Bescham/José Garcia	RA	12	Ford Escort RS Cosworth	N	6h.33m.59s.
7º	Rudi Stohl/Peter Diekmann	A/D	8	Audi Coupé	A	6h.47m.38s.
8º	Isolde Holderied/Christina Thorner	D/S	14	Mitsubishi Lancer Evolution	N	6h.51m.31s.*
9º	Gabriel Raies/José Volta	RA	16	Renault 18GTX	A	7h.02m.51s.
10º	Gustavo Ramonda/Horácio Berra	RA	30	Mitsubishi Galant VR-4	N	7h.11m.28s.
Última PC						**Motivo**
1	Carlos Menem Jnr/Hugo Zucchini	RA	10	Ford Escort RS Cosworth	N	Transmissão
5	Jesus Puras/ Carlos Del Barrio	E	9	Ford escort RS Cosworth	N	Motor
15	Colin McRae/Derek Ringer	GB	6	Subaru Impreza 555	A	Acidente
21	Miki Biasion/Tiziano Siviero	I	3	Ford Escort RS Cosworth	A	Motor
23	Juha Kankkunen/Nicky Grist	FIN/GB	1	Toyota Celica Turbo 4WD	A	Problemas eléctricos

* Vencedora da classificação feminina

PCS: OS MAIS RÁPIDOS

	1º	2º	3º	4º	5º	6º
Sainz	14	4	8	1	2	-
Auriol	12	11	5	1	-	-
McRae	6	2	4	-	1	1
Vatanen	1	3	9	4	3	2
Biasion	1	1	2	2	6	6
Kankkunen	-	4	3	9	5	1
Thiry	-	-	2	8	9	5
Recalde	-	-	-	-	5	5
Bescham	-	-	-	-	1	5

VENCEDORES ANTERIORES

1983	H.Mikkola/A.Hertz	Audi Quattro
1984	S.Blomqvist/B.Cederberg	Audi Quattro
1985	T.Salonen/S.Harjanne	Peugeot 205 Turbo 16
1986	M.Biasion/T.Siviero	Lancia Delta S4
1987	M.Biasion/T.Siviero	Lancia Delta HF 4WD
1988	J.Recalde/J.Del Buono	Lancia Delta Integrale
1989	M.Ericsson/C.Billstam	Lancia Delta Integrale
1990	M.Biasion/T.Siviero	Lancia Delta Integrale
1991	C.Sainz/L.Moya	Toyota Celica GT-Four
1992	J.Kankkunen/N.Grist	Toyota Celica Turbo 4WD
1993	J.Kankkunen/N.Grist	Toyota Celica Turbo 4WD

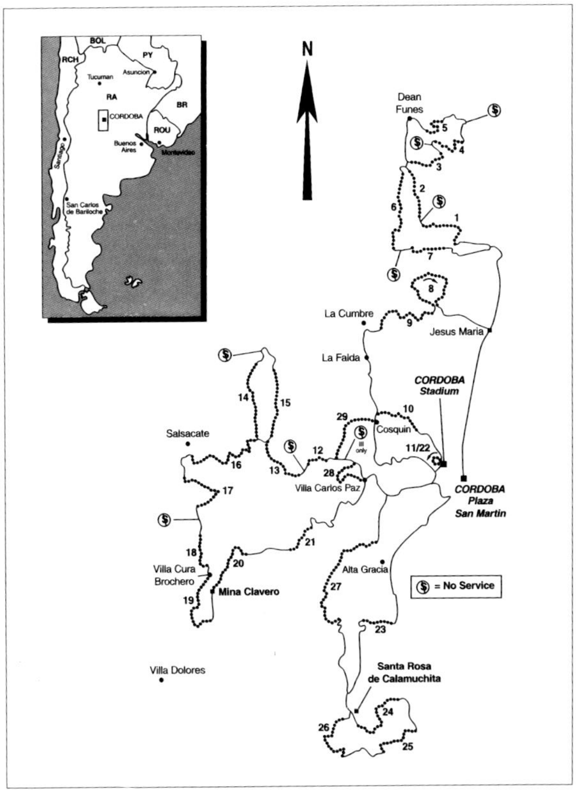

24th ROTHMANS RALLY OF NEW ZEALAND

7ª Prova - **29 / 31. 07. 94**
Percurso: 1ª etapa - Auckland/Manu Bay/Otorohanga/Rotorua: 598,27 km - 11 PC (155,47 Km) terra; 2ª etapa - Rotorua/Gisborne/Opotiki/Rotorua: 718,11Km - 11 PC (249,66 Km) terra; 3ª etapa - Rotorua/Totara Park/Mangere: 498,07 Km - 7 PC (97,57 Km) terra. PC23 cancelada depois da partida. **Total:** 1814,45 Km - 29 PC (502,70 Km).
Média do vencedor: 88,73 Km/h.
Condições atmosféricas: Muito seco e com bastante sol.
Largaram: 78 **Terminaram:** 46 **Prioritários A:** 11

Líderes: McRae, PC1; Kankkunen, PC2/PC3; Kankkunen e Sainz, PC4; McRae, PC5/PC30.
Vencedores: McRae/Ringer, **Geral-Grupo A**; Ordynski/Stacey, **Grupo N**.
Campeonatos: Marcas: Toyota, 128; Subaru, 115; Ford, 68. (Mitsubishi, 41; Renault e Skoda, 4; não pontuam).
Pilotos: Auriol, 75; Sainz e Kankkunen, 72; Schwarz, 31; Biasion, 30; Thiry, 22; McRae, 21; Delecour, Duncan e Vatanen, 20.
Grupo N: Puras, 36; Holderied, 24; Recalde, 17; Njiru, Menen, Ordynski e Reininger, 13.

CLASSIFICAÇÃO FINAL - PRINCIPAIS ABANDONOS

Cl.	Piloto/Co-Ploto	Nac.	Nº	Carro	Grupo	Tempo
1º	**Colin McRae/Derek Ringer**	GB	2	Subaru Impreza 555	A	5h.39m.56s.
2º	Juha Kankkunen/Nicky Grist	FIN/GB	1	Toyota Celica Turbo 4WD	A	5h.42m.10s.
3º	Armin Schwartz/Klaus Wicha	D	4	Mitsubishi Lancer Evolution II	A	5h.45m.27s.
4º	Kenneth Eriksson/Staffan Parmander	S	8	Mitsubishi Lancer Evolution II	A	5h.49m.38s.
5º	Didier Auriol/Bernard Occelli	F	5	Toyota Celica Turbo 4WD	A	5h.51m.52s.
6º	Joe McAndrew/Bob Haldane	NZ	12	Subaru Legacy 4 WD Turbo	A	5h.59m.40s.
7º	Yoshio Fujimoto/Arne Hertz	J/S	9	Toyota Celica Turbo 4WD	A	6h.05m.11s.
8º	Brian Stokes/Jeff Judd	NZ	16	Ford Escort RS Cosworth	A	6h.06m.05s.
9º	Ed Ordynski/Mark Stacey	AUS	15	Mitsubishi Lancer Evolution II	N	6h.08m.50s.
10º	Kiyoshi Inoue/Yoshimasa Nakahara	J	25	Mitsubishi Lancer Evolution II	N	6h.11m.55s.
34ª	Mayumi Nagoshi/Setsumi Yoshizawa	J	66	Subaru Legacy 4WD Turbo	N	7h.01m.18s.*
Última PC						**Motivo**
4	Carlos Sainz/Luis Moya	E	6	Subaru Impreza 555	A	Motor
5	Possum Bournet/Tony Sircombe	NZ	10	Subaru Impreza 555	A	Acidente
5	Jesus Puras/Carlos Del Barrio	E	19	Ford Escort Cosworth	N	Acidente
7	Jorge Recalde/Martin Christie	RA	17	Mitsubishi Lancer Evolution	N	Acidente
13	Miki Biasion/Tiziano Siviero	I	3	Ford Escort RS Cosworth	A	Motor
14	Richard Burns/Robert Reid	GB	11	Subaru Impreza 555	A	Acidente
25	Ari Vatanen/Fabrizia Pons	FIN/I	7	Ford Escort RS Cosworth	A	Acidente

* Vencedora da classificação feminina

PCS: OS MAIS RÁPIDOS

	1º	2º	3º	4º	5º	6º
McRae	13	5	4	6	1	-
Kankkunen	5	10	5	7	1	-
Vatanen	5	4	1	5	3	2
Auriol	4	7	6	2	1	2
Schwarz	3	6	4	5	3	3
Sainz	1	1	1	1	-	-
Eriksson	-	1	1	7	7	2
Burns	-	-	2	-	2	3
Bourne	-	-	1	2	-	2
McAndrew	-	-	-	1	1	9

VENCEDORES ANTERIORES

1983	W.Rohrl/C.Geistdorfer	Lancia Rally
1984	S.Blomqvist/B.Cederberg	Audi Quattro
1985	T.Salonen/S.Harjanne	Peugeot 205 Turbo 16
1986	J.Kankkunen/J.Piironen	Peugeot 205 Turbo 16E2
1987	F.Wittman/J.Pattermann	Lancia Delta HF4WD
1988	J.Haider/F.Hinterleitner	Opel Kadett GSi
1989	Ingvar Per Carlsson	Mazda 323 4WD
1990	C.Sainz/L.Moya	Toyota Celica GT-Four
1991	C.Sainz/L.Moya	Toyota Celica GT-Four
1992	C.Sainz/L.Moya	Toyota Celica 4WD
1993	C.McRae/D.Ringer	Subaru Legacy 4WD Turbo

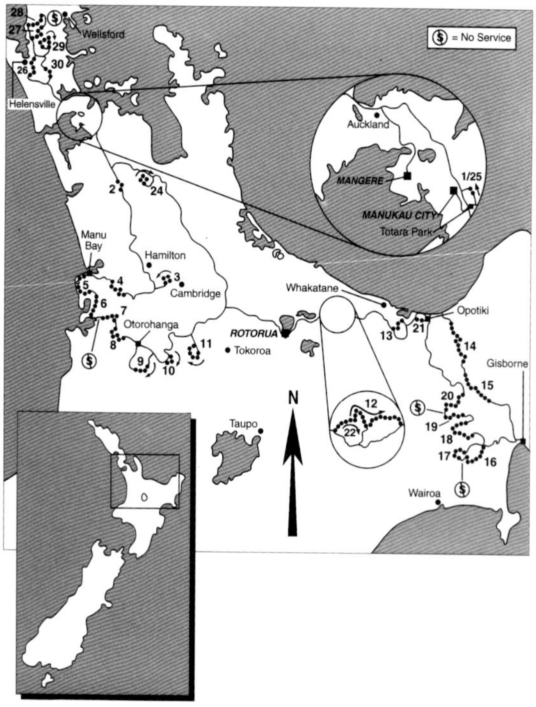

44th NESTE 1000 LAKES RALLY

8ª Prova - 26 / 28. 08. 94
Percurso: 1ª etapa - Laajavuori/Pieksamaki/Jyvaskyla/Laajavuori: 605,50 km - 14 PC (177,21 Km) terra, 1PC (2,57 Km) mista; 2ª etapa - Laajavuori/ Valkeakoski/Laajavuori: 615,04 Km - 12 PC (240,78 Km) terra, 1PC (2.00 Km) mista; 3ª etapa - Laajavuori/Laajavuori: 337,91 Km - 7 PC (100,20 Km) terra.
Total: 1558,45 Km - 35 PC (522,76 Km).
Média do vencedor: 114,58 Km/h.
Condições atmosféricas: Seco na 1ª e 2ª etapa, húmido na 3ª etapa.
Largaram: 85 **Terminaram:** 41 **Prioritários A:** 9

Líderes: Kankkunen, PC1; Makinen, PC2/PC9; Auriol, PC10/PC15; Makinen, PC16/35.
Vencedores: Makinen/Harjanne, **Geral-Grupo A**; Kytolehto/Kapanen, **Grupo N**.
Campeonatos: Marcas: Toyota, 145; Subaru, 129; Ford, 88. (Mitsubishi, 41; Renault e Skoda, 4; não pontuam), a Toyota é virtual vencedora.
Pilotos: Auriol, 90; Sainz, 84; Kankkunen, 74; Schwarz, 31; Delecour e Biasion, 30; Thiry, 22; McRae, 21; Duncan, Vatanen e Makinen, 20. **Grupo N:** Puras, 36; Holderied, 24; Recalde, 17; Njiru, Menen, Ordynski e Reininger, 13.

CLASSIFICAÇÃO FINAL - PRINCIPAIS ABANDONOS

Cl.	Piloto/Co-Ploto	Nac.	Nº	Carro	Grupo	Tempo
1º	**Tommy Makinen/Seppo Harjanne**	FIN	7	Ford Escort RS Cosworth	A	4h.33m.44s.
2º	Didier Auriol/Bernard Occelli	F	4	Toyota Celica Turbo 4WD	A	4h.34m.06s.
3º	Carlos Sainz/Luis Moya	E	2	Subaru Impreza 555	A	4h.34m.48s.
4º	François Delecour/Daniel Grataloup	F	5	Ford Escort RS Cosworth	A	4h.39m.22s.
5º	Marcus Gronholm/Voitto Silander	FIN	12	Toyota Celica Turbo 4WD	A	4h.40m.55s.
6º	Lasse Lampi/Pentti Kuukkala	FIN	22	Mitsubishi Galant VR 4	A	4h.45m.47s.
7º	Thomas Radstrom/Lars Backman	S	25	Toyota Celica Turbo 4WD	A	4h.50m.09s.
8º	Jarmo Kytolehto/Arto Kapanen	FIN	15	Mitsubishi Lancer Evolution	N	4h.51m.55s.
9º	Juha Kankkunen/Nicky Grist	FIN/GB	1	Toyota Celica Turbo 4WD	A	4h.53m.29s.
10º	Olli Harkki/Antti Virjula	FIN	36	Mitsubishi Lancer Evolution	N	4h.58m.37s.
14º	Gregoire de Mevius/Willy Lux	B	18	Opel Astra GSi	A	5h.07m.15s.*
29º	Isolde Holderied/Tina Thorner	D/S	33	Mitsubishi Lancer Evolution	N	5h.34m.02s.**
Última PC						**Motivo**
1	Jorge Recalde/Martin Christie	RA	16	Mitsubishi Lancer Evolution	N	Acidente
2	Raimund Baumschlager/Manfred Heimer	A/D	11	Ford Escort RS Cosworth	A	Acidente
3	Ari Vatanen/Fabrizia Pons	FIN/I	3	Ford Escort RS Cosworth	A	Acidente
4	Sebastian Lindholm/Timo Hantunen	FIN	13	Ford Escort RS Cosworth	A	Acidente
17	Mika Sohlberg/Risto Mannisenmaki	FIN	14	Ford Escort RS CosworthA	A	Direcção
18	Bruno Thiry/Stephane Prevot	B	8	Ford Escort RS Cosworth	A	Motor
32	Tomas Jansson/Ingemar Algerstedt	S	17	Toyota Celica GT-Four	N	Acidente

* Vencedor de F2; ** Vencedora da classificação feminina

PCS: OS MAIS RÁPIDOS

	1º	2º	3º	4º	5º	6º
Makinen	14	9	6	4	1	-
Kankkunen	13	7	4	7	-	1
Auriol	12	9	5	7	2	-
Sainz	6	5	20	2	1	-
Delecour	-	1	2	3	16	8
Thiry	-	-	3	2	6	5
Gronholm	-	-	1	2	7	12
Lampi	-	-	-	-	2	4
Lindholm	-	-	-	-	2	-

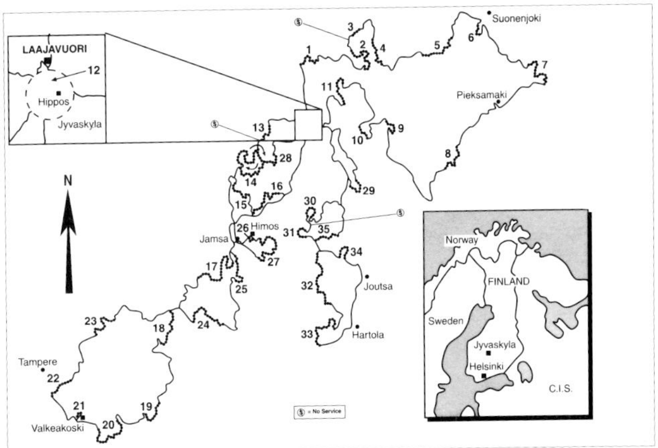

VENCEDORES ANTERIORES

1982	H.Mikkola/A.Hertz	Audi Quattro
1983	H.Mikkola/A.Hertz	Audi Quattro
1984	A.Vatanen/T.Harryman	Peugeot 205 Turbo 16
1985	T.Salonen/S.Harjanne	Peugeot 205 Turbo
1986	T.Salonen/S.Harjanne	Peugeot 205 Turbo
1987	M.Alen/I.Kivimaki	Lancia Delta HF 4WD
1988	M.Alen/I.Kivimaki	Lancia Delta Integrale
1989	M.Ericsson/C.Bilstam	Mitsubishi Galant
1990	C.Sainz/L.Moya	Toyota Celica GT-Four
1991	J.Kankkunen/J.Piironen	Lancia Delta Integrale
1992	D.Auriol/B.Occelli	Lancia HF Integrale
1993	J.Kankkunen/D.Giraudet	Toyota Celica Turbo 4WD

36th RALLY SANREMO - RALLY D'ITALIA

9ª Prova - **9 / 12. 10. 94**
Percurso: 1ª etapa - Sanremo/Arezzo/Gubio/Arezzo: 923,21 km - 8 PC (210,95 Km) terra; 2ª etapa - Arezzo/Montalcino/Volterra/Sanremo: 818,98 Km - 10 PC (147,48 Km) terra; 3ª etapa - Sanremo/Colle S. Bartolomeo/Sanremo: 418,21 Km - 7 PC (156,68 Km) terra. **Total:** 2160,40 Km - 25 PC (515,11 Km).
Média do vencedor: 86,65 Km/h. PC17 cancelada - espectadores.
Condições atmosféricas: Seco, com sol.
Largaram: 92 **Terminaram:** 40 **Prioritários A:** 11

Líderes: Sainz, PC1/PC24; Auriol, PC25/PC26.
Vencedores: Auriol/Occelli, **Geral-Grupo A**; Holderied/Thorner, **Grupo N**.
Campeonatos: Marcas: Toyota, 165 (151); Subaru, 146 (134); Ford, 102. (Mitsubishi, 41; Renault e Skoda, 4, não pontuaram).
Pilotos: Auriol, 110; Sainz , 99; Kankkunen, 78; Biasion, 42; Thiry, 32; Schwarz, 31; Delecour, 30; McRae, 29; Duncan , Vatanen e Makinen, 20. **Grupo N:** Puras, 43; Holderied, 37; Recalde, 27; Njiru, Menen, Ordynski e Reininger, 13. **Campeonato do Mundo de senhoras:** Holderied, 50. Holderied é a virtual campeã.

CLASSIFICAÇÃO FINAL - PRINCIPAIS ABANDONOS

Cl.	Piloto/Co-Ploto	Nac.	Nº	Carro	Grupo	Tempo
1º	**Didier Auriol/Bernard Occelli**	F	8	Toyota Celica Turbo 4WD	A	5h.56m.40s.
2º	Carlos Sainz/Luis Moya	E	10	Subaru Impreza 555	A	5h.57m.01s.
3º	Miki Biasion/Tiziano Siviero	I	5	Ford Escort RS Cosworth	A	5h.57m.27s.
4º	Bruno Thiry/Stephane Prevot	B	9	Ford Escort RS Cosworth	A	5h.57m.57s.
5º	Colin McRae/Derek Ringer	GB	4	Subaru Impreza 555	A	5h.58m.16s.
6º	Gianfranco Cunico/Stefano Evangelisti	I	6	Ford Escort RS Cosworth	A	5h.58m.31s.
7º	Juha Kankkunen/Nicky Grist	FIN/GB	3	Toyota Celica GT-Four	A	6h.00m.58s.
8º	Piero Longhi/Flavio Zanella	I	19	Toyota Celica Turbo 4WD	A	6h.05m.49s.
9º	Malcom Wilson/Bryan Thomas	GB	15	Ford Escort RS Cosworth	A	6h.07m.42s.
10º	Jorge Bica/Joaquim Capelo	P	21	Lancia HF Integrale	A	6h.27m.06s.
12º	Alister McRae/David Senior	GB	32	Nissan Sunny GTi	A	6h.30m.58s.*
15ª	Isolde Holderied/Christina Thorner	D/S	25	Mitsubishi Lancer Evolution II	N	6h.35m.24s.**
Última PC						**Motivo**
0	Andrea Aghini/Sauro Farnocchia	I	16	Toyota Celica Turbo 4WD	A	Acidente
2	Tommi Makinen/Seppo Harjanne	FIN	2	Mitsubishi Lancer Evolution II	A	Suspensão
3	Piero Liatti/Luigi Pirollo	I	18	Subaru Impreza 555	A	Turbo
10	François Delecour/Daniel Grataloup	F	1	Ford Escort RS Cosworth	A	Motor
22	Bruno Bentivogli/Maria Hedinger	I	35	Ford Escort RS Cosworth	N	Veio de transmissão
24	Pavel Sibera/Petr Gross	CZ	12	Skoda Favorit 136L	A	Veio de transmissão
24	Gilberto Pianezzola/Loris Roggia	I	14	Toyota Celica Turbo 4WD	A	Turbo
25	Armin Schwarz/Klaus Wicha	D	7	Mitsubishi Lancer Evolution II	A	Incêndio

* Vencedor de F2; ** Vencedora da classificação feminina

PCS: OS MAIS RÁPIDOS

	1º	2º	3º	4º	5º	6º
Sainz	8	-	-	1	1	2
Kankkunen	6	2	3	-	3	4
Cunico	4	3	3	4	5	3
McRae	4	1	1	2	5	4
Biasion	3	1	5	4	1	1
Auriol	3	2	2	4	7	4
Schwarz	2	3	7	2	1	1
Thiry	2	2	3	4	2	3
Wilson	-	3	3	2	-	-

VENCEDORES ANTERIORES

1982	S.Blomqvist/B.Cederberg	Audi Quattro
1983	M.Alen/I.Kivimaki	Lancia Rally
1984	A.Vatanen/T.Harryman	Peugeot 205 Turbo 16
1985	W.Rohrl/C.Geisdorfer	Audi Sport Quattro SI
1986	M.Alen/I.Kivimaki	Lancia Delta S4
1987	M.Biasion/T.Siviero	Lancia Delta HF 4WD
1988	M.Biasion/T.Siviero	Lancia Delta Integrale
1989	M.Biasion/T.Siviero	Lancia Delta Integrale
1990	D.Auriol/B.Occelli	Lancia Delta Integrale
1991	D.Auriol/B.Occelli	Lancia Delta Integrale
1992	A.Aghini/S.Farnocchia	Lancia HF Integrale
1993	F.Cunico/S.Evangelisti	Ford Escort Cosworth

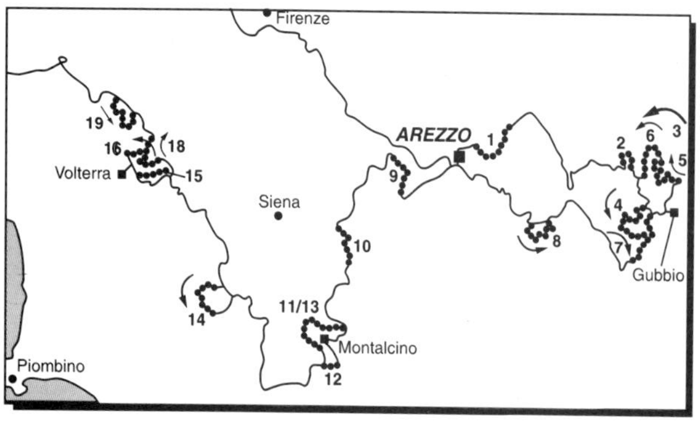

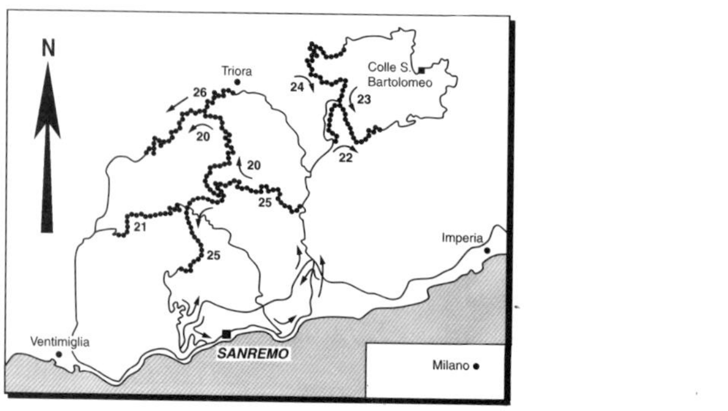

50th NETWORK Q RAC RALLY

10ª Prova - 20 / 23. 11. 94
Percurso: 1ª etapa - Eastgate/Chester/Clumber/Harrogate: 329,75 miles - 7 PC (28,97 miles) mista; 2ª etapa - Harrogate/Low Cranecleugh/Chester: 472,60 miles - 8 PC (113,82 miles) terra; 3ª etapa - Chester/Llandovery/Chester: 406,45 miles - 7 PC (112,21 miles) terra; 4ª etapa - Chester/Race Course/Chester: 259,85 miles - 7 PC (68,37 miles) terra. **Total:** 1468,65 miles - 29 PC (323,37 miles).
Média do vencedor: 61,13 mp/h. **Condições atmosféricas:** Seco, com sol. 7 PC nocturnas. **Largaram:** 178 **Terminaram:** 97 **Prioritários A:** 14
Líderes: Sainz, PC1/PC2; McRae, PC3/PC29.

Vencedores: McRae/Ringer, **Geral-Grupo A**; de Mevius/Lux, **Grupo N.**
Campeonatos: Marcas: Toyota, 182 (151); Subaru, 166 (140); Ford, 116. (Mitsubishi, 41; Renault e Skoda, 4, não pontuaram).
Pilotos: Auriol, 116; Sainz, 99; Kankkunen, 93; McRae, 49; Thiry, 44; Biasion, 42; Schwarz, 31; Delecour, 30; Vatanen, 28; Makinen, 22. **Auriol é o Campeão Mundial de Pilotos. Grupo N:** Puras, 50; Holderied, 43; Recalde, 27; Njiru, Menen, Ordynski, Reininger e Kamioka, 13. **Puras é o vencedor do Grupo N. Campeonato Mundial de Senhoras:** Holderied 59. **Holderied é a Campeã Mundial**

CLASSIFICAÇÃO FINAL - PRINCIPAIS ABANDONOS

Cl.	Piloto/Co-Ploto	Nac.	Nº	Carro	Grupo	Tempo
1º	**Colin McRae/Derek Ringer**	GB	4	Subaru Impreza 555	A	5h.17m.25s.
2º	Juha Kankkunen/Nicky Grist	FIN/GB	1	Toyota Celica GT-Four	A	5h.20m.58s.
3º	Bruno Thiry/Stephane Prevot	B	11	Ford Escort RS Cosworth	A	5h.27m.37s.
4º	Stig Blomqvist/Benny Melander	S	12	Ford Escort RS Cosworth	A	5h.30m.13s.
5º	Ari Vatanen/Fabrizia Pons	FIN/I	7	Ford Escort RS Cosworth	A	5h.34m.25s.
6º	Didier Auriol/Bernard Occelli	F	6	Toyota Celica Turbo 4WD	A	5h.47m.57s.
7º	Gwyndaf Evans/Howard Davies	GB	27	Ford Escort RS2000	A	5h.52m.24s.*
8º	Jan Habig/Douglas Judd	ZA	38	Ford Escort RS Cosworth	A	5h.53m.16s.
9º	Tommi Makinen/Seppo Harjanne	FIN	18	Nissan Sunny GSi	A	5h.53m.54s.
10º	Gregoire de Mevius/Willy Lux	B	17	Opel Astra GSi	A	5h.53m.54s.
12º	Johnny Milner/Steve Turvey	GB	32	Ford Escort RS Cosworth	N	5h.57m.37s.
16º	Isolde Holderied/Tina Thorner	D/S	30	Mitsubishi Lancer Evolution II	N	6h.05m.23s.**
Última PC						**Motivo**
7	François Delecour/Daniel Grataloup	F	3	Ford Escort RS Cosworth	A	Excluido
9	Richard Burns/Robert Reid	GB	9	Subaru Impreza 555	A	Suspensão
14	Miki Biasion/Tiziano Siviero	I	5	Ford Escort RS Cosworth	A	Motor
17	Yoshio Fujimoto/Arne Hertz	J/S	14	Toyota Celica Turbo 4WD	A	Acidente
21	Mark Higgins/Cliff Simmons	GB	53	Honda Civic VTi	N	Motor
23	Carlos Sainz/Luis Moya	E	2	Subaru Impreza 555	A	Acidente
25	Malcom Wilson/Bryan Thomas	GB	20	Ford Escort RS Cosworth	A	Acidente

* Vencedor de F2; ** Vencedora da classificação feminina

PCS: OS MAIS RÁPIDOS

	1º	2º	3º	4º	5º	6º
McRae	16	9	2	2	-	-
Kankkunen	9	8	4	1	3	2
Sainz	5	7	8	2	1	-
Auriol	1	1	-	2	4	5
Blomqvist	1	-	1	2	4	7
Biasion	1	-	-	1	2	-
Burns	-	3	1	-	-	1
Delecour	-	2	-	1	-	1
Wilson	-	1	5	8	2	2

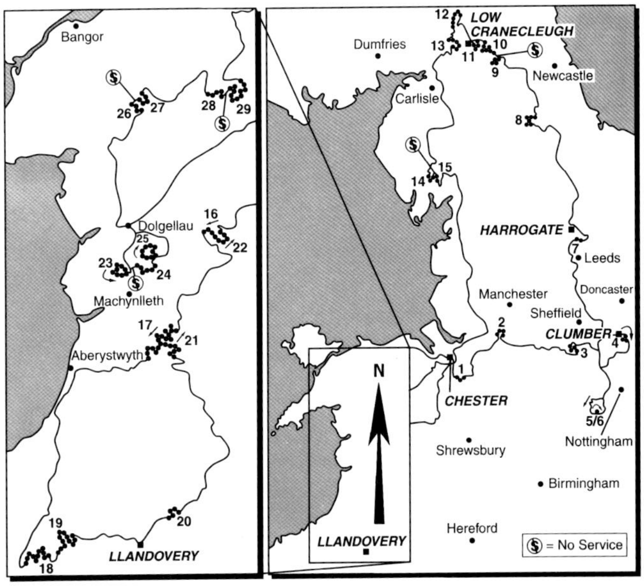

VENCEDORES ANTERIORES

1982	H.Mikkola/A.Hertz	Audi Quattro
1983	S.Blomqvist/B.Cederberg	Audi Quattro
1984	A.Vatanen/T.Harryman	Peugeot 205 T16
1985	H.Toivonen/N.Wilson	Lancia Delta S4
1986	T.Salonen/S.Harjanne	Peugeot 205 T16 E2
1987	J.Kankkunen/J.Piironen	Lancia Delta HF 4WD
1988	M.Alen/I.Kivimaki	Lancia Delta Integrale
1989	P.Airikkala/R.McNamee	Mitsubishi Galant VR-4
1990	C.Sainz/L.Moya	Toyota Celica GT-Four
1991	J.Kankkunen/J.Piironen	Lancia Delta Integrale
1992	C. Sainz/Luiz Moya	Toyota Celica Turbo 4WD
1993	J.Kankkunen/N.Grist	Toyota Celica Turbo 4WD

CAMPEONATO MUNDIAL

CLASSIFICAÇÃO FINAL DE CONSTRUTORES

	Monte Carlo	Portugal	Safari	Corsega	Acrópole	Argentina	Nova Zelândia	1000 Lagos	Sanremo	RAC	TOTAL (8 melhores resultados)
	MC	P	EAK	F	GR	RA	NZ	FIN	I	GB	
1° Toyota	17	20	20	20	(14)	20	17	17	20	17	182 (151)
2° Subaru	14	(12)	15	17	20	17	20	14	17	20	166 (140)
3° Ford	20	14	-	10	10	14	D	20	14	14	116
* Mitsubishi	10	-	-	-	17	-	14	-	-	-	41
* Skoda	D	2	-	-	2	-	-	D	D	-	4
* Renault	D	-	-	4	-	-	-	-	-	-	4

CLASSIFICAÇÃO FINAL DE PILOTOS

	MC	P	EAK	F	GR	RA	NZ	FIN	I	GB	
1° Didier Auriol (F)	-	15	12	20	-	20	8	15	20	6	116
2° Carlos Sainz (E)	12	10	-	15	20	15	-	12	15	-	99
3° Juha Kankkunen (FIN)	15	20	-	10	12	-	15	2	4	15	93
4° Colin McRae (GB)	1	-	-	-	-	-	20	-	8	20	49
5° Bruno Thiry (B)	6	-	-	6	-	10	-	-	10	12	44
6° Miki Biasion (I)	10	12	-	8	-	-	-	-	12	-	42
7° Armin Schwarz (D)	4	-	-	-	15	-	12	-	-	-	31
8° François Delecour (F)	20	-	-	-	-	-	-	10	-	-	30
9° Ari Vatanen (FIN)	-	-	-	-	8	12	-	-	-	8	28
10° Tommi Makinen (FIN)	-	-	-	-	-	-	-	20	-	2	22
11° Ian Duncan (EAK)	-	-	20	-	-	-	-	-	-	-	20
12° Kenneth Eriksson (S)	8	-	-	-	-	-	10	-	-	-	18
13° Kenjiro Shinozuka (J)	-	-	15	-	-	-	-	-	-	-	15
14° Andrea Aghini (I)	-	-	-	12	-	-	-	-	-	-	12
15° Patrick Njiru (EAK)	-	-	10	-	-	-	-	-	-	-	10
15° Alex Fiorio (I)	-	-	-	-	10	-	-	-	-	-	10
15° Stig Blomqvist (S)	-	-	-	-	-	-	-	-	-	10	10
15° Rudi Stohl (A)	-	-	6	-	-	4	-	-	-	-	10

CLASSIFICAÇÃO FINAL DA TAÇA FIA DE PRODUÇÃO (GRUPO N)

	MC	P	EAK	F	GR	RA	NZ	FIN	I	GB	
1° JESUS PURAS (E)	10	13	-	13	-	I	I	-	7	7	50
2° Isolde Holderied (D)	5	7	-	5	-	7	-	I	13	5	42
3° Jorge Recalde (RA)	-	-	-	4	-	13	I	I	10	-	27
4° Patrick Njiru (EAK)	-	-	13	-	-	-	-	-	-	-	13
4° Carlos Menem (RA)	-	-	-	-	13	I	-	-	-	-	13
4° Ed Ordynski (AUS)	-	-	-	-	-	-	13	-	-	-	13
4° Stefan Reininger (A)	-	4	5	-	-	4	-	-	-	-	13
8° Richard Burns (GB)	-	-	10	-	-	-	-	-	-	-	10
8° Jorge Bescham (RA)	-	-	-	-	-	10	-	-	-	-	10
8° Kiyoshi Inoue (J)	-	-	-	-	-	-	10	-	-	-	10
8° Masao Kamioka (J)	-	-	-	-	-	-	3	-	-	7	10

CLASSIFICAÇÃO FINAL NA TAÇA FIA DE SENHORAS

	MC	P	EAK	F	GR	RA	NZ	FIN	I	GB	
1° Isolde Holderied (D)	9	10	-	9	-	10	-	I	12	9	59

CLASSIFICAÇÃO FINAL DA TAÇA FIA - 2 LITROS PARA CONSTRUTORES

	Suécia S	Portugal P	Acrópole GR	1000 Lagos FIN	Auatrália AUS	Snaremo I	Catalunha E	RAC GB	TOTAL (6 melhores resultados)
1º Skoda	(2)	8	10	6	10	5	4	(3)	48 (43)
2º Nissan	I	I	6	8	-	10	8	8	40
3º Renault	I	10	5	I	-	8	10	-	33
4º GME	10	I	I	10	D	6	I	6	32
5º Peugeot	I	5	I	I	-	4	5	4	18
* Ford	-	-	-	-	-	-	-	10	10
* Volkswagen	8	-	-	2	-	-	-	-	10
* Hyundai	-	-	-	-	8	-	1	-	9
* Citroën	4	4	-	-	-	-	-	-	8
* SEAT	-	1	-	-	-	-	6	-	7
* Honda	-	-	-	-	6	-	-	-	6
* Suzuki	-	-	-	-	5	-	-	-	5
* Toyota	-	-	4	-	-	-	-	-	4
* Daihatsu	-	-	-	-	4	-	-	-	4
* Fiat	-	3	-	-	-	-	-	-	3
* Lada	-	-	-	3	-	-	-	-	3

I - Iniciaram o rali.; D - Desclassificado; * - Não elegíveis para classificação.

ÚLTIMA HORA: Dia 28 de Novembro, segunda-feira, os comissários dos Telecom Rally Australia deliberaram que o carro conduzido por Gregoire de Mevius utilizou combustível proibido. Por isso, a GME perdeu os pontos obtidos nesta prova e a Skoda conquistou o título.

Em 1994 disputaram os seguintes campeonatos:

A Campeonato do Mundo de Pilotos. A Taça para Senhoras era uma extensão desta competição (ver abaixo)
Existiu ainda um troféu para o melhor navegador

B Taça para Pilotos em Carros de Produção (Grupo N)

C Campeonato do Mundo de Ralis para Construtores

D Taça de Construtores para Carros de 2 Litros ("Fórmula 2"

Este foi o primeiro do três anos em que se aplicou o sistema de rotação de provas. As provas da Suécia, Austrália e Espanha contaram apenas para a Taça de 2 Litros, tendo sido no entanto garantida a sua inclusão no Campeonato de Construtores de 1995 e 1996. As categorias A, B e C incluiam dez provas, enquanto que na D constavam oito provas, cinco das quais se disputavam em simultâneo as do campeonato do mundo e as restantes em separado.

A pontuação manteve o esquema do ano anterior:

A Com base nos dez primeiros classificados, os pontos foram atribuídos da seguinte forma...20, 15, 12, 10, 8, 6, 4, 3, 2, 1.

B Com base nos oito primeiros classificados do Grupo, com suplemento para as três primeiras posições de acordo com as respectivas divisões da capacidade dos motores, como se segue...10, 8, 6, 5, 4, 3, 2, 1 para as divisões até 1.300, 1.301-2.000 e mais de 2.000 cc.

C Com base na dez primeiras posições da Geral, com suplemento para os oito melhores classificados do Grupo, como se segue...12, 10, 8, 7, 6, 5, 4, 3, 2, 1 mais 8, 7, 6, 5, 4, 3, 2, 1, relacionada na divisão em Grupo A e Grupo N.

D Com base nos oito primeiros classificados, como se segue...10, 8, 6, 5, 4, 3, 2, 1.

Foram aplicadas algumas qualificações especiais: **C** - Mesmo para o suplemento de pontos relativos ao Grupo, era necessário terminar nas dez primeiras posições da geral para pontuar. Apenas as inscrições nomeadas (ver abaixo) e apenas o carro melhor classsifcado de cada marca entrava nos pontos. **D** - Pelo menos dez carros deveriam começar uma prova para que fossem atribuídos pontos.

Classificação: **A** - oito melhores resultados. **B** - oito melhores resultados. **C** - Teve de entrar (isto é, inscrito e partido) em pelo menos nove provas, contando os oito melhores resultados. **D** - O vencedor teve de participar em pelo menos sete provas, contando os seis melhores resultados. Em 1994, a antiga norma que obrigava à participação em pelo menos uma prova fora da Europa agora só se aplica ao Grupo N e à Taça das Senhoras. *Taça das Senhoras:* Novo sistema. Contam os melhores sete resultados em dez provas. Pontuação: 9, 6, 4, 4, 2, 1 mais um de suplemento se terminar nas três primeiras posições da sua classe. Para pontuar, uma piloto tem ainda de terminar entre os 20 primeiros da geral. Para se classificar na Taça, as regras foram de súbito alteradas! Uma piloto tem agora de começar em pelo menos seis provas, incluindo uma fora da Europa.

Sistema de nomeação: o sistema não foi alterado mas o objectivo foi! Em 1993 era para assegurar que as equipas não entrassem em mais de dez provas (das 13 do campeonato) mas em 1994 isto foi concebido para que entrassem em pelo menos nove provas.

CAMPEONATOS EUROPEUS

O veterano belga Patrick Snijers atingiu finalmente o objectivo que perseguira durante quase uma década, o título de Campeão Europeu. Uma vez mais patrocinado pela Bastos e com um carro preparado pela RAS Sport, o seu programa já lhe era sobejamente conhecido, estando concentrado em provas do campeonato belga e da Europa, e em participações ocasionais em provas do Campeonato do Mundo. Durante a temporada de 1994, o único rival à altura de Snijers foi o italiano Vanio Pasquali, outro piloto em Ford, mas a partir do Rali Zlatni, as suas hipóteses cairam por terra depois de Snijers ter dado início a uma série de vitórias. Para Snijers, 1994 foi a realização de um sonho. "Pensei que seria capaz de conquistar o título no final da década de 80, mas isso só aconteceu este ano". Recorde-se que ele se classificou por três vezes na segunda posição, entre 1986 e 1988.

Patrick foi um dos três célebres "mosqueteiros", treinados nos finais da década de 70 por Gilbert Staepelaere, e o segundo a sagrar-se campeão europeu. Nascido a 29 de Janeiro de 1958, estreou-se aos 18 anos com um Toyota Corolla. A sua primeira vitória foi obtida em 1978 ao volante de um Opel Kadett GTE, e desde então já foi visto numa grande variedade de carros de diferentes marcas, incluindo a Ford, BMW, Porsche e Lancia (037 e Delta).

O campeonato de 1994 foi, mais do que nunca, dominado por carros de tracção integral turbocomprimidos. Existiu uma série suple-

Rally	Arctic	Boucles de Spa	Il Ciocco	Hanki	Finnskog Norway	Mille Miglia	Corte Ingles	Grasse-Alpin	Ardennes	Vauxhall Rally of Wales	Costa Smeralda	Hautes Fagnes	Piancavallo	Olympic	Gunaydin	Carling Rally of Lakes	South Swedish	Zlatni	Saturnus	Rota do Sol	Antibes	Perth Scottish	Polish	Alsace Vosges	Romania	Ypres	Ina Delta
País	FIN	B	I	FIN	N	I	E	F	B	GB	I	B	I	GR	TR	IRL	S	BG	SLO	P	F	GB	PL	F	R	B	HR
Coeficiente	5	5	2	5	10	5	10	5	5	2	10	2	20	5	2	2	5	20	5	5	20	10	20	5	5	20	5
Nº Prova	1	2	3	4	5	6	7	8	9	10	11	12	13	14	15	16	17	18	19	20	21	22	23	24	25	26	27
P. Snyers (B)	-	-	-	-	-	-	-	-	100	-	-	-	-	-	-	-	-	400	-	-	-	-	400	-	-	400	-
D. Depping (D)	-	-	-	-	-	-	-	-	-	-	-	-	-	-	-	-	-	-	-	-	-	-	-	-	-	-	-
V. Pasquali (I)	-	-	-	-	-	-	120	-	-	-	-	-	-	-	-	-	-	300	-	-	240	-	300	-	-	-	-
S. Pianezzola (I)	-	-	-	-	-	-	100	-	-	-	-	-	120	-	-	-	-	240	-	-	-	-	-	-	-	-	-
F. Chatriot (F)	-	100	-	-	-	-	-	100	-	-	-	-	-	-	-	-	-	-	-	-	-	-	-	100	-	300	-
B. de Jong (NL)	-	-	-	-	-	-	-	-	-	-	-	-	-	-	-	-	-	-	-	-	-	-	200	-	-	-	-
M. Wilson (GB)	-	-	-	-	-	-	-	-	-	-	-	-	-	-	-	-	-	-	-	-	-	200	-	-	-	-	-
P. Liatti (I)	-	-	(24)	-	-	(60)	-	-	-	-	200	-	300	-	-	-	-	-	-	-	-	-	-	-	-	-	-
G. Cunico (I)	-	-	-	-	-	40	-	-	-	-	120	-	400	-	-	-	-	-	-	-	400	-	-	75	-	-	-
P. C. Baroni (F)	-	-	-	-	-	-	-	75	-	-	-	-	-	-	-	-	-	-	-	-	-	-	-	-	-	240	-
A. Fassina (I)	-	-	-	-	-	50	-	-	-	-	-	-	240	-	-	-	-	-	-	-	-	-	200	-	-	-	-
L. Kirkos (GR)	-	-	-	-	-	-	-	-	-	-	-	-	-	100	-	-	-	-	-	-	-	-	-	-	-	-	-
A. Aghini (I)	-	-	-	-	-	-	-	-	-	-	-	-	-	-	-	-	-	-	-	-	-	-	-	-	-	-	-
K. Gottlicher (A)	-	-	-	-	-	-	-	-	-	-	-	-	-	-	-	-	-	200	100	-	-	-	60	-	-	-	-
G. Petrov (BG)	-	-	-	-	-	-	-	-	-	-	-	-	-	-	-	-	-	160	-	-	-	-	-	-	-	-	-
F. Peres (P)	-	-	-	-	-	-	-	-	-	-	-	-	-	-	-	-	-	-	-	(100)	-	-	-	-	-	-	-
P. Bernardini (F)	-	-	-	-	-	-	-	-	-	-	-	-	-	-	-	-	-	-	-	-	300	-	-	60	-	-	-
P. Longhi (I)	-	-	(40)	-	-	(100)	-	-	-	-	150	-	160	-	-	-	-	-	-	-	-	-	-	-	-	-	-
A. Fiorio (I)	-	-	-	-	-	-	-	-	-	-	-	-	-	-	-	-	-	-	-	-	-	-	-	-	-	-	-
M. Moosleitner (A)	-	-	-	-	-	-	-	-	-	-	-	-	-	-	-	-	-	-	-	-	-	-	-	-	-	-	-
S. Finlay (GB)	-	-	-	-	-	-	-	-	-	40	-	-	-	-	-	30	-	-	-	-	-	150	-	-	-	-	-
D. Bruyneel (B)	-	75	-	-	-	-	-	-	-	-	-	24	-	-	-	-	-	-	-	-	-	-	240	-	-	-	-
K. McKinstry (GB)	-	-	-	-	-	-	-	-	-	-	-	-	-	-	-	24	-	-	-	-	-	-	-	-	-	-	-
N. Min (B)	-	40	-	-	-	-	-	-	40	-	-	-	-	-	-	-	-	-	-	-	-	-	120	-	-	120	-
P.V. Merkstreyn (NL)	-	-	-	-	-	-	-	-	-	-	-	-	-	-	-	-	-	-	-	-	-	-	-	-	-	-	-
V. Terzian (CY)	-	-	-	-	-	-	-	-	-	-	-	-	-	-	-	-	-	-	-	-	-	-	-	-	-	-	-
T. Jansson (S)	-	-	-	-	200	-	-	-	-	-	-	-	-	-	-	-	100	-	-	-	-	-	-	-	-	-	-
	1	2	3	4	5	6	7	8	9	10	11	12	13	14	15	16	17	18	19	20	21	22	23	24	25	26	27

mentar, reservado a carros de "Fórmula 2", que se disputou durante a temporada e que também estava aberta a carros de Grupo N, para a qual contavam apenas as provas de coeficiente 20 do calendário. Na primeira destas competições, o piloto dinamarquês Tim Svanholt, em Peugeot 309 GTi, sagrou-se campeão; no último, o triunfo sorriu ao jovem búlgaro Tichomir Zlatkov. Neste ano aplicou-se uma nova regra que impedia os concorrentes de pontuar em mais de três ralis do mesmo país. ❑

Tichomir Zlatkov (BG), campeão europeu da categoria de pilotos em carros de Grupo N

CTP

Rally	Hebros	Açores	Deutschland	Bohemia	Rouergue	Madeira	Hunsruck	Sliven	Barum	Elpa	Mont Blanc	Asturias	Manx	Yu	Cyprus	Hermes-Dodonis	Valais	Algarve	San Marino	Semperit	C. des Cevennes	Lana	Condroz	Golden Tulip	Targa Fiorio	Var	Total
País	BG	P	D	CZ	F	P	D	BG	CZ	GR	F	E	GBM	YU	CY	GR	CH	P	RSM	A	F	I	B	NL	I	F	
Coeficiente	10	5	20	5	2	20	10	2	10	20	5	5	20	5	20	5	5	5	10	10	5	5	5	5	2	5	
NºProva	28	29	30	31	32	33	34	35	36	37	38	39	40	41	42	43	44	45	46	47	48	49	50	51	52	53	
P. Snyers (B)	-	-	-	-	-	300	-	-	200	-	-	-	-	-	-	-	-	-	-	-	-	-	75	-	-	-	1875
D. Depping (D)	-	-	400	-	-	-	200	-	-	-	-	-	240	-	-	-	-	-	-	200	-	-	-	-	-	-	1040
V. Pasquali (I)	-	-	-	-	-	-	-	-	-	-	-	-	-	-	-	-	-	-	-	-	-	-	-	-	-	-	960
S. Pianezzola (I)	-	-	-	-	-	-	-	-	-	400	-	-	-	-	-	-	-	-	-	-	-	-	-	-	-	-	860
F. Chatriot (F)	-	-	-	-	-	-	-	-	-	-	100	-	-	-	-	-	-	-	-	-	-	-	-	-	-	-	700
B. de Jong (NL)	-	-	240	-	-	-	80	-	-	-	-	-	-	-	-	-	-	-	-	-	-	-	-	100	-	-	620
M. Wilson (GB)	-	-	-	-	-	-	-	-	-	-	-	-	400	-	-	-	-	-	-	-	-	-	-	-	-	-	600
P. Liatti (I)	-	-	-	-	-	-	-	-	-	-	-	-	-	-	-	-	-	-	-	-	-	75	-	-	-	84	659
G. Cunico (I)	-	-	-	-	-	-	-	-	-	-	-	-	-	-	-	-	-	-	-	-	-	-	-	-	(40)	100	660
P. C. Baroni (F)	-	-	-	-	-	-	-	-	-	-	-	-	-	-	-	-	-	-	-	-	-	-	-	-	-	-	550
A. Fassina (I)	-	-	-	-	-	-	-	-	-	-	-	-	-	-	-	-	-	-	-	-	-	-	-	-	-	-	530
L. Kirkos (GR)	-	-	-	-	-	-	-	-	-	300	-	-	-	-	-	100	-	-	-	-	-	-	-	-	-	-	500
A. Aghini (I)	-	-	-	-	-	400	-	-	-	-	-	-	-	-	-	-	-	-	-	-	-	-	100	-	-	-	500
K. Gottlicher (A)	-	-	-	-	-	-	-	-	-	-	-	-	-	-	-	-	-	-	-	100	-	-	-	-	-	-	460
G. Petrov (BG)	150	-	-	-	-	-	-	40	-	-	-	-	-	100	-	-	-	-	-	-	-	-	-	-	-	-	450
F. Peres (P)	-	100	-	-	-	240	-	-	-	-	-	-	-	-	-	-	-	100	-	-	-	-	-	-	-	100	540
P. Bernardini (F)	-	-	-	-	(30)	-	-	-	-	-	60	-	-	-	-	-	-	-	-	-	(40)	-	-	-	-	70	490
P. Longhi (I)	-	-	-	-	-	-	-	-	-	-	-	-	-	-	-	-	-	-	-	-	-	100	-	-	-	140	550
A. Fiorio (I)	-	-	-	-	-	-	-	-	-	-	-	-	-	-	400	-	-	-	-	-	-	-	-	-	-	-	400
M. Moosleitner (A)	-	-	120	-	-	-	150	-	-	-	-	-	-	-	-	-	-	-	-	80	-	-	-	-	-	-	350
D. Bruyneel (B)	-	-	-	-	-	-	-	-	-	-	-	-	-	-	-	-	-	-	-	-	-	-	-	-	-	-	339
K. McKinstry (GB)	-	-	-	-	-	-	-	-	-	-	-	-	300	-	-	-	-	-	-	-	-	-	-	-	-	-	324
N. Min (B)	-	-	-	-	-	-	-	-	-	-	-	-	-	-	-	-	-	-	-	-	-	-	-	-	-	15	335
S. Finlay (GB)	-	-	-	-	-	-	-	-	-	-	-	-	120	-	-	-	-	-	-	-	-	-	-	-	-	-	310
P.V. Merkstreyn (NL)	-	-	-	-	-	-	-	-	-	-	-	-	-	-	-	-	-	-	-	-	-	-	(15)	-	-	-	324
V. Terzian (CY)	-	-	-	-	-	-	-	-	-	-	-	-	-	-	300	-	-	-	-	-	-	-	-	-	-	-	300
T. Jansson (S)	-	-	-	-	-	-	-	-	-	-	-	-	-	-	-	-	-	-	-	-	-	-	-	-	-	-	300
	28	29	30	31	32	33	34	35	36	37	38	39	40	41	42	43	44	45	46	47	48	49	50	51	52	53	

CAMPEONATOS INTERNACIONAIS

RESULTADOS

FIA África

1ª Prova 13/15.05.94 CASTROL Ermelo-Ezulwini (ZA-SWA) 47I 15C

1º Grobler/Botha	Nissan Sentra	6h.27m.04s.*
2º Da Cunha/Rouillard	Nissan Sentra	6h.27m.01s.*
3º S. Singh/Leeke	Toyota Celica Turbo 4WD	6h.42m.13s.
4º Sperrer/Loidl	Audi Coupé S2	6h.45m.56s.
5º Smit/Wild	Audi 90 Quattro	7h.00m.09s.

2ª Prova 8/12.07.94 IVORY COAST Abidjan (CI) 23I 6C

1º Servant/Brion	Audi Coupé S2	2h.56m.
2º Gratton/Bouvier	Toyota Corolla 16S	3h.52m.*
3º Fane/Artault	Toyota Corolla 16S	4h.11m.*
4º Demaux/Spaak	Mazda 323 GT-R	5h.13m.

3ª Prova 5/7.08.94 ZIMBABWE CHALLENGER Harare(ZW) 16I 9C

1º Holm/Watt	Toyota Celica GT-Four	1h.38m.33s.
2º Wood/Marsh	Nissan Stanza Turbo	2h.22m.47s.
3º Smit/Wild	Audi 90 Quattro	2h.23m.42s.

4ª Prova 24/25.09.94 EQUATOR Nairobi (EAK) 22I 4C

1º Hellier/Haji	Mitsubishi Galant VR-4	8h.59m.07s.
2º Anwar/Shah	Subaru Legacy	9h.05m.27s.*
3º Kahumburu/Macharia	Toyota Celica Turbo 4WD	10h.07m.58s.
4º Smit/Wild	Audi 90 Quattro	10h.17m.39s.

5ª Prova 21/24.10.94 DHL INTERNACIONAL Lusaka (Z) 16I 9C

1º S.+L.Singh	VW Golf GTI	9h.28m.59s.
2º Patel/Saran	Toyota Hilux 4x4	10h32m.29s.
3º Ticklay/Naik	Datsun 160J	10h48m.08s.
9º M. Singh/Ross	Toyota Supra Turbo	13h.17m.39s.

6ª Prova 18/19.11.94 TOTAL TARA Windhoeck (SWA) 24I 10C

1º Coerstse/Tarlton	Ford Saphire Turbo 4x4	4h.06m.55s.*
2º R.+H. Pretorius	Sandmaster	4h.14m.04s.*
3º Smit/Wild	Audi Coupé S2	4h.14m.09s.
5º S. Singh/Pretorius	VW Golf GTI	5h.31m.13s.

Campeonato Africano FIA 1994: 1º Abe Smit (Z) 59 pts; 2º Satwant Singh (Z) 55 pts; 3º Patrice Servane (CI), Nick Holm (ZW) e Rob Hellier (EAK), 20 pts. Campeão de construtores: Audi
* Automóvel não homologado, não qualificado.

FIA Asia-Pacífico

1ª Prova 17/19.06.94 INDONESIA Medan (RI) 48I 25C

1º Eriksson/Parmander	Mit. Lancer Evolution II	4h.15m.26s.
2º Bourne/Sircombe	Subaru Impreza 555	4h.17m.26s.
3º Shinozuka/Gocentas	Mit. Lancer Evolution II	4h.28m.57s.

2ª Prova 29/31.07.94 NEW ZELAND Auckland (NZ)(WC7) 78I 46C

1º C. McRae/Ringer	Subaru Impreza 555	5h.39m.56s.
2º J Kankunnen/Grist	Toyota Celica Turbo 4WD	5h.42m.10s.
3º Schwarz/Wicha	Mit. Lancer Evolution II	5h.45m.27s.

3ª Prova 13/15.08.94 MALAYSIA Kuala Lumpur (MAL) 45I 29C

1º Bourne/Sircombe	Subaru Impreza 555	4h.54.12s.
2º Burns/Reid	Subaru Impreza 555	4h.54m.28s.
3º Eriksson/Parmander	Mit. Lancer Evolution II	5h.01m.53s.

4ª Prova 16/19.09.94 AUSTRÁLIA Perth (AUS) 74I 47C

1º C. McRae/Ringer	Subaru Impreza 555	5h.13m.50s.
2º J. Kankkunen/Grist	Toyota Celica GT-Four	5h.13m.59s.
3º Eriksson/Parmander	Mit. Lancer Evolution II	5h.17m.40s.

5ª Prova 22/28.10.94 555 HONG KONG-BEIJING Hong Kong-Beijing (HK-ROC) 30I 15C

1º Bourne/Sircombe	Subaru Impreza 555	5h.16m.16s.
2º Burns/Reid	Subaru Impreza 555	5h.16m.46s.
3º Lieu/Ichino	Mit. Lancer Evolution	5h.45m.02s.

Nota: A prova final 3/5.12.94 THAILAND (T), "POSSUM" BOURNE (NZ) e a Subaru são os virtuais campeões de Pilotos e Construtores.

Mohamed Bin Sulayem, 1994 FIA Middle East Champion

FIA Médio Oriente

1ª Prova 6/8.04.94 QATAR Doha (QA) 40I 21C

1º Bin Khalifa/Malik	Toyota Celica Turbo 4WD	2h.38m.49s.
2º B. Sulayem/R.Morgan	Ford Escort RS Cosworth	2h.40m.02s.
3º Bin Ghurab/Ghaziri	Toyota Celica GT-Four	2h.43m.08s.

2ª Prova 11/13.05.94 JORDAN Aman (HKJ) 38I 22C

1º B. Sulayem/Mills	Ford Escort RS Cosworth	3h.24m.05s.
2º Al Mataywi/Nicholson	Toyota Celica GT-Four	3h.28m.22s.
3º Bakhashab/Willis	Toyota Celica GT-Four	3h.39m.05s.

3ª Prova 1/3.07.94 LEBANON Jounieh (RL) 50I 25C

1º Fiorio/Brambilla	Lancia HF Integrale	4h.01m.35s.
2º Moacadieh/Mattar	Lancia HF Integrale	4h.04m.59s.
3º B. Sulayem/R.Morgan	Ford Escort RS Cosworth	4h.05m.41s.

4ª Prova 27/28.10.94 OMAN Muscat (OM) 10I 6C

1º B. Sulayem/R.Morgan	Ford Escort RS Cosworth	3h.07m.06s.
2º Makthoum/Malif	Toyota Celica GT-Four	3h.07m.50s.
3º Bakhashab/Willis	Toyota Celica GT-Four	3h.38m.38s.

Nota: Última prova DUBAI (1/2.12.94) Mohammed Bin Sulayem (EAU) e Abdullah Bakhashab (SAU) são virtuais campeões em Pilotos e no Grupo N.

Pierre Lartigue, 1994 FIA Cross-Country Champion

FIA Todo o Terreno

1ª Prova 7/17.04.94 TUNISIA Toulon-Djerba (F/TN) 72I 43C

1º Lartigue/Perin	Citroën ZX Rallye Raid	22h.12m.44s.
2º Salonen/Gallagher	Citroën ZX Rallye Raid	22h.49m.40s.
3º Schlesser	Buggy Schlesser	24h.33m.08s.

2ª Prova 20/29.05.94 ATLAS Beziers-Marrakech (F/MA) 60I 37C

1º Lartigue/Perin	Citroën ZX Rallye Raid	18h.47m.50s.
2º Saby/Serieys	Mitsubishi Pajero	18h.56m.27s.
3º H. Auriol/Picard	Citroën ZX Rallye Raid	19h.08m.48s.

3ª Prova 23/25.06.94 BAJA NICOLA 1000 Lisbon (P) 125I 58C

1º Lartigue/Perin	Citroën ZX Rallye Raid	9h.31m.25s.
2º Weber/Hiemer	Seat Toledo Marathon	10h.12m.00s.
3º Vassalo/Caiado	Mitsubishi Pajero	10h.20m.45s.

4º Prova 21/23.07.94 BAJA ESPAÑA-ARAGON Saragosse (E) 114I 31C

1º Salonen/Gallagher	Citroën ZX Rallye Raid	10h.27m.15s
2º Lartigue/Perin	Citroën ZX Rallye Raid	10h.29m.36s.
3º Weber/Hiemer	Seat Toledo Marathon	10h.52m.13s.

5ª Prova 4/7.08.94 BAJA ITALIAN Pordenone (I) 53I 25C

1º Lartigue/Perin	Citroën ZX Rallye Raid	8h.17m.24s.
2º Schlesser/Kleinschmidt	Buggy Schlesser	8h.36m.38s.
3º Riviere/Serre Proto	Bourgoin	8h.46m.22s.

6ª Prova 13/21.08.94 AUSTRALIAN SAFARI Sydney-Darwin (AUS) 26I 16C

1º Fontenay/Musmarra	Mit. Pajero	50h.25m.06s.
2º Stott/Conner	Nissan Patrol	52h.21m.08s.
3º Strugo/Cottret	Nissan Terrano	52h.41m.40s.

7ª Prova 9/12.11.94 UAE DESERT CHALLENGE Abu Dhabi-Dubai (EAU) 47I 24C

1º Schlesser	Schlesser Buggy	17h.39m.41s.
2º Bakhashab/Willis	Range Rover	17h.51m.12s.
3º De Lavergne/Argus	Nissan Patrol	18h.09m.26s.

Campeão FIA Todo-o-Terreno 1994: Pierre Lartigue (F)

FIA Históricos

1ª Prova 10/12.03.94 SANREMO Sanremo (I) 54I 36C

1º Fini/Rinaldi	Jaguar E-type	58m.37s.
2º Koppenwallner/Grommer	Austin Healey 3000	59m.20s.
3º Andersson/Jakobsson	Porsche 911	59m.27s.

2ª Prova 2/5.06.94 BAVARIA Bad Albljing (A) 30I 23C

1º Andersson/Jakobsson	Porsche 911	1h.07m.09s.
2º Stoschek/Wendel	Porsche 911	1h.07m.41s.
3º Huber/Muller	Jaguar E	1h.09m.12s.

3ª Prova 17/18.06.94 VIKING Oslo-Amar (N) 8I 7C

1º P-I.+P. Walfridsson	Porsche 911	40m. 07s.
2º Larsson/Henrysson	Porsche 911	40m. 24s.
3º Andersson/Jakobsson	Porsche 911	40m. 35s.

4ª Prova 8/9.07.94 VLTAVA Klatovy (CZ) 29I 22C

1º Andersson/Jakobsson	Porsche 911	1h.29m.59s.
2º Stoschek/Wendel	Porsche 911	1h.32m.21s.
3º Larsson/Henrysson	Porsche 911	1h.32m.49s.

5ª Prova 6/7.08.94 1000 LAKES VETERAN Jyvaskyla (FIN) 39I 23C

1º P-I.Walfridsson/Ragnar	Porsche 911	1h.35m.51s.
2º Andersson/Thorell	Porsche 911	1h.38m.02s.
3º Svensson/L. Johansson	Volvo 122S	1h.42m.56s.

6º Prova 23/24.09.94 ELBA Porto Ferraio (I) 33I 22C

1º Tessore/Costa	Lotus Elan	51m.17s.
2º Andersson/Jakobsson	Porsche 911	52m.31s.
3º Stoschek/Wendel	Porsche 911	52m.47s.

7º Prova 22/23.10.94 MINUTI Stallarena-Verona (I) I 20C

1º Stoschek/Wendel	Porsche 911	44m.53s.
2º Bormolini/Pozzoni	Porsche 356	46m.40s.
3º Moretto/Ghiraldelli	Lotus Elan	47m.05s.

8º Prova 19/20.11.94 RAC HISTORIC Nottingham (GB) 50I 45C

1º A. Andersson/Thorell	Porsche 911	1h.45m.14s.
2º J. McRae/Tuthill	Porsche 911	1h.45m.28s.
3º Hall/J. Bourne	Triumph TR4	1h.46m.42s.

Classificação Troféu Históricos FIA 1994: 1º Ake Anderson (S) 53 pts; 2º Jan Trajbold (CS) 37 pts; 3º Michael Stoschek (A) 26,5 pts; 4º Siegfried Huber (B) 21 pts; 5º Magnus Wigren (S) e Luigi Bornolini (I) 18 pts.

Codasur

1ª Prova 17/18.04.94 CHARRUA Tacuarembo (ROU) 19I 9C

1º Casalia/Santisteban	VW Gol GL 1.8	3h. 27m. 53s.
2º Contin/Didier	Lada Samara	3h. 41m. 45s.
3º Lora/Lora	VW Gol 1.6	3h. 42m. 19s.

2ª Prova 29/31.07.94 TRANS-ITAPUA Encarnación (PY) 68I 37C

1º Penner/Planas	VW Golf GTI	1h. 39m. 25s.
2º Gonzalez/Viola	VW Golf GTI	2h. 45m. 22s.
3º Tomboly/Garcia	VW Gol GL	1h. 46m. 08s.

3ª Prueba 3/4.09.94 DA GRACIOSA Brasil (BR)		11I 8C
1º Galanti/Fadul	Toyota Celica Turbo 4 WD	2h. 36m. 06s.
2º Sarquis/Ramirez	Subaru Legacy 4WD Turbo	2h. 44m. 05s.
3º Soca/Costa	VW Gol GTI	2h. 49m. 30s.

4ª Prueba 28.09/2.10.94 TRANS-CHACO Mariscal Estigarribia (PY)		88I 8C
1º Penner/Planas	VW Golf GTI	12h. 14m. 43s.
2º Masi/Gamarra	Ford Escort Cosworth	12h. 19m. 43s.
3º Grillon/Zarza	Toyota Celica Turbo 4WD	13h. 40m. 58s.

5ª Prueba 29/30.10.94 DEL ATLÂNTICO Rocha (ROU)		61I 43C
1º Galanti/Dumont	Toyota celica Turbo 4WD	2h. 27m. 05s.
2º Crillon/Gonzalez	Toyota Celica Turbo 4WD	2h. 36m. 41s.
3º Casalia/Santisteban	VW Gol 1.8	2h. 36m. 59s.

Nota: Última prueba a 4/5.12.94 LONDRINA (BR)

CHESTER

Kenny McKinstry, 1994 Dunlop Irish Tarmac Champion

Irlanda

1ª Prueba 4/6.02.94 GALWAY Salthill (IRL)		98I 52C
1º McKinstry/Philpott	Subaru Legacy 4WD Turbo	1h. 59m. 14s.
2º McHale/O'Gorman	Toyota Celica GT-Four	2h.00m.00s.
3º Finlay/D. Wilson	Ford escort RS Cosworth	2h. 00m. 10s.

2ª Prueba 1/5.04.94 CIRCUIT OF IRELAND Bangor/Limerick (GB/IRL)		64I 28C
1º Finlay/D. Wilson	Ford Escort RS Cosworth	4h. 58m. 19s.
2º Meagher/Moloughney	Ford Escort RS Cosworth	5h. 05m. 20s.
3º Price/Orr	MG Metro 6R4	5h. 09m. 26s.

3ª Prueba 29.04/1.05.94 LAKES Killarney (IRL) (ECR 16)		100I 66C
1º Fisher/Kennedy	Subaru Impreza 555	2h. 20m. 18s.
2º Finlay/Mills	Ford Escort RS Cosworth	2h. 21m. 52s.
3º McKinstry/Philpott	Subaru Legacy 4WD Turbo	2h. 22m. 34s.

4ª Prueba 17/19.06.94 DONEGAL Letterkenny (IRL)		94I 54C
1º Finlay/Roy	Ford Escort RS Cosworth	2h. 44m. 32s.
2º McKinstry/Philpott	Subaru Legacy 4WD Turbo	2h. 48m. 03s.
3º Hurson/Porter	MG Metro 6R4	2h. 50m. 29s.

5ª Prueba 29/30.07.94 ULSTER Belfast (GB)		53I 31C
1º M. Wilson/Thomas	Ford Escort RS Cosworth	2h. 44m. 43s.
2º Finlay/Roy	Ford Escort RS Cosworth	2h. 46m. 30s.
3º McKinstry/Philpott	Subaru Legacy 4WD Turbo	2h. 49m. 24s.

6ª Prueba 14/16.09.94 MANX Douglas (GBM) (ECR40)		70I 44C
1º M. Wilson/Thomas	Ford Escort RS Cosworth	3h. 36m. 33s.
2º McKinstry/Philpott	Subaru Legacy 4WD Turbo	3h. 38m. 40s.
3º Depping/Thul	Ford Escort RS Cosworth	3h. 44m. 43s.

7ª Prueba 1/2.10.94 CORK '20' Cork City (IRL)		61I 43C
1º McKinstry/Philpott	Subaru Legacy 4WD Turbo	2h. 34m. 36s.
2º Fisher/Kennedy	Subaru Impreza 555	2h. 35m. 20s.
3º Meagher/Moloughney	Ford Escort RS Cosworth	2h. 38m. 11s.

Clasificación Dunlop Irish Tarmac 1994: 1º Kenny McKinstry 92 pts; 2º Stephen Finlay 92 pts; 3º Bertie Fisher 53 pts; 4º Frank Meagher 48 pts; 5º Malcom Wilson 40 pts.

Vencedor del Grupo N: James Cullen (Ford Escort Rs Cosworth)

KOMAROCK

Gianmarino Zenere, 1994 Mitropa Cup winner

Copa Mitropa

1ª Prueba 18/19.03.94 SUMAVA Klatovy (CZ)		97I 61C
1º Chovanec/Kurus	Ford Escort RS Cosworth	2h. 11m. 52s.
2º Bannert/Winklhofer	Lancia Delta Integrale	2h. 12m. 01s.
3º Zenere/Cianci	Ford Escort RS Cosworth	2h. 12m. 49s.

2ª Prueba 7/9.04.94 BOSCH SUPER Osterreichring (A)		87I 59C
1º Gottlicher/Moser	Ford Escort RS Cosworth	1h. 26m. 45s.
2º Stengg/Wolf	Ford Escort RS Cosworth	1h. 27m. 16s.
3º Zenere/Cianci	Ford Escort RS Cosworth	1h. 28m. 36s.

3ª Prueba 20/21.05.94 SATURNUS Postojna (SLO) (ECR19)		84I 60C
1º Gottlicher/Moser	Ford Escort RS Cosworth	1h. 31m. 51s.
2º Stengg/Wolf	Ford Escort RS Cosworth	1h. 33m. 05s.
3º Zenere/Cianci	Ford Escort RS Cosworth	1h. 34m. 03s.

4ª Prueba 17/18.06.94 CITTA DI SCHIO Schio (I)		156I 111C
1º de Cecco/Sincerotto	Lancia HF Integrale	35m.08s.
2º Chovanec/Kurus	Ford Escort RS Cosworth	36m. 59s.
3º W. Weber/Stenzer	Ford Escort RS Cosworth	37m. 45s.

5ª Prueba 4/6.08.94 BUDAPEST SYMPHONIA Budapest (H)		79I 35C
1º Erdi/Varga	Mazda 323 GT-R	2h. 16m. 06s.
2º de Cecco/Sincerotto	Lancia HF Integrale	2h. 18m. 47s.
3º Lang/Reichel	Subaru Legacy 4WD Turbo	2h. 34m. 41s.

6ª Prueba 16/18.09.94 ARBO MOBIL Aspang (A)		52I 31C
1º Gottlicher/Moser	Ford Escort RS Cosworth	2h. 27m. 20s.
2º Stengg/Wolf	Ford Escort RS Cosworth	2h.28m. 25s.
3º de Cecco/Bargielli	Lancia HF Integrale	2h. 34m. 18s.

7ª Prueba 1.10.94 CITTA DE BASSANO Bassano del Grappa (I)		I 75C
1º Zenere/Cianci	Ford Escort RS Cosworth	1h. 43m. 42s.
2º Chovanec/Kurus	Ford Escort RS Cosworth	1h. 48m. 30s.
3º de Cecco/Barigelli	Lancia HF Integrale	1h. 51m. 20s.

8ª Prueba 20/23.10.94 DREI STADTE Straubing (D) 108I 71C
1º Rosenberger/Schwarz Ford Escort RS Cosworth 1h. 31m. 36s.
2º Gottlicher/Moser Ford Escort RS Cosworth 1h. 32m. 06s.
3º Zenere/Cianci Ford Escort RS Cosworth 1h. 35m. 16s.

Clasificación final Copa Mitropa 1994: 1º Gianmarino Zenere (I) 323 pts; 2º Claudio de Cecco (I) 314 pts; 3º Stanislav Chovanec (CZ) 292 pts; 4º Wolfgang Weber (A) 258 pts; 5º Kurt Gottlicher (D) 236 pts.

Carl Merrill, 1994 North American Rally Cup winner

Copa da América do Norte

1ª Prueba 25/27.02.94 MICHELIN QUEBEC/BEAUPORT Quebec (CDN) 34I 31C
1º F.+ D: Sprongl Audi Coupé S2 6m. 33s.
2º McGeer/Sparrow Subaru Legacy 4WD Turbo 6m. 47s.
3º Grabowski/Headland Eagle Talon 6m. 47s.

2ª Prueba 22/23.04.94 WILD WEST Olympia (USA) 25I 13C
1º Zwart/Headland Porsche Carrera 4 2h. 21m. 45s.
2º Joy/Maxwell Mitsubishi Eclipse 2h. 23m. 55s.
3º G.+ L. Lund Mazda 323 GTX 2h. 27m. 07s.

3ª Prueba 14/15.05.94 RIM OF THE WORLD Palmdale (USA) 24I 15C
1º Choiniere/Becker Audi Coupé S2 2h. 53m. 03s.
2º Zwart/Sircombe Porsche Carrera 4 2h. 54m. 53s.
3º Merrill/Wickens Ford Escort RS Cosworth 2h. 56m. 43s.

4ª Prueba 21/23.05.94 MICHELIN BIGHORN Hinton (CDN) 11I 6C
1º Bendle/McKenzie Pontiac Fiero 1h. 58m. 20s.
2º Dascollas/Walkington Eagle Talon 2h. 04m. 27s.
3º Petersen/Pressey Honda Prelude 2h. 07m. 19s.

5ª Prueba 27/28.05.94 MICHELIN ROCKY MOUNTAIN Calgary (CDN) 11I 7C
1º McGeer/Sparrow Subaru Legacy 4WD Turbo 1h. 55m. 17s.
2º B. + S. Latreille Eagle Talon 1h. 57m. 09s.
3º Dascollas/Walkington Eagle Talon 1h. 57m. 46s.

6º Prueba 3/5.06.94 SUSQUEHANNOCK Wellsboro (USA) 54I 31C
1º Choiniere/Becker Audi Coupé S2 2h. 15m. 49s.
2º Kreibich/Buffum Audi Quattro 2h. 19m. 05s.
3º Merrill/Wickens Ford Escort RS Cosworth 2h. 22m. 37s.

7ª Prueba 8/9.07.94 MICHELIN BAIE DES CHALEURS New Richmond (CDN) 33I 19C
1º Merrill/Wickens Ford Escort RS Cosworth 1h. 56m. 43s.
2º Karamanoglu/McArthur Mitsubishi Eclipse 2h. 00m. 51s.
3º B.+ S. Latreille Eagle Talon 2h. 01m. 52s.

8º Prueba 26/28.08.94 OJIBWE Bemidji (USA) 28I 17C
1º Choiniere/Becker Audi Coupé S2 2h. 42m. 02s.
2º Merrill/Bellefleur Ford Escort RS Cosworth 2h. 43m. 04s.
3º Karamanoglu/McArthur Mitsubishi Eclipse 2h. 48m. 44s.

9º Prueba 9/10.09.94 MICHELIN VOYAGEURS Mattawa (CDN) 32I 20C
1º Buffum/Becker Audi Coupé S2 1h. 49m. 37s.
2º Merrill/Bellefleur Ford Escort RS Cosworth 1h. 51m. 36s.
3º F.+ D. Sprongl Audi Coupé S2 1h. 51m. 48s.

10ª Prueba 16/17.09.94 SUNRISER Chillicothe (USA) 34I 25C
1º Choiniere/Becker Audi Coupé S2 1h. 21m. 26s.
2º Zwart/Headland Porsche Carrera 4 1h. 23m. 30s.
3º Moodie/Fennell Mazda 323 GT-R 1h. 24m. 38s.

11º Prueba 14/16.10.94 CHARLEVOIX MICHELIN Pte-au-Pic (CDN) 29I 15C
1º F.+ D. Sprongl Audi Coupé S2 1h. 35m. 13s.
2º Merrill/Bellefleur Ford Escort RS Cosworth 1h. 36m. 50s.
3º Vincent/Cyr Mazda 323 1h. 40m. 25s.

12ª Prueba 22/23.10.94 LAKE SUPERIOR Houghton (USA) 40I 20C
1º Buffum/Becker Audi Coupé S2 2h. 30m. 37s.
2º Moodie/Fennell Mazda 323 GT-R 2h. 31m. 14s.
3º Joy/Maxwell Mitsubishi Eclipse 2h. 37m. 05s.

Nota: Pruebas finales a 25/27.11.94 (MICHELIN TALL PINES) y a 2/3.12.94 (MAINE FOREST). Carl Merrill (USA) y lo Audi são los virtuales campeónes en Piltos y Constructores, respectivamente.

Copa Zone

1ª Prueba 18/19.03.94 SUMAVA Klatovy (CZ) 97I 61C
1º Haider/Stock Audi Coupé S2 2h. 02m. 35s.
2º P. Deila/Scalvini Lancia HF Integrale 2h. 03m. 11s.
3º Dolak/Palivec Ford Escort RS Cosworth 2h. 07m. 23s.

2ª Prueba 22/24.04.94 MOGURT-SALGO Salgotarjan (H) 79I 44C
1º Ranga/Buki Lancia HF Integrale 1h.54m.51s.
2º Ferjancz/C. Toth Ford Escort RS Cosworth 1h.57m.53s.
3º J. Toth/Papp Toyota Celica GT-Four 1h.58m.34s.

3ª Prueba 6/8.05.94 RIVIERA OPATIJA Opatija (HR) 59I 39C
1º Popovic/Vragovic Lancia HF Integrale 1h.20m.55s.
2º Chovanec/Kurus Ford Escort RS Cosworth 1h.23m.00s.
3º Pulic/Devunic Lancia HF Integrale 1h.24m.28s.

KOMAROCK

Stanislav Chovanec, 1994 Zone Cup winner

4ª Prova 20/21.05.94 SATURNUS Postojna (SLO) (ECR19) 84I 60C

1º Gottlicher/Moser	Ford Escort RS Cosworth	1h.31m.51s.
2º Stengeg/Wolf	Ford Escort RS Cosworth	1h.33m.05s.
3º Rosenberger/Schwarz	Ford Escort RS Cosworth	1h.37m.39s.

5ª Prova 10/11.06.94 POLISH Wroclaw (PL) (ECR23) 75I 43C

1º Herink/Stepkowska	Renault Clio Williams	3h.07m.19s.
2º Gottlicher/Moser	Ford Escort RS Cosworth	3h.07m.50s.
3º Chojnacki/Namyslowski	Ford Escort RS Cosworth	1h.10m.03s.

6ª Prova 24/26.06.94 INA DELTA Zagreb (HR) (ECR27) 58I 30C

1º Pulic/Devunic	Lancia HF Integrale	3h.03m.28s.
2º Chovanec/Kurus	Ford Escort RS Cosworth	3h.05m.01s.
3º Trcek/Rjavec	Ford Escort RS Cosworth	3h.10m.44s.

7ª Prova 1/3.07.94 KARKONOSKI Jelenia (PL) 70I 34C

1º Przybylski/Geborys	Toyota Celica GT-Four	2h.34m.13s.
2º Herba/Skorupa	Nissan Sunny GTI-R	2h.38m.52s.
3º Holowczyk/Wislawski	Toyota celica GT-Four	2h.41m.52s.

8ª Prova 4/6.08.94 BUDAPEST SYMPHONIA Budapest (H) 79I 35C

1º Ranga/Buki	Lancia HF Integrale	2h.06m.15s.
2º Erdi/Varga	Mazda 323 GT-R	2h.16m.06s.
3º de Cecco/Sincerotto	Lancia HF Integrale	2h.18m.47s.

9ª Prova 19/20.08.94 BARUM Zlin (CZ) ECR36) 86I 51C

1º Bertone/Houst	Toyota Celica Turbo 4WD	2h.47m.40s.
2º Beres/Koci	Nissan Pulsar GTI-R	3h.02m.09s.
3º Krecek/Krecman	Ford Escort RS Cosworth	3h.03m.44s.

10ª Prova 16/18.09.94 ARBO MOBIL Aspang (A) 52I 31C

1º Gottlicher/Moser	Ford Escort RS Cosworth	2h.27m.20s.
2º Stengg/Wolf	Ford Escort RS Cosworth	2h.28m.25s.
3º Stohl/Gerlach	Audi Coupé S2	2h.31m.23s.

11ª Prova 23/24.09.94 ISTRABENZ-VELENJE Velenje (SLO) 25I 12C

1º Chovanec/Kurus	Ford Escort RS Cosworth	1h.18m.22s.
2º Peljhan/Kacin	VW Rallye Golf G60	1h.18m.48s.
3º Zupancic/Demsar	Mazda 232 GT-R	1h.19m.51s.

12ª Prova 3/5.11.94 SEMPERIT Waidhofen-Thaya (A) (ECR47) 119I 63C

1º Stengg/Wolf	Ford Escort RS Cosworth	2h.45m.07s.
2º Wittmann/Haider	Ford Escort RS Cosworth	2h.45m.29s.
3º Gottlicher/Moser	Ford Escort RS Cosworth	2h.47m.43s.

Classificação da Taça Zone 1994: 1º Stanislav Chovanec (CZ) 80 pts; 2º Kurt Gottlicher (A) 67 pts; 3º Willy Stengg (A) 50 pts; 4º Laszlo Ranga (H) 40 pts; 5º Jindrich Stolfa (CZ) 36 pts

Outros importantes Ralis

28.12.93/15.01.94 PARIS-DAKAR-PARIS Paris (F/E/MA/RIM/SN) 124I 58C

Lartigue/Perin	Citroen ZX Rallye Raid	44h.29m.27s.

4/6.02.94 SWEDISH INTERNATIONAL Karlstad (S) 91I 55C

1º Radstrom/Backman	Toyota Celica Turbo 4WD	4h.12m.00s.
2º M. Jonsson/J.Johansson	Mazda 323 GT-R	4h.12m.12s.
3º Blomqvist/Melander	Ford Escort RS Cosworth	4h.12m.16s.

27.04/01.05.94 TARGA TASMANIA Launceston-Hobart TAS (AUS) 282I 248C

Miedecher/Taylor	Porsche 944	3m.46s.

29/30.07.94 PTV POLE Tampere (FIN) 38I 25C

Delecour/Grataloup	Ford Escort RS Cosworth	39m.39s.

6/7.08.94 TOUR DE LA REUNION (F) 43I 18C

Ragnotti/Thimonier	Renault Clio Williams	2h.29m.43s.

13.08.94 BURANA 400 MANTTA Mantta (FIN) 44I 19C

Makinen/Harjanne	Ford Escort RS Cosworth	38m.01s.

Thomas Radstrom, 1994 Swedish Rally winner

2/12.10.94 PHARAOHS RALLYE RAID Alexandria-Cairo (ET)

Schlesser	Schlesser Original	31h.15m.53s.

1/4.11.94 CATALUNYA-COSTA BRAVA Lloret de Mar (E) 64I 34C

Bertone/Chiapponi	Toyota Celica Turbo 4WD	4h.43m.52s.

Enrico Bertone, 1994 Catalunya-Costa Brava Rally winner

CAMPEONATOS NACIONAIS

RESULTADOS

Estes resultados correspondem aos primeiros pontos conquistados pelas equipas nos campeonatos, não necessariamente a dupla vencedora.

A Áustria

1ª Prova 7/9.04.94 BOSCH SUPER Osterreiching — 87I 59C
Gottlicher/Moser — Ford Escort RS Cosworth — 1h.26m.45s.

2ª Prova 20/21.05.94 SATURNUS Postojna (SLO) (ECR19) — 84I 60C
Gottlicher/Moser — Ford Escort RS Cosworth — 1h.31m.51s.

3ª Prova 1/2.07.94 REMUS TROPHY Wr. Neustadt — 50I 34C
Stengg/Wolf — Ford Escort RS Cosworth — 1h.10m.03s.

4ª Prova 26/28.08.94 ALPI ORIENTALI Udine (I) — 120I 50C
Gottlicher/Moser — Ford Escort RS Cosworth — 2h.04m.13s.

5ª Prova 16/18.09.94 ARBO MOBIL Aspang — 52I 31C
Gottlicher/Moser — Ford Escort RS Cosworth — 2h.27m.20s.

6ª Prova 7/8.10.94 PIRELLI ARBO STEIERMARK Admont — 71I 48C
Stengg/Wolf — Ford Escort RS Cosworth — 58m.56s.

7ª Prova 20/23.10.94 DREI STADT Straubing (D) — 108I 71C
Rosenberger/Schwarz — Ford Escort RS Cosworth — 1h.31m.36s.

8ª Prova 3/5.11.94 SEMPERIT Waidhofen-Thaya (ECR47) — 119I 63C
Stengg/Wolf — Ford Escort RS Cosworth — 2h.45m.07s.

Classificação do Campeonato Nacional de Rallies da Áustria 1994: 1º Kurt Gottlicher 145 pts; 2º Willy Stengg Jr. 128 pts; 3º Kris Rosenberger 72 pts; 4º Manfred Stohl 48 pts; 5º Georg Reitsperger 40 pts.
Vencedor do Grupo N: Johann Schachinger (Mazda 323 GT-R)
A-Challenge (F2): Eugen Friedl (VW Golf GTI)
N-Challenger: Wolfgang Troicher (Opel Astra GSi)
Taça Rallie Auto-Magazine. Markus Mitterbauer (Toyota Starlet)

AUS Austrália

1ª Prova 5/6.02.94 TASMANIA Burnie, TAS *Coeff. 5* — 24I 18C
Ordynski/Stacey — Mit Lancer Evolution — 2h.14m.09s.

2ª Prova 26/27.02.94 COOLOOLA CLASSIC Gympie, QLD *Coeff 5* — 37I 28C
Reid/Stewart — Toyota Celica GT-Four — 1h.57m.37s.

3ª Prova 5/6.03.94 MELBOURNE Melbourne, VIC *Coeff 10* — 53I 31C
Guest/Green — Mit Lancer Evolution — 2h.25m.05s.

4ª Prova 26.03.94 NEP ALPINE Albury, VIC *Coeff 5* — 37I 24C
Wise/Wylie — Ford Sierra XR6 — 1h.54m.20s.

5ª Prova 16/17.04.94 RAY WHITE STAGES Wagga Wagga, NSW *Coeff 5* — 54I 39C
Guest/Green — Mit Lancer Evolution — 1h.28m.33s.

6ª Prova 23/24.04.94 VIC TV Morwell, VIC *Coeff 5* — 39I 27C
D.+ K. Officer — Mit Lancer Evolution — 2h.09m.12s.

7ª Prova 30.04.94 STEVO'S MOBIL, Bathurst. NSW *Coeff 5* — 50I 38C
Guest/Green — Mit. Lancer Evolution — 1h.33m.19s.

8ª Prova 7/8.05.94 BROUGHTON AUCTIONEERS Perth, WA *Coeff 10* — 65I 42C
Bates/Taylor — Toyota Celica Turbo 4WD — 2h.16m.26s.

9ª Prova 28/29.05.94 CLIPSAL Adelaide, SA *Coeff 10* — 49I 35C
Dunkerton/Gocentas — Mit. Lancer Evolution — 1h.28m.01s.

10ª Prova 18.06.94 CITY OF MOUNT GAMBIER Mount Gambier SA *Coeff 5* — 49I 39C
A. Lovell/Ortlepp — Mazda 323 GT-X — 1h.10m.44s.

11ª Prova 9/10.07.94 YOKOHAMA Brisbane, QLD *Coeff 10* — 54I 29C
Bates/Taylor — Toyota Celica Turbo 4WD — 1h.51m.50s.

12ª Prova 5/6.08.94 SOUTHERN SAFARI Hobart, TAS *Coeff 10* — 33I 25C
Guest/Green — Mit Lancer Evolution — 2h.15m.19s.

13ª Prova 27.08.94 EASTERN SAFARI Perth, WA *Coeff 5* — 51I 35C
T.+ G. Flood — Toyota Celica GT-Four — 1h.04m.27s.

14ª Prova 16/19.09.94 RALLY AUSTRALIA perth, WA *Coeff 20* — 74I 47C
Dunkerton/Gocentas — Mit. Lancer Evolution II — 5h.38m.55s.

15ª Prova 15/16.10.94 CALTEX HAVOLINE Coffs Harbour, NSW *Coeff 10* — 63I 42C
Bates/Taylor — Toyota Celica GT-Four — 2h.23m.00s.

Nota: Última prova em 25/27.11.94 ESANDA RALLY OF CANBERRA

BR Brasil

Grupo E	**Classe S (Turbo 4x4)**	
1º P. Villa/"Pato" Barua	Mazda 323 Turbo 4x4	27 pts
2º P. Lemos/Ricardo "Boi"	Mazda 323 Turbo 4x4	09 pts
Grupo A	**Classe E (2.0)**	
1º E. "Soca"/R. Costa	Gol DTi 2.0	27 pts
2º "KK" Clauset/F. Almeida	Peugeot GTi 2.0 16V	12 pts
	Classe D (1.6)	
1º L. Tedesco/A. Blanco	Gol GL 1.6	27 pts
M. "Marcola"/S. Pereira	Gol GL 1.6	14 pts

Grupo N — **Classe G (2.0)**

1º B. Santos/ R. Barbo	Gol GL 1.8	27 pts
2º S. Kovalzuck/T. Rocha	Escort GL 1.8	21 pts

Classe H (1.6)

1º R. Cardoso/G. Silva	Gol CL 1.6	24 pts
2º E. Zenóbio/M. "Prost"	Gol CL 1.6	18 pts
3º J. Maia/H. Giublin	Gol CL 1.6	13 pts
4º D. Driessen/G. Dutra	Fiat Uno 1.5	12 pts
4º P. Nascimento/C. Guerra	Gol CL 1.6	12 pts
6º E. Cacazu/C. Bornemann	Gol CL 1.6	07 pts
7º R. Merlin/A. Mazon	Chevette 1.6	06 pts
8º T. Antunes/A. Maia	Chevette 1.6	02 pts

B Bélgica

1ª Prova 18/19.02.94 BOUCLES DE SPA Spa (ECR2) 100I 52C
Chatriot/Giraudet — Toyota Celica Turbo 4WD — 2h.41m.33s.

2ª Prova 25/26.03.94 CIRCUIT DES ARDENNES Dinant (ECR9) 63I 39C
Snyers/Colebunders — Ford Escort RS Cosworth — 2h.55m.48s.

3ª Prova 8/9.04.94 HAUTES FAGNES Jalhay (ECR12) 68I 38C
Lietaer/Derammelaere — Ford Escort RS Cosworth — 2h.22m.58s.

4ª Prova 6/7.05.94 VAN LOOI Tessenderlo 36I 19C
Snyers/Colebunders — Ford Escort RS Cosworth — 2h.28m.28s.

5ª Prova 3/4.06.94 WALLONIE Jambes 78I 38C
Snyers/Colebunders — Ford Escort RS Cosworth — 2h.38m.46s.

6ª Prova 24/26.06.94 HEURES D'YPRES Ypres (ECR26) 122I 66C
Snyers/Colebunders — Ford Escort RS Cosworth — 3h.46m.18s.

7ª Prova 10/11.09.94 FLANDERS Roeselare 121I 66C
Lietaer/Derammelaere — Ford Escort RS Cosworth — 2h.24m.18s.

8ª Prova 5/6.11.94 CONDROZ Huy (ECR50) 137I 70C
Aghini/Farnocchia — Toyota Celica GT-Four — 2h.35m.25s.

Classificação do Rally Open Bélgica 1994: 1º Patrick Snyers; 2º Nicolas Min; 3º Freddy Loix; 4º Jimmy Ollevier; 5º Chris van Woensel.
Vencedor do Grupo N Open: Nicolas Min (Mitsubishi Lancer Evolution).

BG Bulgária

1ª Prova 14/15.05.94 ZLATNI Albena (ECR18) 67I 30C
G. Petrov/Tonev — Ford Escort RS Cosworth — 3h.15m.09s.

2ª Prova 25/26.06.94 HEBROS Plovdiv (ECR28) 49I 24C
G. Petrov/Tonev — Ford Escort RS Cosworth — 3h.01m.07s.

3ª Prova 6/7.08.94 SLIVEN Sliven (ECR35) 37I 23C
1º G. Petrov/Tonev — Ford Escort RS Cosworth — 2h.18m.32s.

4ª Prova 9/10.09.94 STARI STOLIZI Shumen 34I 27C
1º G. Petrov/Tonev — Ford Escort RS Cosworth — 57m.12s.

Classificação do Campeonato de Rallies da Bulgária 1994: 1º Georgi Petrov 180 (200) pts; 2º Stoyan Kovel; 3º Nikolai Nikolov (Ford), 4º Nikolai Nikolov (Mitsubishi); 5º Tihomir Zlatkov
Vencedor do Grupo N: Nicolai Nikolov (Ford Escort RS Cosworth)

CDN Canada

1ª Prova 25/27.02.94 MICHELIN QUEBEC/BEAUPORT Quebec City, QUE 34I 31C
F.+ D. Sprongl — Audi Coupé S2 — 6m.33s.

2ª Prova 21/23.05.94 MICHELIN BIGHORN Hinton, ALTA 11I 6C
Bendle/MacKenzie — Pontiac Fiero — 1h.58m.20s.

3ª Prova 27/28.05.94 MICHELIN ROCKY MOUNTAIN Calgary ALTAS 11I 6C
McGeer/Sparrow — Subaru Legacy 4WD Turbo — 1h.58m.20s.

4ª Prova 8/9.07.94 MICHELIN BAIE DES CHALEURS New Richmond, QUE 33I 19C
Merrill/Wickens — Ford Escort RS Cosworth — 1h.65m.43s.

5ª Prova 9/10.09.94 MICHELIN VOYAGEURS Mattawa, ONT 32I 20C
Buffum/Becker — Audi Coupé S2 — 1h.49m.37s.

6ª Prova 14/16.10.94 AUTO CHARLEVOIX MICHELIN Pte-au-Pic, QUE 29I 15C
F.+ D. Sprongl — Audi Coupé S2 — 1h.35m.14s.

Nota: Prova final em 25/27.11.94 MICHELIN TALL PINES.

CH Suiça

1ª Prova 18/19.03.94 CRITERIUM JURASSIEN Delemont 67I 42C
Dubler/Antonino — Lancia HF Integrale — 2h.21m.56s.

2ª Prova 29/30.04.94 VALLE D'AOSTA St-Vicent (I) 160I 91C
Christian/C. Jaquillard — Ford Escort RS Cosworth — 1h.56m.59s.

3ª Prova 14.05.94 RONDE D'AJOLE Bure 71I 59C
Burri/Jonzier — Ford Sierra Cosworth 4x4 — 1h.01m.06s.

4ª Prova 24/25.06.94 ALPES VAUDOISES Le Sepey 71I 55C
Dubler/Antonino — Lancia HF Integrale — 1h.12m.34s.

5ª Prova 10/11.09.94 SAINT CERGUE St-Cergue 68I 40C
Dubler/Antonino — Lancia HF Integrale — 2h.16m.54s.

6ª Prova 24/25.09.94 111 MINUTI San Maurizio d'Opaglio (I) 90I 72C
C.+C. Jaquillard — Ford Escort RS Cosworth — 1h.06m.21s.

7ª Prova 27/29.10.94 VALAIS Martigny (ECR44) 98I 43C
Burri/Hofmann — Toyota Celica Turbo 4WD — 3h.14m.38s.

Classificação do Campeonato Nacional de Rallies da Suiça 1994:
1º Christian Jaquillard 48pts; 2º Phillippe Dubler 41 pts; 3º Jean-Marie Carron 32 pts; 4º Ruedi Schmidlin 31 pts; 5º Luigi Caminada 21 pts.
Vencedor do Grupo N: Jean-Marie Carron (Ford Escort RS Cosworth)

CO Colombia

1ª Prova 7.05.94 LOS CORRECAMIÑOS Bogotá 35I 28C
J.+ R. Pinzon — Mazda 626 — 557 pontos

2ª Prova 4/5.06.94 COLOMBIA Bogotá 26I 25C
De la Torre/Garcia — Lada 2106 — 186 pontos

3ª Prova 3/4.07.94 BUCARAMANGA Bucaramanga 30I 29C
Ocampo/Mejia Mazda B-2600 653 pontos

4ª Prova 6/7.08.94 PRONAUTICA Medelin 38I 38C
Salazar/Salazar Renault 19 257 pontos

5ª Prova 17.09.94 OCCIDENTE Pereira 21I 15C
Ocampo/Nejia Mazda B-2600 950 pontos

6ª Prova 8.10.94 DEL QUINDIO Armenia 21I 20C
Ocampo/Nejia Mazda B-2600 41 pontos

Nota: Últimas provas a 13.11.94 CLUB LOS TORTUGAS e 10.12.94 DEL VALLE

KOMAROCK

Piergiorgio Deila, Vencedor do Rally da República Checa 1994

CY Chipre

1ª Prova 5/6.02.94 EAST SAFARI Famagusta 47I 22C
Tsouloftas/Achilleos Lancia HF Integrale 1h.37m.50s.

2ª Prova 5/6.03.94 PALM TREES Larnaca 49I 25C
Jeropoulos/Vassiliades Mit.Galant VR-4 2h.13m.04s.

3ª Prova 9/10.04.94 TOUR OF CYPRUS Nicosia 45I 17C
Jeropoulos/Vassiliades Mit.Galant VR-4 3h.14m.40s.

4ª Prova 11/12.06.94 TIGER Limassol 59I 24C
Jeropoulos/Vassiliades Mit.Galant VR-4 2h.26.20s.

5ª Prova 23/24.07.94 VENUS Paphos 39I 17C
Cleanthous/Kakoyiannis Mit.Galant VR-4 3h.03m.38s.

6ª Prova 23/25.09.94 ROTHMANS CYPRUS Nicosia (ECR42) 74I 31C
Terzian/Sergides Toyota Celica Turbo 4WD 6h.19m.46s.

7ª Prova 5/6.11.94 TULIP 23I 22C
Michaelides/Laos Peugeot 309GTI 2h.32m.48s.

Classificação do Campeonato Nacional de Rallies de Chipre 1994:
1º Antonia Jeropoulos 112 pts; 2º Vahan Terzian 89.5 pts; 3º Andreas Tsouloftas 80.5; 4º Dimi Mavropoulos 78.5; 5º Constantinos Georgallis 49.75 pts.

CZ República Checa

1ª Prova 18/19.03.94 SUMAVA Klatovy 97I 61C
P. Deila/Scalvini Lancia HF Integrale 2h.03m.11s.

2ª Prova 22/23.04.94 USLAVA Blovice 54I 40C
Tiner/Boruvka Audi Coupé S2 56m.43s.

3ª Prova 13/14.05.94 JIKOV Cesky Krumlov 74I 58C
P. Deila/Scalvini Lancia HF Integrale 1h.34m.51s.

4ª Prova 27/28.05.94 MAGNUM Vyskov 27I16C
Bertone/Houst Toyota Celica Turbo 4WD 1h.30m.08s.

5ª Prova 10/12.06.94 VYSOCINA Tisnov 33I 19C
Triner/Klima Audi Coupé S2 1h.18m.38s.

6ª Prova 24/26.06.94 JESTED Liberec 67I 40C
Bertone/Houst Toyota Celica Turbo 4WD 1h.30m.31s.

7ª Prova 15/16.07.94 BOHEMIA Mlada Boleslav (ECR31) 75I 37C
Triner/Klima Audi Coupé S2 2h.35m.31s.

8ª Prova 29/30.07.94 PACEJOV Klatovy 38I 28C
Sedmidubsky/Chadima Ford Escort RS Cosworth 59m.47s.

9ª Prova 19/21.08.94 BARUM Zlin (ECR36) 86I 51C
Bertone/Houst Toyota Celica Turbo 4WD 2h.47m.40s.

10ª Prova 26/27.08.94 OTAVA Katovice 47I 37C
P. Deila/Jiratko Lancia HF Integrale 37m.18s.

11ª Prova 23/24.09.94 VALASSKA Vsetin 64I 35C
Krecek/Krecman Lancia HF Integrale 1h.38m.01s.

12ª Prova 7/8.10.94 CONGESTA Pribram 66I 49C
Bertone/Chiappone Toyota Celica Turbo 4WD 1h.44m.57s.

13ª Prova 21/22.10.94 HORACKA Dukovany 41I 33C
Krecek/Krecman Lancia HF Integrale 1h.05m.13s.

Classificacação do Campeonato Nacional de Rallies da R. Checa 1994:
Piergiorgio Deila (I) 370 pts; 2º Ladislav Krecek 307 pts; 3º Enrico Bertone (MC) 290 pts; 4º Vaclav Arazim 288 pts; 5º Jiri Pertlicek 275pts.
Vencedor do Grupo N: Jiri Pertlicek (Mazda Familia GT)

A Alemanha

1ª Prova 9/10.04.94 WITTENBERG Lutherstadt Witenberg 64I 36C
Burkhard/Schaller Ford Escort RS Cosworth 1h.38m.26s.

2ª Prova 2/5.06.94 HESSEN Gruendautal 47I 28C
Moufang/Hahner BMW M3 1h.25m.12s.

3ª Prova 7/9.07.94 DEUTSCHLAND Koblenz-Adenau (ECR30) 71I 40C
Depping/Thul Ford Escort RS Cosworth 3h.04m.05s.

4ª Prova 5/6.08.94 HUNSRUCK Baumholder (ECR34) 59I 24C
Depping/Thul Ford Escort RS Cosworth 3h.28m.11s.

5ª Prova 23.10.94 DREI STADTE Straubing 108I 71C
Depping/Thul Ford Escort RS Cosworth 1h.30m.16s.

6ª Prova 3/5.11.94 SEMPERIT Waithofen-Thaya (A) (ECR47) 119I 63C
Depping/Thul Ford Escort RS Cosworth 2h.44m.51s.

Classificação do Campeonato Nacional de Rallies da Alemanha 1994: 1º Dieter Depping 201 pts; 2ª Matthias Moosleitner 163 pts; 3º Hermann Gassner 107 pts; 4º Josef Burkhard 92 pts; 5º Joachim Muller 89 pts.
Vencedor do Grupo N: Hermann Gassner (Mitsubishi Lancer Evolution II).
Vencedor do Fórmula 2: Horst Rotter (Opel Astra GSi).

Oriol Gomez, Vencedor do Rally de Espanha 1994

DK Dinamarca

1ª Prova 18/19.03.94 HIMMERLAND Hobro — 53I 37C
Lundgaard/Heick — Opel Calibra Turbo 4x4 — 1h.53m.33s.

2ª Prova 9/10.04.94 WILD WEST Holstebro-Vildbjerg — 50I 29C
Lundgaard/Heick — Opel Calibra Turbo 4x4 — 1h.56m.59s.

3ª Prova 13/14.05.94 KOMO DANMARK Kalundborg — 83I 51C
Lundgaard/Heick — Opel Calibra Turbo 4x4 — 1h.41m.47s.

4ª Prova 23/24.09.94 MAZDA Q8 Randers — 52I 42C
Mortensen/Mogensen — Ford Escort RS Cosworth — 1h.03m.28s.

5ª Prova 8.10.94 FORD Naestred — 55I 44C
Mulvad/Pedersen — Toyota Celica Turbo 4WD — 51m.43s.

6ª Prova 22.10.94 SHELL HELIX Bramming — 52I 40C
Mulvad/Pedersen — Toyota Celica Turbo 4WD — 1h.09m.56s.

Classificação do Campeonato Nacional de Rallies da Dinamarca Grupo A 1994: Henrik Lundgaard 156 pts; 2º Jens Mulvad 155 pts; 3º Jan Mortensen 152.5 pts
Vencedor do Grupo N: Steen Andersen (Mazda 323 GT-R)
Vencedor do Grupo H: Kaj Andersen (Ford Sierra Cosworth)

E Espanha

1ª Prova 25/26.03.94 EL CORTE INGLÊS Las Palmas Gran Canária (ECR7) — 78I 50C
Monzon/Ghunein — Ford Escort RS Cosworth — 3h.16m.19s.

2ª Prova 9/10.02.94 VILLA DE ADEJE Adeje — 47I 29C
JM Ponce/Leon — Renault Clio Williams — 1h.49m.46s.

3ª Prova 23/24.04.94 CAJA CANTABRIA Santander — 61I 38C
Gomez/Marti — Renault Clio Williams — 2h.07m.37s.

4ª Prova 14/15.05.94 SIERRA MORENA Córdoba — 78I 61C
Climent/Munoz — Opel Astra GSi — 1h.42m.25s.

5ª Prova 4/5.06.94 VILLA DE LLANES Llanes — 62I 36C
Gomez/Marti — Reanult Clio Williams — 2h.35m.32s.

6ª Prova 26/27.06.94 ORENSE Orense — 48I 36C
Bardolet/Romani — Opel Astra GSi — 1h.54m.23s.

7ª Prova 9/10.07.94 SAN FROILAN Lugo — 66I 47C
Gomez/Marti — Renault Clio Williams — 1h.40m.20s.

8ª Prova 23/24.07.94 SAN AGUSTIN Aviles — 53I 41C
Gomez/Marti — Renault Clio Williams — 1h.47m.26s.

9ª Prova 9/10.09.94 PRINCIPE DE ASTURIAS Oviedo (ECR39) — 60I 42C
Gomez/Marti — Renault Clio Williams — 2h.45m.51s.

10ª Prova 24.09.94 RIAS BAJAS Vigo — 45I 21C
Moratal/Rodriguez — Peugeot 306S 16 — 1h.55m.10s.

11ª Prova 2/4.11.94 CATALUNYA Lloret de Mar — 64I 34C
Gomez/Marti — Renault Clio Williams — 4h.47m.46s.

Nota: Última prova La CORUNA 19.11.94. Oriol Gomez é o virtual vencedor do Campeonato.

EAK Kenya

1ª Prova 22/23.01.94 SPORTSMAN Mombasa — 17I 12C
Toroitich/Choge — Toyota Celica Turbo 4WD — 1h.50m.35s.

LUIK

Ivar Raidam (esquerda), Vencedor do Rally da Estónia 1994

2ª Prova 27/28.02.94 SERENA — 23I 19C
Brighetti/A. Sidi — VW Rallye Golf G60 — 2h.27m.06s.

3ª Prova 31.03/3.04.94 SAFARI Nairobi (WCR4) — 43I 14C
Duncan/Williamson — Toyota Celica Turbo 4WD — 20h.49m.

4ª Prova 8.05.94 GALSHEET 24I 16C
S. Singh/Soin Toyota Celica GT-Four 2h.41m.58s.

5ª Prova 5.06.94 FIRESTONE 23I 16C
S. Singh/Soin Toyota Celica GT-Four 1h.58m.20s.

6ª Prova 2.07.94 SPORTSMAN Eldoret 17I 14C
S. Singh/Soin Toyota Celica Turbo 4WD 1h.58m.20s.

7ª Prova 30/31.07.94 SANYO RALLY 20I 6C
Anwar/Shah Subaru Legacy 4WD Turbo 4h.47m.16s.

8ª Prova 24/25.09.94 CALTEX EQUATOR Nairobi 22I 7C
Hellier/Haji Mitsubishi Galant VR-4 8h.59m.07s.

9ª Prova 15/16.10.94 NYANZA I C
Njiru/Mathews Subaru Impreza 1h.45m.32s.

10ª Prova 12.11.94 GURU NANAK I C
Alam/Verjee Subaru Impreza 1h.33m.29s.

Nota: Última prova 10/11.12.94 JAMHURI

Patrick Bernardini (à esquerda), Vencedor do Rally de França 1994, com o copiloto Cathrine François

EST Estónia

1ª Prova 15/16.01.94 100 LAKES Voru 14I 10C
Raidam/Karjane Ford Escort RS Cosworth 1h.07m.47s.

2ª Prova 30.04/1.05.94 VANA TOOMAS Harju 18s 11f
Kytolehto/Kapanen Mit. Lancer Evolution 49m.24s.

3ª Prova 13/14.05.94 TALLINN NESTE Tallinn 54s 26f
Vierimaa/Kallstrom Ford Sierra Cosworth 4x4 1h.10m.12s.

4ª Prova 1/2.07.94 WHITE BEACH Parnu 16I 11C
Raidam/Karjane Ford Escort RS Cosworth 50m.30s.

5ª Prova 15/16.07.94 LIVONIA Voru 17I 8C
Parts/Kaaristo Nissan Sunny GTI-R 1h.04m.36s.

6ª Prova 9/10.09.94 SOUTH ESTONIAN Polva 17I 15C
Raidam/Karjane Ford Escort RS Cosworth 1h.03m.24s.

7ª Prova 8.10.94 BLACK Harju 18I 8C
Raidam/Karjane Ford Escort RS Cosworth 52m.21s.

8ª Prova 4/5.11.94 SAAREMAA 30I 16C
Raidam/Karjane Ford Escort RS Cosworth 55m.58s.

Classificação do Campeonato Nacional de Rallies da Estónia 1994:
1º Ivar Raidam 51 pts; 2º Riho Parts 35 pts; 3º Margus Murakas 34 pts; 4º Sakari Vierimaa 23 pts; 5º Jarmo Kytolehto (FIN) 23 pts.
Vencedor do Grupo N: Ivar Raidam.

F França

1ª Prova 25/26.03.94 GRASSE ALPIN Grasse (ECR8) 67I 41C
Chatriot/Giraudet Toyota Celica Turbo 4WD 2h.17m.57s.

2ª Prova 5/7.05.94 CORSE Ajaccio (WCR4) 84I 43C
Auriol/Occelli Toyota Celica Turbo 4WD 5h.57m.46s.

3ª Prova 27/29.05.94 ANTIBES Antibes (ECR21) 88I 43C
Baroni/Bathelot Ford Escort RS Cosworth 3h.57m.13s.

4ª Prova 10/11.06.94 ALSACE VOSGES Estrasburgo (ECR24) 127I 76C
Chatriot/Giraudet Toyota Celica Turbo 4WD 2h.40m.27s.

5ª Prova 25/26.06.94 RONDE CEVENOLE Le Vigan 128I 78C
Bernardini/François Ford Escort RS Cosworth 1h.33m.10s.

6ª Prova 22/24.07.94 ROUERGUE Roquefort-Rodez (ECR32) 126I 74C
Polo/Neri Ford Escort RS Cosworth 2h.43m.50s.

7ª Prova 2/3.09.94 MONT BLANC/MORZINE Morzine (ECR38) 87I 52C
Chatriot/Giraudet Toyota Celica Turbo 4WD 3h.17m.00s.

8ª Prova 1/2.10.94 LIMOUSIN Limoges 84I 47C
Bernardini/François Ford Escort RS Cosworth 2h.19m.56s.

9ª Prova 22/23.10.94 LE TOUQUET Le Touquet 97I 52C
Chatriot/Giraudet Toyota Celica Turbo 4WD 2h.18m.11s.

10ªProva 4/6.11.94 CEVENNES Montpellier (ECR48) 129I 89C
Bernardini/François Ford Escort RS Cosworth 1h.53m.11s.

Nota: Última prova 25/27.11.94 VAR. Patrick Bernardini é o virtual campeão.

FIN Finland

1ª Prova 28/29.01.94 ARTIC Rovaniemi (ECR1) 72I 33C
Lampi/Kuukkala Mistsubishi Galant VR-4 2h.05m.55s.

2ª Prova 11/12.02.94 RAUHALAHTI Kuopio 79I 50C
Lampi/Kuukkala Mitsubishi Galant VR-4 48m.12s.

3ª Prova 26/27.02.94 HANKI Helsinki (ECR4) — 50I 26C
Lindholm/Hantunen — Ford Escort RS Cosworth — 2h.57m.20s.

4ª Prova 19/20.03.94 KEMI Kemi — 70I 52C
Gronholm/Silander — Toyota Celica Turbo 4WD — 48m.54s.

5ª Prova 18.06.94 KAAKKOIS Kotka — 63I 41C
Gronholm/Silander — Toyota Celica Turbo 4WD — 55m.23s.

6ª Prova 26/28.08.94 NESTE 1000 LAKES Jyvaskyla (WRC8) — 85I 41C
Gronholm/Silander — Toyota Celica Turbo 4WD — 4h.40m.55s.

7ª Prova 17.09.94 WALTIKKA Valkeakoski — 56I 37C
Gronholm/Silander — Toyota Celica Turbo 4WD — 48m.00s.

8ª Prova 1.10.94 TEBOIL Turku — 55I 41C
Gronholm/Silander — Toyota Celica Turbo 4WD — 35m.58s.

Classificação do Campeonato Nacional de Rallies da Finlandia 1994:
1º Marcus Gronholm 87 pts; 2º Sebastian Lindholm 71 pts; 3º Lasse Lampi 50 pts; 4º Mika Sohlberg 40 pts; 5º Pasi Hagstrom 31 pts.
Vencedor Grupo N: Jari Latvala (Mitsubishi Lancer Evolution).

GB Inglaterra

1ª Prova 25/26.03.94 WALES Chester (ECR10) — 67I 43C
2ª Prova 23/24.04.94 PIRELLI Carlisle — 60I 32C
M. Wilson/Thomas — Ford Escort RS Cosworth — 1h.56m.14s.

3ª Prova 3/5.06.94 SCOTTISH Perth (ECR22) — 57I 25C
M. Wilson/Thomas — Ford Escort RS Cosworth — 2h.10m.39s.

4ª Prova 29/30.07.94 ULSTER Belfast — 53I 31C
M. Wilson/Thomas — Ford Escort RS Cosworth — 2h.44m.43s.

5ª Prova 14/16.09.94 MANX Douglas (GBM) (ECR40) — 70I 44C
M. Wilson/Thomas — Ford Escort RS Cosworth — 3h.36m.33s.

FEKETE

Laszlo Ranga, Vencedor do Rally da Hungria 1994

Classificação do Campeonato Nacional de Rallies de Inglaterra 1994:
1º Malcolm Wilson 134 pts; 2º Stephen Finlay 110 pts; 3º Martin Rowe 95 pts; 4º David Llewellin 80 pts; 5º Bruno Arntsen (N) 64 pts.
Vencedor do Grupo N: Martin Rowe (Ford Escort RS Cosworth)
Vencedor do Mintex National series: Chris Mellors (Ford Sierra Cosworth 4x4)

GR Grécia

1ª Prova 2.04.94 PEUGEOT BLACK ROSE Athens — 40I 29C
Vovos/Fertakis — Lancia HF Integrale — 1h.29m.01s.

2ª Prova 23/24.04.94 OLYMPIC Kamena Vourla (ECR14) — 52I 31C
Kirkos/Stravropoulos — Ford Escort RS Cosworth — 2h.52m.41s.

3ª Prova 29/31.05.94 ACROPOLIS Athens-Piraeus (WCR5) — 88I 36C
Vovos/Fertakis — Lancia HF Integrale — 7h.19m.15s.

4ª Prova 27/28.08.94 ELPA Thessalonika (ECR37) — 71I 28C
Kirkos/Stravropoulos — Ford Escort RS Cosworth — 2h.57m.23s.

Nota: Última prova 19/20.11.94 SALONICA FAIR. Manolis Panagiotopoulos (Nissan Sunny GTI-R) é o virtual vencedor do Grupo N.

KOMAROCK

Goran Popovic, Vencedor do Rally da Croácia 1994

H Hungria

1ª Prova 22/24.04.94 MOGURT-SALGO Salgotarjan — 97I 44C
Ranga/Buki — Lancia HF Integrale — 1h.54m.51s.

2ª Prova 20/21.05.94 CHAMPION-ARBAU Esztergom — 62I 36C
Toth/Papp — Toyota Celica Turbo 4WD — 1h.04m.23s.

3ª Prova 1/2.07.94 VESZPREM Veszprem — 66I 29C
Ranga/Buki — Lancia HF Integrale — 1h.29m.37s.

4ª Prova 10/11.08.94 BEL AMI-BUDAPEST Budapest — 77I 35C
Ranga/Buki — Lancia HF Integrale — 2h.06m.25s.

5ª Prova 3/4.09.94 MISKOLC NAGY DU Miskolc — 54I 33C
Toth/Papp — Toyota Celica Turbo 4WD — 1h.04m.33s.

6ª Prova 7/9.10.94 MECSEK Pecs — 61I 46C
Ranga/Buki — Lancia HF Integrale — 1h.00m.25s.

7ª Prova 22.10.94 KISBER Kisber — 49I 33C
Erdi/Varga — Mazda 323 — 59m.47s.

Classificação do Campeonato Nacional de Rallies da Hungria 1994:
1º Lazlo Ranga 95 pts; 2º Janos Toth 82 pts; 3º Attila Ferjancz 67 pts; 4º Fevene Toth 52 pts; 5º Tibor Erdi 44 pts.
Vencedor do Grupo N: Tibor Gerencser (Ford Escort RS Cosworth)

HR Croácia

1ª Prova 6/8.05.94 RIVIERA OPATIJA Opatija — 59I 39C
Popovic/Vragovic — Lancia HF Integrale — 1h.20m.55s.

2ª Prova 20/21.05.94 SATURNUS Postojna (SLO) (ECR19) — 84I 60C
Popovic/Vragovic — Lancia HF Integrale — 1h.42m.06s.

3ª Prova 24.06.94 INA DELTA Zagreb (1º Leg) (ECR27) — 21I 14C
Popovic/Vragovic — Lancia HF Integrale — 1h.33m.42s.

4ª Prova 27.08.94 INA DALMATINSKI Split — 15I 10C
Pulic/Devunic — Lancia HF Integrale — 42m.05s.

5ª Prova 7/8.10.94 ZANATLIJA Duggo Selo — 19I 16C
Popovic/Vragovic — Lancia HF Integrale — 53m.28s.

6ª Prova 22/23.10.94 IPIM ZAGORSKI Zagreb — 28I 22C
Pulic/Devunic — Lancia HF Integrale — 1h.03m.19s.

Classificação do Campeonato Nacional de Rallies da Croácia 1994:
1º Goran Popovic 105 pts; 2º Nico Pulic 105 pts; 3º Nenad Loncaric 73 pts; 4º Darko Rafaj 59.5 pts; 5º Davor Jurjevic 39 pts.
Vencedor do grupo N: Nenad Loncaric (Mazda 323 GT-R)

I Itália

1ª Prova 25/26.02.94 IL CIOCCO II Ciocco (ECR3) — 52I 29C
Longhi/Pons — Toyota Celica Turbo 4WD — 2h.33m.23s.

2ª Prova 18/19.03.94 1000 MIGLIA Brescia (ECR16) — 95I 44C
Longhi/Pons — Toyota Celica Turbo 4WD — 2h.44m.48s.

3ª Prova 7/8.04.94 COSTA SMERALDA Porto cervo (ECR11) — 46I 23C
Liatti/Pirollo — Subaru Impreza 555 — 4h.08m.18s.

4ª Prova 22/23.04.94 PIANCAVALLO Piancavallo (ECR13) — 100I 39C
Cunico/Evangelisti — Ford escort RS Cosworth — 3h.24m.57s.

5ª Prova 18/19.06.94 SALENTO Lecce — 51I 24C
Cunico/Evangelista — Ford Escort RS Cosworth — 2h.15m.46s.

6ª Prova 17/18.09.94 LANTERNA Génova — 76I 45C
Cunico/Evangelisti — Ford Escort RS Cosworth — 2h.52m.16s.

7ª Prova 9/12.10.94 SANREMO Sanremo (WRC9) — 92I 40C
Biasion/Siviero — Ford Escort RS Cosworth — 5h.57m.27s.

8ª Prova 15/16.10.94 MESSINA Messina — 92I 39C
Russo/Pistarino — Renault Clio Williams — 1h.31m.29s.

9ª Prova 4/6.11.94 LANA Biella (ECR49) — 78I 40C
Longhi/Zanella — Toyota Celica Turbo 4WD — 2h.17m.01s.

Nota: Última prova: 18/20.11.94 TARGA FLORIO. Paolo Andreucci e Bruno Bentivogli são os virtuais vencedores de F2 e Grupo N, respectivamente.

IRL Irlanda

1ª Prova 26.02.94 HILLS OF DONEGAL Ballybofey — 130I 78C
Gilleece/Gibson — Ford Sierra Cosworth — 1h.10m.59s.

2ª Prova 13.03.94 BALLINA STAGES Ballina — 108I 77C
Farrell/Nestor — Subaru Legacy 4WD Turbo — 1h.29m.49s.

3ª Prova 10.04.94 CIRCUIT OF KERRY Tralee — 72I 48C
Evans/Lloyd — Ford Escort RS Cosworth — 50m.17s.

4ª Prova 17.04.94 MONAGHAN STAGES Monaghan — 130I 82C
Farrell/Nestor — Subaru Legacy 4WD Turbo — 1h.19m.20s.

5ª Prova 15.05.94 CARLOW STAGES Kilkenny — 102I 73C
E.+ A. Boland — Ford Escort RS Cosworth — 1h.14m.23s.

6ª Prova 29.05.94 CAVAN STAGES Cootehill — 130I 98C
Farrell/Nestor Subaru Legacy 4WD Turbo — 54m.11s.

7ª Prova 26.06.94 LIMERICK ROCK Adare — 87I 56C
Evans/Llewellin — Ford Escort ES Cosworth — 1h.03m.16s.

LIMAGE

Asgeir Sigurdsson, vencedor do Rally Kumbo na Islandia 1994

8ª Prova 25.06.94 RAVENS ROCK Waterford — 130I 89C
E.+ A. Boland — Ford Escort RS Cosworth — 1h.20m.41s.

9ª Prova 10.07.94 CONNACHT SLIGO STAGES Sligo — 130I 88C
Farrell/Nestor — Subaru Legacy 4WD Turbo — 1h.25m.41s.

10ª Prova 7.08.94 TIPPERARY STONETHROWERS STAGES Clonmel — 130I 81C
Meagher/Moloughney — Ford Escort RS Cosworth — 58m.59s.

11ª Prova 21.08.94 ALMC TARMAC STAGES Drogheda — 122I 98C
Farrell/Nestor — Subaru Legacy 4WD Turbo — 36m.19s.

12ª Prova 4.09.94 PARTWAY GALWAY SUMMER STAGES Salthill — 118I 83C
E.+ A. Boland — Ford Escort RS Cosworth — 1h.07m.46s.

13ª Prova 16.10.94 CLARE TARMAC STAGES Bunratty — 112I 76C
Murphy/Deacon — Ford Escort RS Cosworth — 59m.08s.

14ª Prova 30.10.94 SKIBBEREEN STAGES Glandore — 96I 60C
Cronin/Kelliher — Opel Ascona 400 — 1h.05m.42s.

Classificação do Campeonato Nacional de Rallies Vard RIAC 1994:
1º Mickey Farrell 138 pts; 2º John Gilleece 134 pts; 3º Eamonn Boland 116 pts; 4º Norman Armstrong 108 pts; George Culen 90 pts.
Vencedor W.J. Dolan Border: Andrew Casey (Toyota Corolla GT)

IS Islandia

1ª Prova 14.05.94 THUTO Keflavik — 12I 8C
Ingason/H. Jonsson — Nissan SI 510 — 52m.53s.

2ª Prova 18.06.94 SKIDASKALA Hveradalir — 10I 5C
R. Jonsson/Ragnarsson — Mazda 323 4WD Turbo — 1h.07m.17s.

3ª Prova 15/16.07.94 ASLAKS MOsfellsbae — 8I 7C
R. Jonsson/Ragnarsson — Mazda 323 4WD Turbo — 56m.34s.

4ª Prova 20.08.94 HTEL ANING Saudarkrokur — 10I 7C
R. Jonsson/Ragnarsson — Mazda 323 4WD Turbo — 1h.09m.30s.

5ª Prova 9/11.09.94 KUMHO Reykjavik — 16I 13C
Sigurdsson/Gudmundsson — MG Metro 6R4 — 1h.57m.29s.

6ª Prova 15.10.94 NORDDEKK Reykjavik — 11I 9C
Ingason/H. Jonsson — Nissan SI 510 — 42m.35s.

Classificação do Campeonato Nacional de Rallies da Islandia 1994:
1º Runar Jonsson 111 pts; 2º Steingrimur Ingason 104 pts; 3º Oskar Olafsson 88 pts
Campeão Grupo N: Oskar Olafsson (Mazda 323 4WD Turbo)

Karamjit Singh, Vencedor do Rally Open e Nacional da Malásia

J Japão

1ª Prova 5/6.02.94 DCCS WINTER Nagano-Gunma — 43I 40C
Sakurai/Omizo — Mit Lancer Evolution II — 583 penal.

2ª Prova 26/27.02.94 TRCA WINTER IN ASHIKAWA Hokkaido — 49I 46C
Nishio/Yamaguchi — Subaru Impreza — 892 penal.

3ª Prova 16/17.04.94 '94 ACK SPRING Oita — 60I 52C
Matsumoto/D.Takahashi — Mit. Lancer Evolution — 589 penal.

4ª Prova 28/29.05.94 MONTRE '94 Gunma-Nagano — 60I 52C
Sakurai/Omiza — Mit. Lancer Evolution II — 1766 penal.

5ª Prova 2/3.07.94 NORTH ATTACK Hokkaido — 50I 37C
Matsumoto/Okamoto — Mit. Lancer Evolution — 1902 penal.

6ª Prova 23/24.07.94 HIETSUKI '94 SUMMER Miyazaki — 58I 47F
Matsumoto/D.Takahashi — Mit. Lancer Evolution — 623 penal.

7ª Prova 10/11.09.94 TOUR DE MIKASA Hokkaido — 54I 38C
Sakurai/Omizo — Mit. Lancer Evolution II — 1746 penal.

8ª Prova 10/11.10.94 MCSC HIGHLAND MASTERS '94 Nagano-Gifu — 59I 49C
Ayabe/Kusaka — Subaru Impreza — 1447 penal.

Campeão Classe A do Rally do Japão 1994: Yukihiko Sakurai
Classe B: Yutaka Kamata (Mitsubishi Mirage)
Classe C: Yutaka Awazuhara (Suzuki Alto)

MAL Malásia

1ª Prova 26/27.03.94 Kuala Selangor — 33I 19C
K. Singh/Teoh — Proton Saga Iswara 4WD — 1h.46m.57s.

2ª Prova 7/8.05.94 Johore — 35I 25C
K. Singh/Teoh — Proton Saga Iswara 4WD — 1h.39m.38s.
3ª Prova 2/3.07.94 Port Dickson-Negeri Sembilan — 36I 26C
Carr/Oh — Proton Wira 4WD Turbo — 2h.00m.42s.

4ª Prova 13/16.08.94 — MALÁSIA Kuala Lumpur — 45I 29C
Bourne/Sircombe — Subaru Impreza 555 — 4h.54m.12s.

Campeão do Rally Malásia Open 1994: Karamjit Singh 55 pts; 2ª Tolley Challis (AUS) 43 pts; 3º Greg Carr (AUS) 42 pts; 4º Russell Palmer (AUS) 36 pts; 5º Possum Bourne (NZ) 20 pts
Campeão Nacional: Karamjit Singh.

MEX México

1ª Prova 4.03.94 MEDIANOCHE-RAC Cuernavaca — 34I 19C
Gallo/Valdelievre — Mitsubishi Eclipse 4WD — 1h.34m.50s.

2ª Prova 16.04.94 CANADAS-CAF Pachuca — 25I 16C
Gallo/Valdelievre — Mitsubishi Eclipse 4WD — 1h.42m.45s.

3ª Prova 14.05.94 CAMAC EXPO '94 Morelia — 22I 12C
Couttolenc/Hernandez — VW Golf GTI — 1h.12m.23s.

4ª Prova 11.06.94 PUEBLA-PAC Puebla — 21I 14C
Richter/Ceballos — VW Golf GTI — 1h.00m.44s.

5ª Prova 23.07.94 HORAS-CAF México D.F. — 26I 11C
Gallo/Valderlievre — Mitsubishi Eclipse 4WD — 4h.09m.08s.

6ª Prova 3.09.94 TEHUACAN Tehuacan — 19I 18C
G.+ J. Marin — Plymouth Laser — 45m.14s.

7ª Prova 24.09.94 — XINANTECATL Toluca — 21I 14C
Gallo/Valdelievre — Mitsubishi Eclipse 4WD — 1h.16m.21s.

Nota: Última prova, 2.12.94 ACAPULCO-RAC. José Miguel Gallo é o virtual campeão.

N Noruega

1ª Prova 15.01.94 FLESBERG Flesberg 101I 82C
Vannebo/Ellingsen Toyota Celica GT-Four 46m.10s.

2ª Prova 29.01.94 SNOFRESER'N Elverum 116I 63C
Gundersen/Vegel Toyota Celica GT-Four 1h.34m.42s.

3ª Prova 4/5.03.94 FINNSKOG NORWAY Kongsvinger (ECR5) 67I 32C
Vannebo/Ellingsen Toyota Celica GT-Four 3h.14m.20s.

4ª Prova 25.06.94 TRONDELAG Trondheim 72I 49C
Gundersen/Vegel Toyota Celica GT-Four 43m.25s.

Joe McAndrew, Vencedor do rally da Nova Zelandia 1994

5ª Prova 24.09.94 HEDMARKEN Hamar 106I 74C
Vannebo/Ellingsen Toyota Celica GT-Four 34m.12s.

6ª Prova 8.10.94 OSTFOLD Mysen 101I 73C
Sveinsvoll/Jensen Mazda 323 GT-R 23m.14s.

Classificação do Campeonato Nacional de Rallies da Noruega 1994:
1º Roar Vannebo 136 pts; 2º Birger Gundersen 123 pts; 3º trond Sveinsvoll 81 pts; 4º Bruno Arntsen 76 pts; 5º Morten Ellingsen 76 pts.
Vencedor do Grupo N: Per Engseth (Mazda GT-R)

NL Holanda

1ª Prova 16/17.05.94 ZUIDERZEE Assen 73I 56C
Van der Hoorn/Findhammer Ford Escort RS Cosworth 1h.31m.08s.

2ª Prova 4/5.06.94 ELE Eindhoven 82I 54C
Depping/Thul Ford Escort RS Cosworth 1h.52m.24s.

3ª Prova 26/27.08.94 WELFEN Braunschweig (A) 102I 66C
Muller/Marcus Ford Sierra Cosworth 1h.02m.38s.

4ª Prova 17/18.08.94 EUREGIO Delden 72I 49C
Depping/Thul Ford Escort RS Cosworth 58m.37s.

5ª Prova 8/9.10.94 NACHT VAN ACHTMAAL Roosendaal 78I 57C
Depping/Thul Ford Escort RS Cosworth 1h.04m.47s.

Nota: Última prova 18/20.11.94 GOLDEN TULIP. Dieter Depping (A) é o virtual vencedor do Campeonato Aberto

NZ Nova Zelandia

1ª Prova 16.04.94 TURFUS MOTOR COURT OTAGO Dunedin 59I 51C
Stokes/Judd Ford Escort RS Cosworth 1h.46m.59s.

2ª Prova 24.04.94 TEIN SHOCK ABSORBERS Auckland 78I 51C
McAndrew/Haldane Subaru Legacy 4WD Turbo 1h.11m.05s.
Sexton/Lewis Subaru Legacy 4WD Turbo 1h.11m.05s.

3ª Prova 29.05.94 MAINFREIGHT CANTERBURY Christchurch 78I 46C
McAndrew/Haldane Subaru Legacy 4WD Turbo 3h.28m.02s.

4ª Prova 11/12.06.94 SOUTHLAND Invercargill 63I 41C
Stokes/Judd Ford Escort RS Cosworth 3h.46m.59s.

5ª Prova 29/31.07.94 ROTHMANS RALLY OF NEW ZEALAND Auckland (WCR7) 78I 46C
McAndrew/Haldane SUbaru Legacy 4WD Turbo 5h.59m.40s.

6ª Prova 25.09.94 HEATHCOTE APPLIANCES WAIKATO Hamilton 103I 66C
McAndrew/Haldane Subaru Legacy 4WD Turbo 2h.15m.59s.

7ª Prova 8.10.94 MANAWATU TOYOTA DAYBREAKER Palmerston North 97I 62C
McAndrew/Haldane Subaru Legacy 4WD Turbo 3h.47m.01s.

Classificação do Campeonato Nacional de Rallies da Nova Zelandia 1994:
1º Joe McAndrew 140 pts; 2º Brian Stokes 102 pts; 3º Andrewu Grant 95 pts; 4º Reece Jones 93 pts; 5º Greg Graham 90 pts.
Vencedor do Grupo N: Reece Jones (Mitsubishi Lancer Evolution)

P Portugal

Rali Sopete/Póvoa de Varzim *Coef. 8*

1º F. Peres/R. Caldeira	Ford Escort Cos.	T	1h.26m.22s.
2º J. Bica/J. Capelo	Lancia HF Integrale	T	1h.27m.37s.
3º J. C. Macedo/M. Borges	Renault Clio Williams	T	1h.29m.40s.
4º C. Carvalho/J. Alves	Mit. Galant VR4	T	1h.31m.22s.
5º G. Castrillon/E. Castrillon	Ford Escort Cos.	P	1h.32m.55s.
6º R. Conceição/L. Gonçalves	Ford Escort Cos.	T	1h.36m.12s.
7º S. Vallejo/D. Vallejo	Peugeot 309 GTi 16V	P	1h.37m.50s.
8º R. Mendez/F. Teixeira	Ford Sierra Cos. 4X4	T	1h.38m.11s.
9º R. Madeira/N. R. da Silva	Ford Sierra Cos. 4X4	P	1h.38m.20s.

SZYMANEK

Pawel Przybylski, vencedor do Rally da Polónia 1994

10º J. Morton/P. Sandham	Lancia HF Integrale	T	1h.38m.26s.
11º A. Jorge/M.Ramalho	Renault Clio 16V	P	1h.39m.01s.
12º S. Coupe/A. Whittaker	Ford Escort Cos.	T	1h.39m.25s.
13º J. Azcona/I. Vittorini	Renault Clio 16V	P	1h.40m.47s.
14ºA. Costa/M. Mendes	Ford Escort Cos.	P	1h.40m.53s.
15º L. Miranda/J. Galhardo	Ford Sierra Cos. 4X4	P	1h.42m.37s.
16º R. Castro Lopo/P. Matos	Renault 5 GT Turbo	P	1h.46m.21s.
17º Ken Skidmore/José Gil	Ford Escort Cos.	P	1h.46m.33s.
18º A. Parente/Jorge Palitos	VW Golf GTi 16V	T	1h.47m.08s.
19º J. Sousa/P. Vasconcelos	Toyota Corolla GTi	T	1h.48m.10s.
20º A. Fernandes/R. Gonzalez	Ford Fiesta 1.4	P	2h.01m.25s.

DUARTE

Hector Risso, vencedor do Rally Del Este 1994 no Paraguai

21º J. Esturão/José R. Seoane	Seat Marbella GL	T	2h.02m.13s.
22º A. Manuel/Maria Alice	Renault 5 GT Turbo	P	2h.07m.06s.

TAP/Rali de Portugal (Coef. 10,5)

1º J. Kankkunen/N. Grist	Toyota Celica GT 4WD	T	6h20m59s
2º D. Auriol/B. Ocelli	Toyota Celica GT 4WD	T	a 40s.
3º M. Biasion/T. Siviero	Ford Escort Cosworth	T	a 50s.
4º Carlos Sainz/Luís Moya	Subaru Impreza 555	T	a 2.16s.
5º F. Peres/R. Caldeira	Ford Escort Cosworth	T	a 28.40s.
6º José C. Macedo/M. Borges	Renault Cio Williams	T	a 44.53s.
7º R. Sperrer/Ernest Loidl	Audi Coupé S2	T	a 50.50s.
8º J. Puras/Carlos Del Barrio	Ford Escort Cos.	P	a 55.18s.
9º R. Madeira/N. R. da Silva	Ford Sierra Cos. 4X4	P	a 1h.04m.38s.
10º Pavel Sibera/Peter Gross	Skoda Favorit 136L	T	a 1h.08m.23s.
11º I. Holderied/T. Thorner	Mit. Lancer Evolution	P	a 1h.13m.51s.
12º E. Triner/J. Klima	Skoda Favorit 136L	T	a 1h.16m.20s.
13º K. Rosenberger/K. Wendel	Ford Escort Cos.	P	a 1h.24m.29s.
14º J. Burkhard/D. Schaller	Ford Sierra Cos. 4X4	P	a 1h.28m.55s.

3U PROMOTION

Heinz Gollner, vencedor do Rally da Roménia 1994

15º J. Pereira/A. Veiga	Toyota Celica 4WD	P	a 1h.35m.18s.
16º A. Costa/M. Mendes	Ford Escort Cos.	P	a 1h.36m.23s.
17º S. Reininger/R. Csosz	Renault Clio 16V	P	a 1h.46m.11s.
18º J. Barros/Paulo Moura	Ford Sierra Cos. 4X4	P	a 1h.50m.40s.
19º H. Devin/F. Viste	Peugeot 205 GTi	T	a 1h.52m.05s.
20º C. Marques/Á. Ferreira	Mit. Galant VR4	P	a 1h.56m.38s.
21º J.-T. Vacheron/P. Schaad	Mazda 323 4WD	P	a 2h.09m.13s.
22º A. Magalhães/José Luís	Ford Escort Cos.	P	a 2h.18m.08s.
23º S. Mayr/R. Mayr	Opel Kadett GSi 16V	P	a 2h.19m.53s.
24º J. Jonquiéres/J. Phelippeau	Peugeot 205 GTi	P	a 2h.24m.30s.
25º R. Sagnard/J. Muller	Peugeot 205 Rallye	P	a 2h.24m.56s.
26º J. Courmontagne/J. Martin	Peugeot 205 GTi 1900	P	a 2h.29m.13s.
27º E. Klein/G. Bertfreid	Subaru Justy 4WD	P	a 2h.31m.09s.
28º F. da Silva/A. Picarote	BMW 325i	T	a 2h.32m.51s.
29º R. Oliveira/J. Artur	Citroën AX Sport	T	a 2h.51m.19s.
30º P. dos Santos/C. Pinto	Fiat Cinquecento	T	a 2h.56m.57s.
31º R. Gonçalves/A. Vieira	Peugeot 205 Rallye	P	a 3h.00m.49s.
32º M. Berisonzi/L. Barbieri	Peugeot 205 GTi 1900	T	a 3h.25m.49s.
33º J. R. Esturão/J. Seoane	Seat Marbella GL	T	a 3h.36m.44s.
34º V. Calisto/D. Silva	Citroën AX Sport	T	a 3h.43m.23s.

Rali Cidade de Coimbra *Coef. 8*

1º J. Bica/J. Capelo	Lancia HF Integrale	T	1h.25m.15s.
2º F. Peres/R. Caldeira	Ford Escort Cos.	T	1h.27m.18s.
3º J. C. Macedo/M. Borges	Renault Clio Williams	T	1h.27m.50s.
4º R. Madeira/N. R. da Silva	Mitsubishi Lancer	P	1h.28m.46s.
5º A. Costa/M. Mendes	Ford Escort Cos.	P	1h.33m.03s.
6º P. Meireles/A. Abreu	VW Golf Rallye G60	T	1h.34m.52s.
7º A. Jorge/M. Ramalho	Renault Clio Wliiams	P	1h.35m.59s.
8º J. Barros/P. Moura	Ford Sierra Cos. 4X4	P	1h.38m.36s.
9º S. Ferreira/J. Perdigão	Lancia HF Integrale	P	1h.39m.26s.
10º R. Fernandes/C. Monteiro	Lancia HF Integrale	P	1h.40m.27s.
11º A. Gravato/C. Palmeira	Renault Clio 16V	P	1h.46m.28s.
12º A. Caiado/A. Brás	Citroen AX Sport	T	1h.48m.59s.
13º J. P. Miranda/D. Costa	Renault Clio 16V	P	1h.51m.32s.
14º V. Carvalho/P. Carrasco	Peugeot 205 GTi	P	2h.06m.47s.

Tony Hardianto, vencedor do Rally da Indonésia 1994

Rali PortoPetróleos/F.C. Porto (Coef. 8)

1º F. Peres/R. Caldeira	Ford Escort Cos.	T	1h.48m.01s.
2º C. Carvalho/J. Alves	Mit. Galant VR4	T	1h.48m.15s.
3º J. Bica/J. Capelo	Lancia HF Integrale	T	1h.48m.51s.
4º J. Miguel/A. Manuel	Ford Escort Cos.	T	1h.50m.07s.
5º P. Meireles/A. Abreu	VW Golf Rallye G60	T	1h.50m.43s.
6º R. Madeira/N. R. da Silva	Mitsubishi Lancer	P	1h.51m.44s.
7º J. C. Macedo/M. Borges	Renault Clio Williams	T	1h.52m.37s.
8º A. Lopes/L. Lisboa	Citroën AX GTi	T	2h.00m.36s.
9º C. Azevedo/J. L. Nascimento	VW Golf Rallye G60	T	2h.01m.39s.
10º L. Miranda/J. Galhardo	Ford Sierra Cos. 4X4	P	2h.04m.15s.
11º J. Martins/L. Almeida	Toyota Corolla GTi	T	2h.04m.22s.
12º J. Sousa/J. Carvalho	Toyota Corolla GTi	T	2h.08m.15s.
13º R. Ferreira/L. Sousa	Peugeot 205 GTi 1.9	T	2h.09m.08s.
14º A. Rocha/J. Artur	Citroen AX Sport	T	2h.09m.44s.
15º J. Pessoa/J. Pedro	Citroën AX GTi	P	2h.30m.02s.
16º P. Matos/R. C. Lopo	Renault 5 GT Turbo	P	2h.33m.21s.
17º P. Guimarães/A. Ferreira	Citroen AX Sport	P	3h.05m.39s.

Rali Internacional Rota do Sol *Coef. 8,5*

1º F. Peres/R. Caldeira	Ford Escort Cos.	T	2h.10m.34s.
2º J. C. Macedo/M. Borges	Renault Clio Williams	T	2h.17m.36s.
3º R. Madeira/N. R. da Silva	Mitsubishi Lancer	P	2h.18m.23s.
4º S. Coupe/A. Whittaker	Ford Escort Cos.	T	2h.22m.42s.
5º A. Costa/M. Mendes	Ford Escort Cos.	P	2h.24m.44s.
6º A. Jorge/M. Ramalho	Renault Clio Williams	P	2h.27m.08s.
7º P. Leal/M. Soares	Renault 5 GT Turbo	P	2h.29m.38s.
8º M. Vistas/R. Lúcio	Lancia HF Integrale	P	2h.32m.55s.
9º A. Peigner/M. Fichot	Peugeot 205 Rallye	T	2h.33m.27s.
10º J. Rodrigues/J. Alberto	VW Golf G60	T	2h.35m.39s.
11º A. Parente/J. Palitos	VW Golf GTi 16V	T	2h.37m.45s.
12º C. Fulgêncio/J. M. Martins	Citroen AX GTi	T	2h.39m.08s.
13º S. Williams/I. Oford	Vauxhall Astra	T	2h.41m.54s.
14º J. Nobre/R. Choças	Peugeot 106 Rallye	P	2h.45m.01s.
15º P. Cunha/P. Brandão	VW Golf GTi 16V	P	2h.46m.14s.
16º R. Phillips/C. Hallam	Ford Sierra Cos.	P	2h.48m.51s.
17º V. Calisto/D. Silva	Citroën AX GTi	T	2h.51m.14s.
18º S. Chris/V. Claude	Fiat Tipo 16V	P	2h.51m.39s.
19º J. Pessoa/J. Pedro	Citroën AX GTi	P	2h.54m.18s.
20º J. Barros/P. Moura	Ford Sierra Cos. 4X4	P	2h.54m.52s.

Rali dos Açores/Caixa Ecómica Açoreana *Coef. 8,5*

1º F. Peres/R. Caldeira	Ford Escort Cos.	T	3h.21m.28s.
2º L. Pimentel/A. Tavares	Mitsubishi Galant VR4	T	3h.31m.02s.
3º R. Madeira/N. R. da Silva	Mitsubishi Lancer	P	3h.32m.45s.
4º J. Morton/S. MCauley	Lancia HF Integrale	T	3h.36m.59s.
5º P. Rego/R. Galvão	Ford Escort Cos.	P	3h.40m.32s.
6º A. Costa/C. Magalhães	Ford Escort Cos.	P	3h.41m.11s.
7º A. Jorge/M. Ramalho	Renault Clio Williams	P	3h.41m.54s.
8º A. Coutinho/L. Lisboa	Ford Escort Cos.	P	3h.34m.59s.
9º R. Fernandes/C. Monteiro	Lancia Delta Integrale	P	3h.44m.40s.
10º K. Skidmore/J. Gil	Ford Escort Cos.	P	3h.51m.02s.
11º J. Félix/S. Paiva	BMW M3	P	3h.51m.37s.
12º J. Barros/F. Fernandes	Lancia Delta Integrale	P	3h.53m.24s.

KOMAROCK

Josef Beres, vencedor do rally da Eslováquia 1994

13º A. Magalhães/J. Luís	Ford Escort Cos.	P	3h.54m.59s.
14º J. P. Miranda/D. Costa	Renault Clio 16V	P	4h.00m.42s.
15º J. Nobre/R. Choças	Peugeot 106 Rallye	P	4h.10m.02s.
16º T. Mesquita/P. Moura	Mazda 323 4WD	P	4h.10m.33s.
17º P. Pinto/P. Brandão	Renault 5 GT Turbo	P	4h.12m.50s.
18º V. Calisto/D. Silva	Citroen AX GTi	T	4h.07m.52s.
19º P. dos Santos/C. Mateus	Fiat Cinquecento	T	4h.21m.38s.
20º J. Patrício/P. Melo	Citroen AX Sport	T	4h.29m.50s.
21º P. Rodrigues/D. Silva	Opel Corsa 1.0S	T	4h.37m.15s.

Rali Vinho da Madeira *Coef. 9,5*

1º A. Aghini/S. Farnocchia	Toyota Celica 4WD	T	3h.07m.27s.
2º P. Snijers/D. Colebunders	Ford Escort Cos.	T	3h.10m.11s.
3º F. Peres/R. Caldeira	Ford Escort Cos.	T	3h.11m.48s.
4º J. Bica/J. Capelo	Lancia HF Integrale	T	3h.17m.42s.
5º E. Pereira/R. Abreu	Ford Sierra Cos.	T	3h.21m.45s.
6º M. Sousa/D. Coelho	Ford Sierra Cos.	T	3h.22m.48s.
7º J. C. Macedo/M. Borges	Renault Clio Williams	T	3h.26m.52s.
8º R. Madeira/N. R. da Silva	Mitsubishi Lancer	P	3h.30m.58s.
9º A. Coutinho/L. Lisboa	Ford Escort Cos.	P	3h.32m.14s.
10º A. Spínola/F. Nunes	Nissan Sunny GTi-R	P	3h.32m.54s.
11º L. Sousa/R. Freitas	Nissan Sunny GTi-R	T	3h.33m.29s.
12º R. Pinto/R. Marques	Ford Escort Cos.	P	3h.36m.21s.
13º C. Peroni/L. Armand	Lancia HF Integrale	T	3h.38m.28s.
14º J. Abreu/N. Castanheira	Opel Kadett GSi 16V	T	3h.43m.36s.
15º J. Camacho/L. Neves	Ford Sierra Cos.	T	3h.38m.02s.
16º A. Magalhães/J. Luís	Ford Escort Cos.	P	3h.48m.19s.
17º J. C. Sousa/J. Lopes	VW Golf GTi 16V	T	3h.48m.30s.
18º P. Oliveira/R. Fernandes	Toyota Corolla GTi	T	3h.52m.13s.
19º R. Ramos/P. Dinis	Renault Clio 16V	P	3h.56m.25s.
20º S. Pineau/M. Luthen	Peugeot 106 XSi	T	3h.58m.20s.
21º V. Dante/G. Aldo	Peugeot 309 GTi 16V	P	4h.03m.36s.
22º A. Gravato/C. Mateus	Renault Clio 16V	P	4h.03m.58s.

Stig Blomqvist vencedor do Rally da Suécia 1994

KOMAROCK

Darko Peljhan, vencedor do Rally da Eslovénia 1994

23º L. Idrac/C. Dareoux	Renault Clio 16V	T	4h.02m.03s.
24º J. Camacho/I. Fernandes	Citroën AX Sport	P	4h.08m.46s.
25º F. Fernandes/P. Pereira	Citroën AX Sport	T	4h.09m.42s.
26º J. Jonquiers/P. Jacques	Peugeot 205 GTi 16V	P	4h.10m.39s.
27º S. Pestana/L. Pestana	Renault 5 GT Turbo	P	4h.11m.49s.
28º N. Pereira/N. Perestrelo	Ford Sierra Cos.	T	4h.13m.50s.
29º L. Pinheiro/R. Pinheiro	Opel Corsa GSi	T	4h.13m.22s.
30º M. Silva/J. de Freitas	Citroën AX Sport	T	4h.20m.21s.
31º P. dos Santos/C. Pinto	Fiat Cinquecento	T	4h.24m19s.
32º N. Pestana/J. Estanqueiro	Seat Marbella GL	T	5h.11m30s.

Siriwatanaku Pornsawan, vencedor da 4ª prova do Campeonato da tailandia 1994

Rali Solverde *Coef. 8*

1º F. Peres/R. Caldeira	Ford Escort Cos.	T	1h.29m.29s.
2º P. Meireles/A. Abreu	VW Golf Rallye G60	T	a 4m.29s.
3º A. Costa/M. Mendes	Ford Escort Cos.	P	a 8m.55s.
4º P. Leal/C. Felgueiras	Renault 5 GT Turbo	P	a 10m.29s.
5º R. Ferreira/L. Sousa	Peugeot 205 GTi	T	a 14m.50s.
6º F. Santos/J. Carvalho	Peugeot 309 GTi 16V	P	a 18m.19s.
7º J. Nobre/R. Choças	Peugeot 106 Rallye	P	a 20m.33s.
8º P. dos Santos/C. Pinto	Fiat Cinquecento	T	a 24m.14s.
9º V. Calisto/D. Silva	Citroen AX Gti	T	a 25m.11s.
10º P. Guimarães/R. Tavares	Citroen AX Sport	P	a 33m.39s.

Rali do Algarve *Coef. 8,5*

1º F. Peres/R. Caldeira	Ford Escort Cos.	T	2h.53m.57s.
2º J. Bica/J. Sena	Lancia Delta Integrale	T	a 1m.45s.
3º P. Meireles/A. Abreu	VW Golf Rallye G60	T	a 5m.30s.

RALLI

Iskender Atakan, vencedor do Rally da Turquia 1994

4º J. C. Macedo/M. Borges	Renault Clio Williams	T	a 6m.32s.
5º G. Goudezeune/F. Depel	Mazda 323 GTR	T	a 9m.34s.
6º C. Marques/Á. Ferreira	Mitsubishi Galant VR4	T	a 21m.45s.
7º I. Amaral/F. Prata	Renault Clio 16V	T	a 22m.27s.
8º S. Coupe/A. Whittaker	Ford Escort Cos.	T	a 23m.17s.
9º C. Fontaínhas/R. Seromenho	Ford Sierra XR 4X4	T	a 24m.25s.
10º M. Vistas/J. Amorim	Lancia Delta Integrale	P	a 38m.12s.
11º M. Rolo/A. Carvalho	Citroen AX GTi	T	a 42m.43s.
12º A. Raymond/G. Denis	Renault Clio 16V	P	a 42m.55s.
13º V. Calisto/D. Silva	Citroen AX GTi	T	a 43m.52s.
14º A. Gravato/C. Mateus	Renault Clio 16V	P	a 46m.03s.
15º J. Nobre/R. Choças	Peugeot 106 Rallye	P	a 46m.16s.
16º D. Bastos/A. Freitas	Mazda 323 4WD	P	a 46m.35s.
17º F. Gautier/M. O. Lacroix	Honda Cibic VTEC	P	a 47m.40s.
18º P. dos Santos/A. Lopes	Fiat Cinquecento	T	a 48m.07s.
19º M. Tomás/A. Brito	Citroen AX GTi	T	a 54m.51s.
20º F. Silva/C. Shean	Peugeot 205 Rallye	P	a 1h.06m.20s.
21º M. Barata/F. Barata	Skoda Favort	P	a 1h.08m.08s.
22º K. Skidmore/J. Gil	Ford Escort Cos.	P	a 1h.08m.05s.

Classificação do Campeonato Nacioanl de Rallyes de Portugal 1994:
Absoluto: 1ª Fernando Peres 1537.5 pts; 2º Rui Madeira 1247 pts; José Carlos Macedo 1208 pts; Jorge Bica 966 pts; 5º Albano Costa 828pts; 6º, Paulo Meireles, 634,5; 7º, António Jorge, 521; 8º, José Nobre, 264; 9º, João Barros, 234.
Turismo: 1º, Fernando Peres, 615 pontos; 2º, José Carlos Macedo, 455,5: 3º, Jorge Bica, 378.
Produção: 1º, Rui Madeira, 583,5 pontos; 2º, Albano Costa, 378,5; 3º, António Jorge, 247,5.
Marcas: 1º, Ford, 1230 pontos; 2º, Renault, 850; 3º, Lancia, 807,5.
Vencedor do Grupo N: Rui Madeira (Mitsubishi Lancer Evolution)

PL Polónia

1ª Prova 25/27.03.94 KORMORAN Olsztyn — 23I 16C
Przybylski/Geborys — Toyota Celica GT-Four — 1h.22m.44s.

2ª Prova 14/16.04.94 KRAKOWSKI Krakow — 58I 39C
Prybylski/Geboorys — Toyota Celica GT-Four — 1h.34m.44s.

3ª Prova 13/14.05.94 ELMOT Swidnica — 54I 32C
Herba/Skorupa — Nissan Sunny GTI-R — 1h.33m.53s.

4ª Prova 9/11.06.94 POLSKI Wroclaw (ECR23) — 48I 22C
Herink/Stepkowska — Reanult Clio Williams — 3h.07m.19s.

5ª Prova 1/3.07.94 KARKONOSKI Zielona Gora — 62I 32C
Przybylski/Geborys — Toyota Celica GT-Four — 2h.34m.13s.

6ª Prova 17/18.09.94 WISLA Cieszyn — 70I 49C
Przybylski/Geborys — Toyota Celica GT-Four — 1h.50m.53s.

7ª Prova 14/15.10.94 DOLNOSLASKI Klodzko — 52I 36C
Herink/Stepkowska — Renault Clio Williams — 1h.50m.54s.

Classificação do Campeonato Nacional de Rallies da Polónia 1994:
1º Pawel Przybylski 92 pts; 2º Bogdan Henrk 75 pts; 3º Krzysztof Holowczyc 54 pts; 4º Andrzej Chojnacki 48 pts; 5º Robert Herba 47 pts.
Vencedor do Grupo N: Krzysztof Holowczyc (Toyota Celica Turbo 4WD)

PY Paraguai

1ª Prova 26/27.03.94 DEL GUAIRA Villarrica — 65I 32C
Sarquis/Ramirez — Subaru Legacy 4WD Turbo — 1h.14m.27s.

2ª Prova 23/24.04.94 BOQUERON Los Pioneros — 68I 45C
Galanti/Fadul — Toyota Celica Turbo 4WD — 1h.14m.33s.

3ª Prova 4/5.06.94 DEL ESTE Ciudad del Este — 70I 43C
Risso/Englert — Ford Escort RS Cosworth — 1h.07m.43s.

4ª Prova 29/31.07.94 TRANS ITAPUA Encarnacion — 78I 41C
Penner/Planas — VW Golf GTI — 1h.39m.22s.

5ª Prova 28.09/2.10.94 MARLBORO-SNT TRANSCHACO Mariscal Estigarribia — 104I 8C
Penner/Planas — VW Golf GTI — 12h.14m.43s.

Nota: Última prova 19/20.11.94 CLAUSURA

R Roménia

1ª Prova 25/27.03.94 CASTROL BRASOV Brasov — 46I 30C
Gollner/Itu — VW Golf GTI — 1h.17m.40s.

2ª Prova 27/28.05.94 DACIA Pitesti — 37I 25C
Vasile/Moraru — Dacia 1325 — 2h.12m.55s.

3ª Prova 2/4.09.94 VALEA JIULUI Petrosani — 38I 20C
Gollner/Itu — VW Golf GTI — 1h.12m.56s.

4ª Prova 22/23.10.94 BANAT Timisoara — 37I 26C
Rusu/Hangu — Renault 5 GT Turbo — 1h.01m.28s.

5ª Prova 4/6.11.94 AVRAM IANCU Cluj — 34I 16C
Vasile/Silviu — Dacia 1325 — 2h.26m.35s.

Classificação do Campeonato Nacional de Rallies da Roménia 1994:
1º Heinz Gollner 220 pts; 2º Vasile Stefan 194 pts; 3º Constantin Azur e Constantin Rusu 117 pts; 5º Dorin Toma 113 pts.
Vencedor do Grupo N: Dorin Toma (Opel Kadett GSi)

RA Argentina

1ª Prova 15/17.04.94 VENADO TUERTO Santa Fé — 81I 34C
Raies/Volta — Renault 18GTX — 1h.40m.20s.

2ª Prova 13/15.05.94 VILLA DOLORES Cordoba — 70I 30C
Raies/Volta — Renault 18 GTX — 1h.53m.53s.

3ª Prova 30/31.07.94 NEUQUEN Plaza Huincul — 42I 24C
Raies/Volta — Renault 18 GTX — 1h.56m.17s.

4ª Prova 9/11.09.94 VUELTA DE LA MANZANA General Roca — 39I 17C
Bescham/Arguello — Fiat Regatta 2000 — 1h.44m.28s.

5ª Prova CHIVILCOY Chivilcoy — 57I 35C
Suriani/Rosso — Renault 18 GTX — 1h.27m.35s.

Nota: Última prova MONTE HERMOSO e GRAN PREMIO.

BONNAUD

Satwant Singh (Zâmbia), no Rally Castrol da África do Sul

RI Indonésia

1ª Prova 7/8.05.94 SUMATERA UTARA Medan — 26I 14C
Hardianto/Sarwono — Mitsubishi Galant VR-4 — 3h.05m.12s.

2ª Prova 17/19.06.94 INDONÉSIA Medan — 48I 25C
Hardianto/Sarwono — Subaru Impreza 555 — 4h.41m.06s.

3ª Prova 30/31.07.94 NUGRA SANTANA Palembang 32I 16C
Hardianto Soejono Subaru Impreza 555 2h.30m.26s.

4ª Prova 3/4.09.94 GADING MANDALA UTAMA Palembang 22I 11C
Hardianto/Soejono Subaru Impreza 555 2h.48m.59s.

Vencedor do Campeonato Nacional de Rallies da Indonésia 1994: Tony Hardianto

RL Libano

1ª Prova 16/17.04.94 PRINTEMPS Jounieh 23I 13C
Nasrallah/Zraik Lancia HF Integrale 1h.50m.24s.

2ª Prova 1/3.07.94 LIBAN Jounieh 50I 25C
Moacadieh/Mattar Lancia HF Integrale 4h.04m.59s.

3ª Prova 8/9.10.94 CEDRES Jounieh 21I 15C
Moacadieh/Mattar Lancia HF Integrale 1h.47m.41s.

Classificação do Campeonato de Rallies do Libano 1994 Grupo A: Jean-Pierre Nasrallah 355 pts; 2º Johnny Moacadieh 296 pts; 3º Philipe Kazan 241 pts; 4º Sleiman Slim 211 pts; 5º Henri Massaad 163 pts.
Vencedor do Grupo N: Phillipe Kazan (Nissan Pulsar GTI-R)
Vencedor Fòrmula 2: Henri Massaad (VW Golf GTI)

S Suécia

1ª Prova 8.01.94 BERGSLAGS Hallefors 109I 74C
Nilsson/Schlegel Opel Kadett GSi 1h.17m.31s.

2ª Prova 4/6.02.94 SWEDISH Karlstad 91I 55C
Radstrom/Backman Toyota Celica Turbo 4WD 4h.12m.00s

3ª Prova 12.03.94 NORTH SWEDISH Vannas 119I 100C
Radstrom/Backman Toyota Celica Turbo 4WD 1h.16m.06s.

4ª Prova 12/14.05.94 SOUTH SWEDISH Kristianstad (ECR17) 78I 49C
Jansson/Algerstedt Toyota Celica Turbo 4WD 1h.59m.39s.

5ª Prova 18/19.06.94 VARMLAND Karlstad 166I 108C
Blomqvist/Melander Ford Escort RS Cosworth 1h.02m.02s.

6ª Prova 24/25.06.94 REJME Linkoping 79I 51C
Blomqvist/Melander Ford Escort RS Cosworth 1h.01m.10s.

Classificação do Campeonato Nacional de Rallies da Suécia 1994: Grupo A, 2000cc: Stig Blomqvist 82 pts; 2º Mats Jonsson 55 pts; 3º Thomas Radstrom 52 pts.
Vencedor do Grupo A até 2000cc: Per Svan (Opel Astra GSi)
Vencedor do Grupo N: Kenneth Backlund (Mitsubishi Lancer Evolution)

SK Eslováquia

1ª Prova 3/4.06.94 CASTROL GEMER Dobsina 20I 15C
Chovanec/Kurus Ford Escort RS Cosworth 1h.43m.28s.

2ª Prova 18/19.06.94 VSZ Kosice 16I 10C
Beres/Koci Nissan Pulsar GTI-R 1h.45m.10s.

3ª Prova 29/30.07.94 MATADOR Zilina 29I 16C
Beres/Koci Nissan Pulsar GTI-R 1h.31m.44s.

4ª Prova 19/21.08.94 BARUM Zlin (CZ)(ECR36) 86I 51C
não houve pontuação por falta de pilotos nacionais

5ª Prova 9/10.09.94 TATRY Poprad 23I 16C
Beres/Koci Nissan Pulsar GTI-R 1h.09m.41s.

6ª Prova 15/16.10.94 ZAHORIE Senica 17I 13C
Chovanec/Kurus Ford Escort RS Cosworth 50m.40s.

Classificação do Campeonato Nacional de Rallies da Eslováquia 1994: 1º Josef Beres; 2º Stanislav Chovanec; 3º Igor Drotar; 4º Vladimir Palko
Vencedor do grupo N: Vladimir Palko (Ford Escort RS Cosworth)

SLO Eslovénia

1ª Prova 9/10.04.94 BOSCH Osterreichring (A) 17I 11C
Jemc/Bricelj Mazda 323 GT-R 1h.34m.49s.

2ª Prova 6/8.05.94 RIVIERA OPATIJA Opatija (HR) 26I 19C
Jernejc/Gregoric Renault Clio 16S 1h.24m.54s.

3ª Prova 20/21.05.94 SATURNUS Postojna (ECR19) 37I 22C
Peljhan/Kacin VW Rallye Golf G60 1h.37m.42s.

4ª Prova 10/11.06.94 CASTROL Ljubljana 31I 21C
Peljhan/Gregoric VW Rallye Golf G60 1h.14m.55s.

5ª Prova 24/26.06.94 INA DELTA Zagreb (HR)(ECR27) 16I 8C
Trcek/Rjavec Ford Escort RS Cosworth 3h.10m.44s.

6ª Prova 23/24.09.94 OMV ISTRABENZ Velenje 21I 10C
Peljhan/Kacin VW Rallye Golf G69 1h.18m.48s.

7ª Prova 7/8.10.94 ARBO-STEIERMARK Admont (A) 11I 5C
Peljhan/Kacin VW Rallye Golf G60 1h.03m.42s.

Classificação do Campeonato Nacional de Rallies da Eslovénia 1994:
1º Darko Peljhan 80 pts; 2º Jani Trcek 80 pts; 3º Roman Jernejc 64 pts; 4º Ales Crnivec 46 pts; 5º Anton Grum 39 pts.
Vencedor do Grupo N: Jani Trcek (Ford Escort RS Cosworth)

T Tailandia

1ª Prova 12/13.03.94 SINGHA Phrae 37I 26C
Pornsawan/Tull Mitsubishi Galant VR-4 1h.08m.43s.

2ª Prova 7/8.05.94 SINGHA Nong Khai 36I 21C
Pornsawan/Tull Mitsubishi Galant VR-4 56m.15s.

3ª Prova 30/31.07.94 SINGHA Chumphon 29I 20C
Sakchai/Pornthep Mitsubishi Lancer Evolution 1h.12m.44s.

4ª Prova 3/4.09.94 SINGHA Prachuap Khiri Khan 29I 12C
Pornsawan/Tull Mit. Lancer Evolution II 1h.19m.26s.

5ª Prova 5/6.11.94 SINGHA Phrae 27I 20C
Pornsawan/Tull Mit. Lancer Evolution II 1h.28m.54s.
Nota: Última prova 2/5.12.94 TAILANDIA

TR Turquia

1ª Prova 29/30.04.94 GUNAYDIN Bodrum (ECR15) 21I 13C
Kazaz/Bakancocuklai Lancia HF Integrale 2h.57m.20s.

2ª Prova 27/29.05.94 BURSA Bursa 33I 22C
Atakan/Okan Ford Escort RS Cosworth 2h.18m.35s.

3ª Prova 25/26.06.94 HEBROS Plovdiv (BG) (ECR28) 49I 24C
Atakan/Okan Ford Escort RS Cosworth 3h.00m.25s.

4ª Prova 16/17.07.94 ISTAMBUL Istambul 28I 17C
Isik/Gur Lancia Delta Integrale 1h.34m.03s.

5ª Prova 27/28.08.94 ELPA Thessalonika (GR) (ECR37) 71I 28C
Avci/Ozer Renault 19 16S 4h.14m.35s.

6ª Prova 17/18.09.94 HITIT Ankara 22I 15C
Isik/Gur Lancia HF Integrale 1h.04m.19s.

Classificação do Campeonato Nacional de Rallies da Turquia 1994:
1º Iskender Atakan 230 pts; 2º Ercan Kazaz 201 pts; 3º Volkan Isik 176 pts; 4º Nejat Avci 144 pts; 5º Ali Devici 141 pts.
Vencedor do Grupo N: Adnan Saruhan (Ford Escort RS Cosworth)

USA Estados Unidos da América

1ª Prova 18/19.02.94 SAND BLAST Cheraw, SC 21I 19C
Choiniere/Becker Audi Coupé S2 53m.55s.

2ª Prova 12/13.03.94 DOO WOP III & IV Aberdeen, WA 12I 8C
Zwart/Sircombe Porsche Carrera 4 1h.23m.28s.

3ª Prova 22/23.04.94 WILD WEST Olympia, WA 24I 13C
Zwart/Headland Porsche Carrera 4 2h.21m.45s.

4ª Prova 13/15.05.94 RIM OF THE WORLD Palmdale, CA 24I 15C
Choiniere/Becker Audi Coupé S2 2h.53m.03s.

5ª Prova 4/5.06.94 SUSQUEHANNOCK TRAIL Wellsboro, PA
53I 31C
Choiniere/Becker Audi Coupé S2 2h.15.49s.

6ª Prova 9.07.94 PRESCOTT FOREST Prescott, AZ 16I 12C
Zwart/Headland Porsche Carrera 4 49m.03s.

7ª Prova 23.07.94 MAINE FOREST SUMMER Rumford, ME
23I 13C
Choiniere/Becker Audi Coupé S2 1h.15m.43s.

8ª Prova 26/28.08.94 OBJIBWE FORESTS Bemidji, MN 28I 17C
Choiniere/Becker Audi Coupé S2 2h.42m.02s.

9º Prova 16/17.09.94 SUNRISER 400 FOREST Chillicothe, OH
34I 25C
Choiniere/Buffum Audi Coupé S2 1h.21m.26s.

10ª Prova 21/22.10.94 LAKE SUPERIOR Houghton, MI 33I 20C
Buffum/Becker Audi Coupé S2 2h.30m.37s.

Nota: Última prova 2/3.12.94 MAINE FOREST WINTER. Paul Choiniere e Dave Turner Não podem ser vencidos respectivamente na classificação geral e no agrupamento de produção.

Z Zâmbia

1ª Prova 27.03.94 CAPITAL Chisamba 11I 8C
M. Singh/Ross Toyota Supra 17m.

2ª Prova 16/17.04.94 GURU NANAK Lusaka 11I 9C
M. Singh/Ross Toyota Supra 23M.

3ª Prova 28.05.94 CHAIRMANS CHALLENGER Lusaka 9I 8C
M. Singh/Ross Toyota Supra 18m.

4ª Prova 2.07.94 TONY ROBINSON MEMORIAL Lusaka 8I 7C
Patel/Saran Toyota Hilux 1h.55m.39s.

5ª Prova 27.08.94 DUST BOWL Lusaka 8I 5C
M. Singh/Ross Toyota Supra 1h.59m.19s.

6ª Prova 17.09.94 MONZE Choma 10I 8C
M. Singh/Ross Toyota Supra 6m

7ª Prova 22/24.10.94 DHL INTERNATIONAL Lusaka 16I 9C
S.+ L. Singh VW Golf GTI 9h.28m.59s.

Nota: Última prova 26/27.11.94 CONCORDE

ZA ÁFRICA DO SUL

1ª Prova 25/26.02.94 TOUR DE TOTAL Durban 41I 27C
Damseaux/V. Bonefede Toyota Conquest 4x4 1h.26m.31s.

2ª Prova 8/9.04.94 ENGEN INTERNATIONAL Cape Town 39I 17C
Habig/Judd VW Golf Syncro 2h.40m.21s.

3ª Prova 13/15.05.94 CASTROL INTERNATIONAL Ermelo-Ezulwini (ZA-SD) 47I 15C
Grobler/Botha Nissan Sentra 4x4 6h.27m.04s.

4ª Prova 17/18.06.94 SASOL Eastern Transvaal 53I 28C
Kuun/Hodgson Ford Laser 4x4 2h.25m.35s.

5ª Prova 15/16.07.94 VOLKSWAGEN ALGOA Port Elizabeth 42I 15C
Grobler/Botha Nissan Sentra 4x4 2h.12m.06s.

6ª Prova 12/13.08.94 NGK MOUNTAIN TRAIL Elliot 18I 14C
Damseaux/V. Bonafede Toyota Conquest 4x4 1h.44m.59s.

7ª Prova 16/17.09.94 NGK TOUR DE SWARTLAND Cape Town
60I 29C
Damseaux/V. Bonafere Toyota Conquest 4x4 1h.47m.19s.

8ª Prova 21/22.10.94 TOTAL INTERNATIONAL Pretória 45I 24C
Damseaux/V. Bonafede Toyota Conquest 4x4 4h.50m.00s.

Classificação do Campeonato Nacional de Rallies da África do Sul 1994: 1º Serge Damseaux 159 pts; 2º Tjaart van der Walt 135pts; 3º Jan Habig 119pts; 4º Brady Dabner 116 pts.

CAMPEONATOS RALLIES TT

RESULTADOS

INTERNACIONAIS

TUNÍSIA

1º Pierre Lartigue	Citroën ZX	22h.12m.44s.
2º Timo Salonen	Citroën ZX	a 36m.56s.
3º Jean-Louis Schlesser	Buggy Schlesser Orig.	a 2h.20m.24s.
4º Hubert Auriol	Citroën ZX	a 3h.36m.53s.
5º Duarte Guedes	Nissan Patrol GR	a 5h.56m.56s.

ATLAS

1º Pierre Lartigue	Citroën ZX	18h.47m.50s.
2º Bruno Saby	Mitsubishi Pajero	a 8m.30s.
3º Hubert Auriol	Citroën ZX	a 20m.58s.
4º Timo Salonen	Citroën ZX	a 1h.53m.52s.
5º Jean Pierre Fontenay	Mitsub. Pajero 3.5V6T1	a 4h.42m.07s.
6º Duarte Guedes	Nissan Patrol GR	a 4h.53m.00s.

NICOLA 1000

1º Pierre Lartigue	Citroën ZX	9h.31m.25s.
2º Erwin Weber	Seat Toledo Marathon	a 40m.35s.
3º João Vassalo	Mitsub. Pajero T2	a 58m.45s.
4º Ramon Dalmau	Mercedes 500 G	a 1h.20m.52s.
5º Jean-Pierre Fontenay	Mitsubishi Pajero T1	a 1h.30m.21s.
6º Carlos Sousa	Mitsubishi Pajero T2	a 1h.32m.13s.
7º Corrado Vanni	MacMoter T3	a 1h.36m.04s.
8º Joaquim Garcia	Peugeot Proto T3	a 1h.41m.31s.
9º Francisco Esperto	Nissan Terrano T1	a 1h.44m.46s.
10º Luís Dias	Nissan Pick-Up T3	a 1h.46m.42s.

BAJA DE ARAGÓN

1º Timo Salonen	Citroën ZX	10h.27m.15s.
2º Pierre Lartigue	Citroën ZX	a 2m.21s.
3º Erwin Weber	Seat Toledo Marathon	a 24m.58s.
4º José Maria Serviá	Seat Toledo Marathon	a 38m.15s.
5º Kenjiro Shinozuka	Mitsub. Pajero Proto	a 39m.25s.
6º Hubert Auriol	Citroën ZX	a 49m.25s.
7º Ramon Dalmau	Mercedes 500G	a 1h.33m.38s.
8º Cyril Neveu	Buggy Bourgoin	a 1h.49m.20s.
9º Jean Pierre Fontenay	Mitsubishi Pajero T1	a 1h.51m.11s.
10º Salvador Serviá	Mitsubishi Pajero T1	a 1h.56m.39s.
11º Inverno Amaral	Nissan Pick-Up	a 1h.58m.57s.
12º Dominique Housieaux	Nissan Terrano T2	a 2h.04m.42s.
(...) 20º Duarte Guedes	Nissan Patrol GR	a 2h.38m.50s.

BAJA ITÁLIA

1º Pierre Lartigue	Citroën ZX	8h.17m.24s.
2º Jean Louis Schlesser	Buggy Schlesser	a 14m.15s.
3º Jerôme Rivière	Proto Bourgoin	a 28m.58s
4º Jean Pierre Fontenay	Mitsubishi Pajero T1	a 1h.26m.56s.
5º Mauricio Traglio	Nissan Patrol GR	a 1h.27m.26s.

AUSTRALIAN SAFARI

1º Jean Pierre Fontenay	Mitsubishi Pajero T1	50h.25m.06s.
2º Andy Scott	Nissan Patrol T3	a 1h.56m.02s.
3º Jean Pierre Strugo	Nissan Terrano T2	a 2h.16m.34s.

EMIRATOS ÁRABES

1º Jean Louis Schlesser	Buggy Schlesser	17h.39m.41s.
2º A. Bakhashab	Range Rover	a 11m.31s.
3º Thierry de Lavergne	Nissan Patrol GR	a 29m.45s.
4º Jutta Kleinschmidt	Mitsubishi Pajero	a 1h.18m.01s.

CLASSIFICAÇÃO DA TAÇA DO MUNDO

Pilotos: **1º Pierre Lartigue**, 137 pontos; 2º Jean Pierre Fontenay, 93; 3º Jean Louis Schlesser, 71; 4º Timo Salonen, 63; 5º Dominique Housieaux, 52; 6º Jean-Pierre Strugo, 40; 7º Erwin Weber, 37; 8º Hubert Auriol, 36; 9º S. Quandt, 27; 10º Bruno Saby, 23.

Construtores: **1º Citroën**, 80 pontos; 2º Mitsubishi, 68; 3º Schlesser Original e Nissan, 58; 5º Seat, 31.

MARATONA (T1)

Pilotos: **1º Jean-Pierre Fontenay**, 100 pontos, 2º Jean-Pierre Strugo, 42; 3º A. de Carbon, 36.

Construtores: **1º Mitsubishi**, 48 pontos; 2º Nissan, 42; 3º Toyota, 23; 4º Land Rover, 22 5º UMM, 8; 6º Mercedes, 6.

TROFÉU 2 RODAS MOTRIZES

1º Jean-Louis Schlesser, 92 pontos; 2º Jutta Kleinschmidt, 62; 3º Cyril Neveu, 50.

PORTUGAL

TRANSALGARVE

1º Tomas M. Breyner/J. Baptista	Nissan Pick-Up	7h.00m.46s.
2º Carlos Sousa/Armando Fortes	Mitsubishi Pajero	a 1m.48s.
3º F. Esperto/Nuno Barreiros	Nissan Terrano	a 11m.10s.
4º João Vassalo/António Caiado	Mitsubishi Pajero	a 12m.50s.
5º Manuel M. Breyner/P. Figueiredo	Mitsubishi Pajero V6	a 18m.06s.
6º Luís Oliveira/José Soares	Nissan Pic-Up	a 24m.54s.
7º Santos Godinho/Vitor Jesus	Nissan Pick-Up	a 26m.37s.

8º Filipe Campos/Jaime Santos	Nissan Terrano	a 29m.17s.
9º Joaquim Garcia/José Janela	Peugeot Proto 4x4	a 29m.29s.
10º Luís Costa/José Sotto Mayor	UMM Alter Turbo	a 30m.04s.

RALI TT CASA PESSOAL DA RTP PORTO

1º Carlos Sousa/Armando Fortes	Mitsubishi Pajero	4h.37m.17s.
2º Pedro M. Breyner/Carlos Mateus	Mitsubishi Pajero	a 2m.38s.
3º Filipe Campos/Jaime Baptista	Nissan Terrano	a 5m.07s.
4º F. Esperto/Nuno Barreiros	Nissan Terrano	a 14m.01s.
5º Luís Oliveira/José Soares	Nissan Pic-Up	a 15m.13s.
6º Luís Dias/Pedro Barradas	Nissan Pick-Up	a 17m.00s.
7º Rogério Almeida/Nuno R. Silva	UMM Alter V6	a 21m.53s.
8º Luís Costa/José Sotto Mayor	UMM Alter Turbo	a 22m.10s.
9º José Parente/P. Santos	Toyota Land Cruiser	a 24m.24s.
10º Santos Godinho/Vitor Jesus	Nissan Pick-Up	a 26m.58s.

RALI TT MONTES DE FAFE

1º Francisco Esperto/N. Barreiros	Nissan Terrano	4h.24m.24s.
2º João Vassalo/António Caiado	Mitsubishi Pajero	a 0m.13s.
3º Carlos Sousa/Teles Fortes	Mitsubishi Pajero	a 7m.13s.
4º Manuel Russo/João Vaz	Nissan Terrano	a 15m.09s.
5º Luís Costa/José Sottomayor	UMM Alter	a 16m.13s.
6º Manuel Breyner/P. Figueiredo	Mitsubishi Pajero	a 18m.21s.
7º João Fernando/Vitor Pires	Nissan PickUp V6	a 18m.01s.
8º Filipe Campos/Joaquim Queiros	Nissan Terrano II	a 19m.13s.
9º Rui Sousa/Carlos Silva	UMM Alter	a 19m.16s.
10º Miguel Amaral/F. Sanches	Nissan Patrol GR	a 21m.10s.

BAJA NICOLA 1000

1º Pierre Lartigue/Michel Perin	Citroën ZX Baja Evol.	9h.31m.25s.
(...) 11º Filipe Campos/Luís Santos	Nissan Terrano	a 1h.49m.28s.
(...) 14º Jorge Barreto/J. M. Loureiro	Nissan Pick-Up	a 1h.56m.25s.
(...) 16º César Resende/Gil Sampaio	Nissan Pick-Up	a 2h.06m.45s.
17º Rui Sousa/Carlos Silva	UMM Alter	a 2h.07m.18s.
18º Luís Costa/José Sottomayor	UMM Alter	a 2h.09m.24s.
(...) 20º José Mendes/Paulo Babo	Opel Campo 4x4	a 2h.23m.08s.
(...) 22º Rogério Almeida/N. Silva	UMM Alter V6	a 2h.29m.56s.
23º Luís Sousa/José Carvalho	Land Rover Defender	a 2h.34m.11s.
24º Helder Pimenta/António Durães	Land Rover Pick-Up	a 2h.37m.29s.
25º Henrique P. Silva	Land Rover Pick-Up	a 2h.43m.07s.

RALI TT ESPORÃO VINDIMAS 94

1º Luís Dias/Pedro Barradas	Nissan Pick-Up	4h.16m.17s.
2º Santinho Mendes/F. Fernandes	Opel Corsa	a 2m.21s.
3º Filipe Campos/Jaime Baptista	Nissan Terrano	a 3m.15s.
4º Santos Godinho/Vitor Jesus	Nissan Terrano V6	a 7m.49s.
5º João Vassalo/António Caiado	Mitsubishi Pajero	a 10m.36s.
6º Manuel Breyner/P. Figueiredo	Mitsubishi Pajero	a 12m.16s.
7º Manuel Russo/João Vaz	Nissan Terrano	a 12m.44s.
8º Francisco Esperto/N. Barreiros	Nissan Terrano	a 14m.33s.
9º Carlos Sousa/Teles Fortes	Mitsubishi Pajero	a 15m.12s.
10º Rogério Almeida/N. Silva	UMM Alter V6	a 15m.46s.

RALI TT SEGAFREDO ZANETTI

1º Francisco Esperto/N. Barreiros	Nissan Terrano	2h.17m.10s.
2º Carlos Sousa/Teles Fortes	Mitsubishi Pajero	a 1m.57s.
3º César Resende/Gil Sampaio	Nissan Pickup V6	a 3m.31s.
4º Rogério Almeida/Nuno Silva	UMM V6	a 6m.36s.
5º Carlos Barbosa/António Castro	UMM V6	a 9m.18s.
6º Rui Sousa/Carlos Silva	UMM Alter Turbo	a 10m.01s.
7º Sande e Castro/Sande e Castro	Mitsubishi Pajero	a 10m.13s.
8º Pedro Mello Breyner/C. Mateus	Mitsubishi Pajero	a 10m.24s.
9º Manuel Russo/João Vaz	Nissan Terrano	a 11m.06s.
10º Luís Oliveira/José Soares	Nissan Pickup V6	a 11m.42s.

BAJA SAGRES 500 PORTALEGRE

1º João Vassalo/António Caiado	Mitsubishi Pajero	8h.19m.12s.
2º Francisco Esperto/N. Barreiros	Nissan Terrano	a 00m.53s.
3º Pedro Mello Breyner/C. Mateus	Mitsubishi Pajero	a 5m.01s.
4º Francisco S. Castro/Luís Santos	Mitsubishi Pajero	a 6m.52s.
5º Vasco Pedro/Sérgio Paiva	Nissan Terrano	a 11m.29s.
6º Santinho Mendes/F. Fernandes	Opel Corsa	a 14m.16s.
7º Manuel P. Alves/F. Neves	Nissan Terrano	a 48m.41s.
8º Manuel Russo/João Paulo Vaz	Nissan Terrano	a 51m.44s.
9º Marco Alves/José Infante	UMM Alter Turbo	a 51m.55s.
10º Manuel M. Breyner/P. Mendes	Mitsubishi Pajero	a 53m.47s.

CLASSIFICAÇÃO FINAL

ABSOLUTO: Pilotos - 1º João Vassalo 1268 pontos; 2º Francisco Esperto, 1266(1614); 3º Carlos Sousa, 1198(1342); 4º Filipe Campos, 1048; 5º Luís Costa, 814; 6º Manuel Russo, 798; 7º Rui Sousa, 780; 8º Manuel Mello Breyner, 744; 9º Rogério Almeida, 722; 10º Pedro Mello Breyner, 720.

2º Pilotos - 1º Nuno Barreiros, 1266(1614) pontos; 2º Armando Fortes, 1198(1342); 3º António Caiado, 1064; 4º João Vaz, 798; 5º Carlos Silva, 780; 6º Nuno Rodrigues da Silva, 722; 7º José Sottomayor, 718 ; 8º Jaime Baptista, 676; 9º Pedro Figueiredo, 568; 10º Pedro Barradas, 664.

CATEGORIA T3: Pilotos - 1º Rogério Almeida, 376 pontos; 2º Jorge Barreto, 360; 3º Luís Dias, 304; 4º Luís Oliveira, 286; 5º Henrique P. Silva, 284; 6º César Resende, 280; 7º Luís Sousa, 276; 8º Santos Godinho, 274; 9º José Mendes, 262; 10º Joaquim Garcia, 254.

2º Pilotos - 1º Nuno Rodrigues da Silva, 376 pontos; 2º José Loureiro, 360; 3º Pedro Barradas, 304; 4º José Soares, 286; 5º José Carvalho, 276; 6º Vitor Jesus, 274; 7º Paulo Babo, 262; 8º Gil Sampaio, 238; 9º Filipe Fernandes, 216; 10º António Durães, 170.

CATEGORIA T2: 2º Pilotos - 1º Armando Fortes, 524 (596)pontos; 2º António Caiado, 472; 3º João Vaz, 404; 4º Carlos Mateus, 274; 5º Pedro Figueiredo, 260; 6º Fernando Machado, 180; 7º Arnaldo Marques, 162; 8º José Pontes, 150.

CATEGORIA T1: Pilotos - 1º Francisco Esperto, 570 (738)pontos; 2º Filipe Campos, 510; 3º Luís Costa, 442; 4º Rui Sousa, 420; 5º Luís Sousa, 390; 6º Vasco Pedro, 378; 7º Frederico Roque, 236; 8º Nuno Fontes, 208; 9º Castro Santos, 186; 10º Carlos Costa, 156.

CALENDÁRIO Campeonatos Português e Espanhol

PORTUGAL

C.N. DE RALIS

28/29 Janeiro Rali Sopete/Póvoa de Varzim
11/12 Abril RaliPorto Petróleos/F.C.Porto
06/11 Março TAP-Rali de Portugal
8/9 Abril Rali do Centro
20/23 Abril Volta Galp a Portugal
27/28 Maio Rali Rota do Sol
01/02 Julho Rali dos Açores/C. E. Açoreana
05/06 Agosto Rali Vinho da Madeira
07/08 Outubro Rali Solverde
28/29 Outubro Rali do Algarve

C. N. RALIS (INICIAÇÃO)

02/03 Setemb. Rali Cidade de Esposende
16/17 Setemb. Rali Mondim de Basto
30/01 Outubro Rali de Famalicão
21/22 Outubro Rali Arte e Sport
03/04 Nov. Rali de Góis
18/19 Nov. Rali Cidade de Abrantes
02/03 Dez. Rali Vila de Murça
(Todas estas datas estão sujeitas a confirmação)

T. N. DE CLÁSSICOS DE RALIS

28/29 Janeiro Rali Sopete/Póvoa de Varzim
01/02 Abril Rali Cidade da Guarda
15/16 Abril Rali das Camélias
22/23 Abril Rali Maia/Sonae
13/14 Maio Rali Cidade de Fafe
27/28 Maio Rali Rota do Sol
03/04 Junho Rampa de Portalegre
03/04 Junho Rali Vinho Alvarinho
17/18 Junho Rali Verde Pino
15/16 Julho Rampa da Régua
29/30 Julho Rampa da Penha
16/17 Set. Circuito de Braga
07/08 Outubro Rali Solverde
11/12 Nov. Rampa do Arte e Sport

C. R. DE RALIS DOS AÇORES

25/26 março Rali Primavera (S. Miguel)
22/23 Abril Rali Sical (Terceira)
13/14 Maio Rali Ilha Azul (Faial)
01/02 Julho Rali dos Açores
12/13 Agosto Rali de Santa Maria
09/11 Setemb. Rali das Vindimas (Pico)
07/08 Outubro Rali BCA/Ilha Lilás (Terceira)
18/19 Nov. Rali do Outono (S. Miguel)

C. R. RALIS DA MADEIRA

13/14 Maio Rali Santagro
10/11 Junho Rali Luis Mendes
07/08 Julho Rali Coca-Cola/Stª Cruz
05/06 Agosto Rali Vinho da Madeira
07/08 Outubro Rali Costa Noroeste/Coral
25/26 Nov. Rali de Santana

C. N. DE TODO-O-TERRENO

18/19 Março Transalgarve 94
29/30 Abril Rali TT C. P. RTP/Porto
20/21 Maio Rali TT Montes de Fafe/ /Adventure Boots
24/25 Junho Baja Nicola 1000
09/10 Setemb. Rali TT/Esporão Vindimas
07/08 Outubro Rali TT/Segafredo Zanetti
11/12 Nov. Baja Sagres 500

T. N. DE RALICROSS

06/07 Maio Ralicross Internac. de Lousada
10/11 Junho Ralicross da Lousada
24/25 Junho Ralicross Rota da Luz I
09/10 Set. Ralicross de Guilhabreu/ /Vila do Conde
30/01 Out. Ralicross da Lousada
14/15 Out. Ralicross Rota da Luz II
25/26 Nov. Ralicross de Guilhabreu/ /Vila do Conde 2

AUTOMÓVEIS ANTIGOS

25/26 Março Rali Templários
22/23 Abril Rali Pedras d'El Rei/Rotações
29/30 Abril Rali Beira Serra
06/07 Maio Rampa dos Barreiros
27/28 Maio Rali do Algarve
10/11 Junho Rali CPAA-95
01/02 Julho Rali Escuderia Castelo Branco
23/24 Setemb. Rali de Outono
01/02 Outubro V Pas. Conc. Zona Este
21/22 Outubro Raid Figueira da Foz/Lisboa
25/26 Nov. VI Conc. de Rest. e Eleg.

PROVAS DE 2ª CATEGORIA

18/19 Fev. Rali a Vila do Conde
18/19 Março Rali à Régua
25/26 Março Rali à Lampreia
29/30 Abril Rali Cerejeiras em Flor
03/04 Junho Rali a Lamego
10/11 Junho Rali Porca de Murça
24/25 Junho Rali de V. N. Foz Côa
15/16 Julho Rali Mobil/Ford/RádioF
25/26 Nov. Rali à Bairrada
02/03 Dez. Rali ACP-Veteranos (1ª Categ.)

PERÍCIAS

29/30 Abril Perícia Cantarinhas 95
17/18 Junho Perícia de Vila do Conde

ESPAÑA

C. N. DE RALLIES - RALLIES ASFALTO

25/26 Março Corte Inglés
08/09 Abril Isla Tenerife
22/23 Abril C. Cantabria
20/21 Maio Sierra Morena
03/04 Junho Villa de Llanes
24/25 Junho Orense
08/09 Julho San Agustín
09/10 Setemb. Pricipe de Asturias
07/08 Outubro San Froilan
22/25 Outubro España-Catalunya
18/19 Nov. La Coruña

RALLYES -RAIDS

01 Maio Altiplano
04 Junho Alta Alcarria
23 Julho Baja Aragón
03 setembro Montes Cuenca
(Todas estas datas estão sujeitas a confirmação)

CALENDÁRIO Campeonatos Internacionais

				FIA	ECR
DEZ	27/16 Jan.	Dakar	F	TT	-
JAN	21/27	MONTE-CARLO	MC	CM/F2	-
	27/29	Arctic	FIN	-	5
FEV	9/12	SWEDISH	S	CM/F2	-
	17/19	Boucles de Spa	B	-	5
	18/19	Burundi	RU	A	-
	23/26	Ciocco e Valle Serchio	I	-	2
	25	Winter	GB	-	-
MAR	6/11	PORTUGAL	P	CM/F2	-
	9/12	Sanremo	I	H	-
	16/19	1000 Miglia	I	-	5
	17/18	Vauxhall Rally of Wales	GB	-	2
	23/25	El Corte Ingles	E	-	20
	24/26	Circuit des Ardennes	B	-	5
	31/2 Abr.	Grasse Alpin	F	-	5
ABR	5/7	Qatar	QA	MO	-
	6/9	Costa Esmeralda	I	-	10
	8	Granite City	GB	-	-
	8/9	Hautes Fagnes	B	-	2
	13/17	Safari	EAK	F2	-
	13/23	Tunisia	TN	TT	-
	20/23	Volta Galp a Portugal	P	-	5
	22/23	Pirelli	GB	-	-
	22/26	Piancavallo	I	-	20
	28/30	Olympion	GR	-	5
MAI	1/6	CÓRSEGA	F	CM/F2	-
	11/14	Sicilia Targa Florio	I	-	5
	13	Manx National	GB	-	-
	13/14	Zlatni	BG	-	20
	18/19	Jordan	HKJ	MO	-
	19/21	Azur-Antibes	F	-	20
	19/29	Atlas	MA	TT	-
	25/27	Saturnus	SLO	-	2
	25/28	South Swedish	S	-	5
	25/28	Bavaria	D	H	-
	26/28	Castrol	ZA	A	-
	26/28	Rota do Sol	P	-	10
	27	Rally das Praias	BR	-	-
	27/31	Acropolis	GR	F2	-
JUN	2/4	Perth Scottish	GB	-	5
	9/10	Stockholm	S	H	-
	9/11	Polish	PL	-	20
	9/11	Alsace Vosges	F	-	5
	15/18	Salento	I	-	2
	16/17	Tara	SWA	A	-
	16/17	Viking	N	H	-
	16/18	Ina Delta	HR	-	10
	16/18	Romania	R	-	5
	18	Rally das Cataratas	BR	I	-
	18	Kerridge National	GB	-	-
	22/25	24 Heures d'Ypres	B	-	20
	22/25	Baja Nicola 1000	P	TT	-
	23/25	Hebros	BG	-	10
	29/2 Jul.	Açores	P	-	5
	30/1 Jul.	Karkonoski	PL	-	2
JUL	1/4	Zambia	Z	A	-
	5/8	Argentina	RA	F2	-
	6/8	Vltava	CZ	H	-
	6/9	Deutschland	D	-	20
	7/9	Liban	RL	MO	-
	7/9	Indonesia	RI	AP	
	7/9	Liban	RL	MO	-
	7/9	Indonesia	RI	AP	
	7/9	Liban	RL	MO	-
	7/9	Indonesia	RI	AP	
	13/16	Bohemia	CZ	-	5

				FIA	ECR
	20/23	Della Lana	I	-	5
	21/23	Baja España	E	TT	-
	21/23	Rouergue Aveyron Midi-Pyrenees	F	-	2
	27/30	NOVA ZELÂNDIA	NZ	CM/F2/AP	-
	27/30	Italian Baja	I	CC	-
	28/29	Ulster	GB	-	-
	28/39	Turkey	TR	-	5
AGO	3/5	Budapest Symphonia	H	-	2
	3/6	Madeira	P	-	20
	3/6	Hunsruck	D	-	10
	4/6	Zimbabwe Challenge	ZW	A	-
	5/6	Neste 1000 Lakes	SF	H	-
	5	Kayel Graphics	GB	-	-
	6/8	Silven	BG	-	2
	20	Rally da Graciosa	BR	SA	-
	18/20	Barum	CZ	-	5
	18/27	Australian Safari	AUS	TT	-
	25/27	Neste 1000 Lakes	SF	F2	-
SET	1/3	Elpa	GR	-	20
	1/3	Mont Blanc	F	-	10
	7/10	Principe de Asturias	E	-	10
	10	Rally dos Sinos	BR	-	-
	13/15	Manx International	GB	-	10
	15/17	Yu	YU	-	2
	15/18	AUSTRALIA	AUS	CM/AP	-
	16/17	Equator	EAK	A	-
	21/24	Cyprus	CY	-	20
	30	Artemis Equipment Forest Stages	GB	-	-
OUT	5/6	Kuwait	KT	MO	-
	7/8	Elba	I	H	-
	8/12	d'Italie-Sanremo	I	F2	-
	13/15	Hermes	GR	-	5
	21/22	Total	ZA	A	-
	21/22	200 Minuti	I	H	-
	21/27	Hong Kong	HK	AP	-
	22/25	SPAIN-CATALUNYA	E	CM	-
	25/28	Valais	CH	-	5
	26/29	Algarve	P	-	5
	26/29	San Marino	RSM	-	5
NOV	2/3	Oman	OM	MO	-
	2/4	Semperir	A	-	10
	3/5	Condroz	B	-	5
	3/5	Criterium des Cevennes	F	-	2
	5	Rally da Primavera	BR		
	6/11	UAE Deset Challenge	UAE	TT	-
	10/11	Golden Tulip	NL	-	5
	18/19	Great Britain	GB	H	-
	18/20	Thailand	T	AP	-
	19/22	NETWORK Q RAC RALLY	GB	CM	-
	23/26	Var	F	-	5
	30/1 Dez.	Dubai	UAE	MO	-
DEZ	10	Rally do Café	BR	SA	-
TBA		Midland	GB	-	-
TBA		Finnskog	N	-	10
TBA		Malaysi	MAL	AP	-

A = África
AP = Ásia-Pacífico
TT = Todo-o-Terreno
F2 = Taça do Mundo de 2 Litros
H = Troféu Europeu de Rallies para Carros Históricos
MO = Médio Oriente

N = Nacional
N = RACMSA Mobil 1/Top Gear
CM = Campeonato do Mundo
SA = Campeonato Sul-Americano
2/5/10/20 = Campeonato europeu Coef.

O «REINADO» DE PERES

Domínio absoluto de Fernando Peres. A concorrência foi incapaz de acompanhar o andamento do piloto do Ford. Na temporada de estreia do Mitsubishi Lancer Evolution, Rui Madeira vence o Grupo N e encetou uma carreira internacional. Na "F2", José Carlos Macedo e o Renault Clio Williams não tiveram dificuldades em se imporem.

Foi verdadeiramente notável a temporada da dupla Fernando Peres/Ricardo Caldeira, no Ford Escort Cosworth, que venceu oito das nove provas do Campeonato Nacional de Ralis, confirmando, a duas jornadas do final, a conquista do título de campeão, prémio mais do que justo para um piloto cuja carreira foi construída degrau a degrau... até ao "estrelato". No fim de contas, o culminar de uma época brilhante, depois de na anterior ter dado preciosas indicações, sobretudo a partir do momento em que o acerto do binómio piloto/carro se tornou uma realidade. Em 1994, com a estrutura ainda mais "afinada", Peres pode, finalmente, "reinar" sem apelo nem agravo, sendo dos poucos pilotos a concluir todos os ralis e apenas uma vez conheceu o sabor da derrota.

«Reconheço que será bastante difícil repetir uma época como esta, o que deve acontecer uma vez na vida e julgo tratar-se mesmo de um recorde nacional, pois não me recordo de uma equipa ganhar tantas provas no mesmo ano. Mesmo no rali em que fui segundo classificado – Coimbra – lutei pela viória, depois, recordo, de ter ficado "preso" numa ribanceira, demorando imenso tempo a sair dessa situação», afirmava o novo campeão, na hora de conquistar, no Algarve, novo triunfo, na derradeira prova do ano.

Mas, se Peres marcou o "Nacional/94" em termos absolutos, outro piloto esteve, igualmente, em foco, com um "trajecto" muito semelhante no Grupo de Produção, no qual se revelou quase imbatível. De facto, apenas no rali de abertura (Sopete) Rui Madeira não viu o seu andamento, devido a problemas mecânicos, traduzido no primeiro triunfo da época. Contudo, a partir daí nunca mais deixou de subir ao lugar mais alto do pódio naquele agrupamento, iniciando no Rali TAP, a sua última prova ao volante do "Sierra 4X4", para dispor, então, do Mitsubishi Lancer Evolution, uma carreira cem por cento vitoriosa.

De resto, da galeria dos campeões fez parte ainda José Carlos Macedo, o piloto da equipa Renault/Galp que dominou por completo a Fórmula 2 e muito embora se possa dizer que nunca teve adversários dignos desse nome nas "duas rodas motrizes", andou sempre ao ritmo dos primeiros, o que lhe permitiu classificações dignas de registo ao volante do Renault Clio Williams 16V. E, para que não ficassem dúvi-

Francisco Romeiras

Fernando Peres e Ricardo Caldeira: uma dupla de sucesso. Além de concluirem todos os ralis, venceram oito das nove provas do Campeonato Nacional

Fotos: Francisco Romeiras

Foto maior: Fernando Peres conduz o seu Ford Escort Cosworth rumo à conquista do Campeonato Nacional de Ralis. Ao lado, Jorge Bica não conseguiu revalidar o título conquistado em 1993, já que desde muito cedo ficou claro que o seu Lancia Delta HF Integrale poderia repetir os êxitos do ano anterior.
Página ao lado, da esquerda para a direita, Horácio Franco e Albano costa. O primeiro destes pilotos teve um ano azarado, mas acabou por vencer o Rali de Outono/ Açores, uma prenda merecida, já que foi ganha em "casa". O segundo esteve em evidência no Agrupamento de Produção, acabando por se sagrar vice-campeão

Fotos: Francisco Romeiras

Acima, Pinto dos Santos participou no Nacional de Ralis com um Fiat Cinquecento. Ao lado, Carlos Carvalho, em Mitsubishi Galant VR-4, regressou em força, tendo obtido um excelente quarto lugar na primeira prova do Campeonato (a melhor classificação do ano)

das, no "TAP" esteve em plano de grande evidência, levando a marca francesa a vencer a categoria reservada à Fórmula 2.

Num ano de ralis em que os efeitos do estigma da crise económica se fizeram sentir, daí resultando um número médio de participantes por prova inferior ao de outras épocas, o "Nacional" acabou por ficar incompleto com a anulação da "Volta" – por número insuficiente de inscritos –, a prova mais antiga do calendário. Apesar de tudo, dois pilotos portugueses ainda competiram em provas além-fronteiras, depois da brilhante carreira protagonizada, em 1993, por António Coutinho (2º na Taça FIA de Grupo N). Pouco feliz no Rali da Polónia (Europeu), Jorge Bica acabaria, mais tarde, por conseguir um resultado notável no Rali de San Remo, com o Lancia da Astra, terminando essa prova do "Mundial" na décima posição, enquanto Rui Madeira foi até à Catalunha – rali que pontuou apenas para o "Mundial" de Fórmula 2 – vencer, de forma categórica, o Grupo de Produção, ao volante do Mitsubishi Lancer. Começava aí o seu "tirocínio" para 1995 na alta roda dos ralis internacionais.

Bica «rendeu-se» muito cedo

Na primeira parte do campeonato, ou seja, até ao Rali Rota do Sol, a questão dos títulos ficou praticamente decidida e à partida para a primeira prova era certo e sabido que Jorge Bica, o campeão em título, e Fernando Peres, o derrotado do ano anterior, surgiam como os principais candidatos. O piloto do "Escort" começou a época em grande plano, batendo o seu rival nas estradas de asfalto minhotas, onde decorreu o Rali Sopete e ficou desde logo bem claro que muito dificilmente o Lancia HF Integrale da equipa Astra poderia repetir os êxitos de 1994, face à competitividade do carro do seu adversário. Subsistiam algumas dúvidas relativas aos ralis em pisos de terra, mas no "TAP" nem houve tempo de medir forças entre ambos, já que Bica, na sequência de um despiste, desistia ainda no decurso da etapa de asfalto e a partir dessa altura Peres soube gerir da melhor forma um rali super-importante em termos de pontuação no campeonato e ainda terminou no quinto lugar absoluto, à frente de José Carlos Macedo.

Aquele último voltava a somar novo triunfo na Fórmula 2, mas desta vez frente às vedetas do "Mundial", culminando uma prova notável. Se no "Sopete" não conseguira melhor que a terceira posição no Grupo de Produção, depois de ter dominado por completo a prova, enquanto o "Sierra 4X4" esteve em perfeitas condições, Rui Madeira despediu-se em beleza do Ford na etapa seguinte, pois além de ter sido o melhor português do agrupamento, terminou o TAP logo atrás do espanhol Jesus Puras, mais tarde consagrado campeão mundial.

Em Coimbra, no rali organizado pelo Clube Automóvel do Centro, voltou a emoção ao campeonato, porque o líder Peres atrasou-se devido a uma ligeira saída de estrada - depois de ter feito um “pião”, ao arrancar, no meio do pó, seguiu na direcção errada, ficando com as rodas do “Escort” presas numa ribanceira - e Bica aproveitou de imediato para somar o primeiro e único triunfo da temporada, com José Carlos Macedo a conquistar a terceira posição do pódio, impondo-se de novo entre os carros de duas rodas motrizes. A estreia de Rui Madeira com o Mitsubishi Lancer que no "TAP" fora guiado pela alemã Isolde Holderied não poderia ter corrido melhor, permitindo-lhe mais uma vitória no Grupo de Produção, frente de Albano Costa (Escort), um estreante que ao longo da época também esteve em plano de evidência.

Perante uma concorrência bastante forte em Fafe, no Rali PortoPetróleos, Peres voltou, face a um super-combativo Carlos Carvalho, no Mitsubishi Galant VR4, a ditar a lei do mais forte, cabendo a terceira posição a Jorge Bica e a quarta a José Miguel, cujo "Escort" lhe causou inúmeras dores de cabeça ao longo do ano. Rui Madeira e José Carlos Macedo não deixaram créditos por mãos alheias nas "guerras" em que estavam empenhados.

Os líderes dos três campeonatos (Peres, Madeira e Macedo) estavam, portanto, cada vez mais destacados e no Rali Rota do Sol, de regresso aos pisos de asfalto, não aconteceram surpresas. A desistência de Bica, devido a problemas mecânicos no Lancia, afastavam-no, em definitivo, de toda e qualquer hipótese de

No Agrupamento de Produção, Rui Madeira e Nuno Rodrigues da Silva saboreiam com champanhe o título conquistado nesta categoria. Será de salientar que na classificação final do Campeonato Nacional de Ralis esta dupla ficou na segunda posição, atrás dos campeões Peres/Caldeira

revalidar o título, daí que a partir de então tenha apostado unicamente em competir na Madeira, mas já sem pensar nos pontos.

Campeões definidos na Madeira

Na primeira prova insular (Açores), a vitória da dupla Peres/Caldeira deixava-a cada vez mais perto da conquista do campeonato, numa prova em que Macedo foi pouco feliz, tal como José Miguel, ambos “KO” logo no troço de abertura, o primeiro devido a despiste e o segundo por problemas no turbo. Para não variar, Rui Madeira também dominou o Grupo de Produção, secundado por Paulo Rego e Albano Costa, chegando, no mês seguinte, o rali decisivo, em que poderiam ser confirmados os novos campeões.

E, sem novidades dignas de registo, Fernando Peres – autor, como em 93, de uma excelente prova – obteve o terceiro lugar absoluto, atrás de Snijers e da "estrela" Aghini, resultado mais do que suficiente para festejar desde logo a conquista do título, sucedendo a Jorge Bica. Rui Madeira venceu o Grupo de Produção e José Carlos Macedo na Fórmula 2, juntando-se

Fotos: Francisco Romeiras

Página ao lado, no topo, Rui Madeira participou no Rali TAP com vetusto Ford Sierra 4x4 e depois trocou-o pelo Mitsubishi Lancer Evolution e os resultados começaram logo a aparecer. Abaixo, António Coutinho participou em 1993 no Mundial de Ralis de Grupo N e foi vice-campeão. Em 1994, porém, e de regresso às competições nacionais, esteve abaixo das expectativas.
Foto maior: José Carlos Macedo, em Renault Clio Williams, dominou por completo a "Fórmula 2" embora, em abono da verdade, se possa dizer que a concorrência nas "duas rodas motrizes" nunca foi muito aguerrida.
Acima, José Miguel foi o rei do azar: em toda a temporada só terminou um rali!

ambos a Peres na festa de consagração dos campeões.

Faltavam, então, dois ralis para o encerramento da temporada e Fernando Peres não deixou créditos por mãos alheias, tanto no asfalto do "Solverde" como na terra do Algarve, averbando mais dois triunfos, sendo de referir o magnífico desempenho de Paulo Meireles em ambas as provas, embora nem sempre a mecânica do VW Golf Rallye G60 tivesse "ajudado". Realce, também, para Carlos Carvalho nos ralis de terra, só que também traído, muitas vezes, por problemas mecânicos do Mitsubishi Galant VR4. Mas, nesta matéria de azares, ninguém "sofreu" mais do que José Miguel, cujo Ford Escort Cosworth apenas terminou um rali.

Ainda antes da derradeira prova do ano, ficava decidido, no Rali Solverde, o segundo lugar do Grupo de Produção, conquistado por Albano Costa face a António Jorge, outro dos pilotos empenhados na disputa dos lugares cimeiros deste agrupamento e que nos Açores, recorde-se, levara o seu Renault Clio Williams ao primeiro lugar da Fórmula 2. ❑

Ao lado, nas duas últimas provas do campeonato, Paulo Meireles, em Volkswagen Golf Rallye G60, impressionou. Ao lado, José Faria, em Opel Astra GSi, venceu o Campeonato Nacional de Iniciados

Fotos: Francisco Romeiras

DUELO FABULOSO EM ANO DE ESTREIA

Não podia ter sido mais animada a estreia do Campeonato Nacional de Todo-o-Terreno já que, apenas sobre a linha de chegada da última prova e com a escassa margem de 53 segundos, foi encontrado o vencedor de uma competição que teve até ao seu final três sérios candidatos. Os louros acabaram por recair sobre João Vassalo que, depois de vários anos de fidelidade à UMM, liderou um projecto Mitsubishi Galp que se viria a impôr frente a um agressivo «intruso», chamado Francisco Esperto.

Depois de dois anos em que o domínio do todo-o-terreno nacional esteve a cargo das Nissan Pickup, a entrada no parque desportivo da modalidade de viaturas de produção, com largo palmarés alcançado nas provas da Taça do Mundo, veio alterar por completo o equilíbrio de forças.

De facto, os dois Mitsubishi Pajero inscritos na categoria de produção melhorada para João Vassalo e Carlos Sousa e o Nissan Terrano, da categoria de produção, pilotado por Francisco Esperto, demonstraram desde a primeira prova possuir um equilíbrio entre andamento e resistência, capazes de aguentar a dureza de um Campeonato Nacional, tido como o mais competitivo de toda a Europa.

Surpreendente, foi a ineficácia das viaturas inscritas na categoria de protótipos, que acabaram por ser inclusivé superadas pelos «velhinhos», mas ainda muito agressivos UMM Alter Turbo, viaturas nacionais de extinta produção.

Transalgarve

Integrada no Eurochallenge, a prova internacional algarvia foi contemplada por isso com a presença de vários pilotos estrangeiros, onde se incluiam, nomeadamente os campeões de Espanha, França, Bélgica e Holanda que foram, todavia impotentes para segurar os cada vez mais inspirados pilotos nacionais.

No prólogo, realizado num troço que mais tarde viria a ser utilizado pelo Rali do Algarve, a surpresa viria de Francisco Esperto que estreando a Nissan Terrano T1, bateu compulsiva-

João Vassalo subiu um importante degrau na sua carreira desportiva ao conseguir um triunfo muito suado na primeira edição do Campeonato Nacional de Todo-o-Terreno

Francisco Romeiras

Fotos: Francisco Romeiras

Ao alto, Joaquim Garcia e o seu Strakit tardam em traduzir para resultados, a superioridade notória de andamento evidenciada pelo mais evoluído protótipo existente em Portugal
Em cima, a Nissan Pickup de Luís Oliveira, que tal como as restantes viaturas similares, foram este ano claramente suplantadas pelos todo-o-terreno de produção estreantes no Campeonato. De nada vale a rapidez do piloto nos prólogos, quando os problemas surgem com demasiada frequência no decorrer das provas
Ao lado, um dos muitos e belos cenários que são proporcionados tanto aos praticantes como aos espectadores que com cada vez maior frequência acorrem às provas

Fotos: Francisco Romeiras

mente toda a concorrência. Poucos acreditavam contudo, que o seu desempenho na corrida tivesse o mesmo relevo, mas o piloto de Rio Maior lá estaria no final para convencer os mais incrédulos da sua candidatura a um papel de relevo no Nacional, que começava. Da mesma forma, os dois Mitsubishi Pajero de Carlos Sousa e João Vassalo apresentaram os seus créditos numa prova que viria a ser marcada e decidida pelas contingências dos furos.

Neste particular domínio, o mais feliz foi Tomás Mello Breyner, que apesar de furado nos derradeiros quilómetros, apostou em terminar sobre a jante o segundo sector, depois de ter sido o mais rápido no primeiro, conseguindo desta forma fazer triunfar a sua Nissan Pickup oficial com uma escassa vantagem que não teria sido suficiente se tem parado para mudar o pneu.

Menos sorte teve Duarte Guedes, que ao volante do Nissan Patrol GR estava a ser o mais rápido em prova, quando três furos sucessivos o colocaram fora de corrida.

Carlos Sousa assegurou a segunda posição à frente de Francisco Esperto e do seu companheiro de equipa, João Vassalo, que apesar de limitado à uma tracção a duas rodas desde os cem quilómetros de prova, não se coibiu de realizar o melhor tempo no segundo sector selectivo.

Ralli TT Casa do Pessoal da RTP Porto

Disputada em pequenos troços cronometrados, a prova do Estrela e Vigorosa seria negativamente marcada pela confusão na especial de abertura, onde uma larga maioria das equipas se perderam, comprometendo a partir daí o seu resultado final.

Depois de ter vencido este troço, Pedro Mello Breyner tripulando um dos Mitsubishi Pajero da ex-equipa oficial da marca em Portugal, seria superado por Carlos Sousa que até ao final do oitavo troço alargaria sucessivamente a sua vantagem até atingir uma diferença da ordem dos dois minutos e meio. Na terceira posição, a regularidade de Filipe Campos em Nissan Terrano daria os seus frutos, enquanto que Francisco Esperto se revelava o mais rápido em prova, vencendo quatro das oito especiais, mas traído pelo problema do troço de abertura, não conseguia melhor que a quarta posição à frente das Nissan Pickup de Luís Oliveira e Luís Dias.

Rali TT Adventure Boots/Montes Fafe

Depois de ter falhado a presença na prova de abertura e de na seguinte ter sido traído por um problema físico, Luís Dias, vencedor das anteriores edições do então denominado Troféu Nacional, parecia ter regressado ao seu papel de figura de primeiro plano liderando até perto do final a terceira prova do Campeonato. Todavia, uma roda da frente da sua Nissan desapertar-se-ia e por pouco o acidente não teve graves repercursões.

O abandono colocou em disputa acesa para a vitória, nada menos do que os três pilotos que se envolveriam na disputa pelo Campeonato até ao final, Francisco Esperto, João Vassalo e Carlos Sousa. Ao terminarem por esta ordem, a vitória sorriu pela primeira vez desde há muito tempo a uma viatura de produção, quando o incremento de novas máquinas bem mais potentes faria prever exactamente o contrário.

Carlos Sousa, aquele que esteve mais próximo de tirar a vitória a Esperto, seria entretanto protagonista de um espectacular acidente a trezentos metros da linha de chegada «capotando» o seu Pajero mas conseguindo levá-lo ainda até final. Não seria todavia o único a ter um acidente naquele local, já que Luís Oliveira, que vencera o primeiro dos três sectores selectivos, sairia de pista alguns metros mais à frente.

Na quarta posição colocava-se outra Terrano, a de Manuel Russo, enquanto, e de forma surpreendente, Luis Costa colocava o seu UMM Alter Turbo na quinta posição.

Baja Nicola 1000

Confrontados com as grandes vedetas da Taça do Mundo, os portugueses tiveram da edição de 94 da principal prova portuguesa, um papel bem mais demonstrativo do seu valor do que o conseguido no ano anterior onde, os excessos das principais equipas, levaram a apenas um modesto nono lugar para a melhor equipa nacional.

Bem equipadas e melhor preparadas, as equipas portuguesas cotaram-se em excelente plano, preenchendo nada menos do que metade do «top ten» com João Vassalo a realizar uma prova extraordinária onde o terceiro lugar até parece menos importante do que os escassos dezoito minutos que ao fim de setecentos quilómetros o separaram do segundo classificado, o protótipo Seat Toledo Marathon da equipa oficial, conduzido por Erwin Weber. Durante muito tempo Duarte Guedes andou na sua peugada e quando parecia ter a quarta posição assegurada, o seu Nissan Patrol GR, com que conseguira brilhantes resultados na Tunísia e no Atlas, seria integralmente consumido pelo fogo.

Desta forma, a posição da segunda equipa portuguesa seria obtida por Carlos Sousa que assim se destacava na liderança do Campeonato Nacional.

Oitavo, no final da prova, o protótipo Strakit de Joaquim Garcia concretizava finalmente um resultado, se bem que modesto para as suas possibilidades, mas sem direcção assistida, desde muito cedo só com muito esforço o piloto terminou a prova. Em muito pior estado estava à chegada a Nissan Terrano de Francisco Esperto, batida na sua categoria pelo Mitsubishi Pajero da equipa oficial pilotado por Jean Pierre Fontenay, depois de ter capotado e ter batido frontalmente contra um sobreiro.

Um lugar mais atrás, e a fechar o «top ten», aparecia um infeliz Luís Dias, que mais uma vez era traído por problemas físicos, desta feita, um problema de coluna após uma brutal «aterragem». Problemas, que no fundo acabam por ser normais em provas de todo-o-terreno e, a que os pilotos portugueses começam a «saber dar a volta», terminando mesmo assim as suas provas.

Rali TT Esporão Vindimas 94

Alimentado pelo sucesso obtido na Nicola 1000, João Vassalo partia claramente ao ataque para a prova disputada em redor de Reguengos de Monsaraz. Pelo contrário, os seus principais opositores na disputa do título nacional, Carlos Sousa e Francisco Esperto, eram desde cedo arredados da disputa pela vitória ao furarem logo nos primeiros quilómetros. Carlos Barbosa «Tucha» regressado ao volante do UMM Proto, que tantos sucessos conquistou, era então o único a manter um andamento semelhante ao piloto do Mitsubishi, mas pouco tempo se aguentaria em prova. Sobrava assim a segunda posição para Luís Dias, que se estreara a vencer exactamente aqui no ano anterior.

Numa prova de sprint como esta, qualquer percalço é fatal. Também João Vassalo seria relegado para posições secundárias depois de dois furos consecutivos. Estava aberto o caminho para o regresso às vitórias do piloto de Grândola, que se limitou a manter à distância os seus adversários directos, acabando por ser um batalhador Santinho Mendes quem aparecia a arrebatar a segunda posição, confirmando a grande evolução do seu protótipo Opel Corsa. Atrás de si aparecia um quarteto de Nissan's onde se incluiam César Resende, Filipe Campos, Santos Godinho e João Fernando. Todavia, a não paragem de César Resende e João Fernando em controles de passagem, retirava-os das primeiras posições, permitindo com isso, que João Vassalo se chegasse à quinta posição, mantendo intactas as suas aspirações no Campeonato.

Na página do lado, Santinho Mendes e o seu Opel Corsa, uma das gratas surpresas da temporada, com os resultados a surgirem nas últimas provas
Ao alto, Inverno Amaral foi mais uma vez infeliz ao volante das Nissan Pickup da equipa oficial que tiveram uma temporada para esquecer
Em cima, Francisco Sande e Castro uma presença irregular mas muito positiva

Rali TT Segrafedo Zanetti

No regresso aos curtos troços cronometrados, o Campeonato Nacional assistiu à confirmação da superioridade do trio Vassalo/Esperto/Sousa, face a uma concorrência rendida ao seu valor.

Fotos: Francisco Romeiras

Em cima, os Pajero da equipa Mitsubishi/Galp foram os grandes triunfadores da temporada. Ao lado, um aspecto das dificuldades do prólogo da Sagres 500 com o Lada de Gomes da Costa a terminar por aí a sua prova. Na página do lado, à esquerda, Luís Dias, vencedor do Troféu Nacional de 92 e 93 e que fracassou por completo em 94, enquanto que à direita, Francisco Esperto, mesmo nas mais adversas condições terminou todas as provas, perdendo o Campeonato por apenas 57 segundos

REPSOL
TVN
1

330
Luxo
Jeeps * Automóveis
Nicola
330